王溢然　束炳如　主编

中学生物理思维方法丛书

10 类比

王溢然　张耀久　编著

中国科学技术大学出版社

图书在版编目(CIP)数据

类比/王溢然,张耀久编著. —合肥:中国科学技术大学出版社,2015.12(2024.5重印)

(中学生物理思维方法丛书)

ISBN 978-7-312-03794-8

Ⅰ.类… Ⅱ.①王… ②张… Ⅲ.中学物理课—教学参考资料 Ⅳ.G634.73

中国版本图书馆 CIP 数据核字(2015)第 219964 号

出版	中国科学技术大学出版社
	安徽省合肥市金寨路 96 号,230026
	http://press.ustc.edu.cn
	https://zgkxjsdxcbs.tmall.com
印刷	合肥市宏基印刷有限公司
发行	中国科学技术大学出版社
开本	880 mm×1230 mm 1/32
印张	9.125
字数	242 千
版次	2015 年 12 月第 1 版
印次	2024 年 5 月第 5 次印刷
印数	13001—17000 册
定价	25.00 元

每当理智缺乏可靠论证的思路时,类比这个方法往往指引我们前进。

——康德(德国哲学家)

序　　1

在中学物理学习过程中,学生在获取知识的同时,还要重视从科学宝库中汲取思维营养,加强科学思维方法的训练.

思维方法的范畴很大,包括抽象思维、形象思维、直觉思维等.以抽象思维而言,又有众多的方法,在逻辑学中都有较严格的定义.对于以广大中学生为主的读者群,就思维科学意义上按照严格定义的方式去介绍这众多的思维方法,显然是没有必要的. 由王溢然、束炳如同志主编的这套丛书,不追求思维科学意义上的完整,仅选取了在物理科学中最有影响、中学物理教学中最常见的思维方法(包括研究方法)为对象,在较为宽泛的意义上去展开,立意新颖,构思巧妙.全套丛书各册彼此独立,都以某一类或两三类思维方法为主线,在物理学史的恢宏长卷中,撷取若干生动典型的事例,先把读者引入饶有兴趣的科学氛围中,向读者展示这种思维方法对人类在认识客观规律上的作用. 然后,围绕这种思维方法,就其在中学物理教学中的功能和表现,及其在具体问题中的应用做了较为深入、全面的开掘,使读者能从物理学史和中学物理教学现实两方面较宽广的视野中,逐步领悟到众多思维方法的真谛.

这套丛书既不同于那些浩繁的物理学史典籍,也有别于那些艰深的科学研究方法论的专著,它融合了历史和方法,兼顾了一般与提高,联系了教学与实际,突出了对中学物理教学的指导作用,文笔生

动、图文并茂,称得上是一套融史料性、科学性、实用性、趣味性于一体的优秀课外读物. 无论对广大中学生(包括中等文化程度的读者)还是对中学物理教师以及高等师范院校物理专业的学生,都不无裨益.

科学研究是一项艰巨的创造性劳动. 任何科学发现和科学理论的诞生都是在一定的背景下,科学家精心的实验观测、复杂的思维活动的产物. 在攀登道路上充满着坎坷和危机,并不是一帆风顺、一蹴而就的. 科学家常常需及时地(有时甚至是痛苦地)调整自己的思维航向,才能顺利抵达成功的彼岸. 因此,任何一项科学新发现、一种科学新理论的诞生,绝不会仅是某种单一思维活动的结果. 这也就决定了丛书各册在史料的选用上必然存在某些重复和交叉. 虽然这是一个不足之处,却也可以使读者的思维层次"多元化". 不过,作为整套丛书来说,如果在史料的选用上搭配得更精细一些、在思维活动的开掘上更深刻一些,将会使全书更臻完美.

我把这套丛书介绍给读者,首先希望引起广大中学生的兴趣,能从前辈科学家思维活动中汲取智慧,活化自己的思维,开发潜在的智能;其次希望中学物理教师在此基础上继续开展对学生思维方法训练的研究,致力于提高学生的素质,以适应新时期的需要;最后我也真诚地希望这套丛书能成为图书百花园中一朵惹人喜爱的花朵.

阎金铎

序 2

"中学生物理思维方法"是一个很诱人的课题. 如果从我比较自觉地关注这个课题算起,要追溯到20世纪80年代. 开始时,朴素的动因就是激发学生兴趣,丰富上课内容;后来,通过对许多科学研究方法论著作、思维学著作等的学习和教学实践,认识上逐步从传授知识层面提高到了对学生的学习能力乃至思维品质进行培养的高度. 于是,在90年代中期,经过比较充分的积累,策划编写了这套思维方法丛书.

《中学生物理思维方法丛书》问世后,受到了广泛的关注,被列入国家新闻出版总署"八五"规划重点图书,还被推介到台湾出版了繁体字版(中国台湾新竹"凡异出版社"). 因此,作者受到了很大的鼓舞.

光阴荏苒,如今已进入21世纪. 科学技术飞速发展,教学理念不断更新,教学的要求也随着时代前进的脚步有了很大的变化. 当前,国际教育界大力提倡"科学的历史、哲学和科学"教育,希望借此更好地提高学生的科学素质. 我国从新世纪开始试行的《高中物理课程标准》也明确提出同样的要求. 中外教育家一致的认识——结合物理教学内容,回顾前辈科学家创造足迹,无疑是了解科学本质、培养科学精神的一个重要途径.

本丛书的新一版继续坚持"科学史料、思维方法、中学教学"三结

合的内容特色,并补充了反映科学技术方面的新成果、新思想,尤其在结合中学物理教学方面有了很大的进展——删去或淡化了与当前中学物理教学联系不够紧密的某些枝叶,突出了主干知识;撤换了相对陈旧的某些问题,彰显了时代风貌;调整了某些内容,强化了服务对象. 值得说明的是,在新一版中还选入了相当数量的近年高考题,这些问题集中反映了各地专家、学者的智慧,格外显得光彩熠熠、耐人寻味. 因此,新一版内容更为丰满多彩,也更为贴近中学教学和学生实际,更好地体现了科学性、方法性、应用性、趣味性. 希望能够继续被广大读者喜欢,也希望能够更好地使读者受到启发,有所得益,有所进步!

今后,随着时代的发展和中学物理教学要求的不断更新,新思想、新成果和教学中的新问题势必会层出不穷,但前辈科学家崇高的科研精神、深邃的思想和创造性思维方法的光辉,必将永远照耀着人们前进的道路!

在新一版问世之际,首先要衷心感谢我的良师益友、苏州大学物理系束炳如教授. 从萌发编写丛书的想法开始,束先生就给予作者极大的鼓励、支持. 编写过程中,作者与先生进行了难以计次的深夜长谈,他开阔的思路、活跃的创见和对具体问题深刻的分析指导,都给了作者极为有益的启发和帮助,让作者从中得到了强大的精神力量,也给作者留下了永不磨灭的记忆. 借此机会,同时衷心感谢两位德高望重的原顾问周培源先生*和于光远先生**以往对本丛书的关爱;衷心感谢为本丛书作序的阎金铎教授***对作者的鼓励;衷心感谢

---

* 周培源(1902—1993),著名物理学家,中国科学院院士,曾任中国物理学会理事长、中国科学技术协会主席、北京大学校长等.

** 于光远(1915—2013),著名经济学家,中国社会科学院哲学社会科学学部委员,曾任国家计划委员会经济研究所所长、中国社会科学院副院长等.

*** 阎金铎,著名物理教育家,北京师范大学物理系教授、教科所所长,曾任中国教育学会物理教学研究会理事长等.

吴保让先生、倪汉彬先生、贾广善先生、刘国钧先生等曾为丛书审读初稿并提出了宝贵的修改意见；衷心感谢曾为丛书绘制精美插图的朱然先生；衷心感谢被引用为参考资料的原作者们；衷心感谢曾经对丛书大力支持的大象出版社；衷心感谢广大读者朋友对本丛书的厚爱.

本丛书相当于一个"系统工程"，编辑、出版需要花费大量的人力、物力. 新一版的问世，跟中国科学技术大学出版社的鼎力支持是分不开的. 在此，也代表所有作者对中国科学技术大学出版社和有关编辑室表示衷心的感谢.

不知哪位作家说过这样的话：写作的最大乐趣首先是在写作的过程中，作者与读者心灵交流；其次是作品出版后，能够被读者认可. 虽然这套丛书不是文学创作的作品，我们也只是站立三尺讲台的中学老师，但是在编写过程中，内心时时有着一种极为强烈的冲动，有一个声音呼唤着：把我们在长期教学实践中所积累和思考的有关中学物理教与学的点滴认识、心得与中学物理教学界同行，尤其是广大的中学生朋友们进行交流、分享与探讨. 实际上，书中有许多地方都包含着从以往学生的思维火花中演绎的方法.

本丛书的新一版，尽管我们思考了比较长的时间，编写中也都做了努力，但仍然难免会有疏漏乃至错误的地方，请读者发现后予以指正.

王溢然

2014年2月于苏州庆秀斋

前　言

在新事物面前,人们往往习惯于把它们与原有的、熟知的事物相比,这里蕴含的思想方法就是类比.如果从阿基米德智鉴金王冠的简单共存类比算起,人们应用类比方法已有两千余年的悠久历史,类比曾激起许多哲学家、科学家、发明家丰富多彩的想象力,结晶出累累硕果.

在这本小册子中,我们先就类比的一般概念做简单介绍,接着摘取物理学发展史上精彩的实例和技术上有典型意义的成果,较详细地阐述类比在人们科学认识中的作用及其依赖于实践检验的关系.然后,结合中学物理教学实际,介绍教学中较为常见的几种类比方法、类比的教学功能及其在分析、解决具体物理问题时的应用.

希望广大读者通过阅读本书,能进一步了解和掌握类比推理的方法,并能运用类比推理帮助自己理解和掌握物理知识;更希望能有助于启迪思维、拓宽思路,在探求未知世界奥秘的道路上迸发出创造发明的智慧火花.

作　者

2015 年 4 月

目　　录

序 1 ……………………………………………………（ⅰ）

序 2 ……………………………………………………（ⅲ）

前言 ……………………………………………………（ⅶ）

1　关于类比的一般概念 ………………………………（001）
　1.1　从乐音和颜色谈起 ……………………………（001）
　1.2　类比的基本特征 ………………………………（006）
　1.3　类比与比喻、比较 ……………………………（012）
　1.4　类比与外推 ……………………………………（021）

2　类比在科学认识中的作用 …………………………（028）
　2.1　类比是提出假设的重要途径 …………………（028）
　2.2　类比能有效地激发科学想象 …………………（040）
　2.3　类比可导致技术上的发明创造 ………………（052）
　2.4　类比为模拟实验提供逻辑基础 ………………（064）

3　实践是检验类比结论的试金石 ……………………（077）
　3.1　库仑的扭秤实验和电摆实验 …………………（078）
　3.2　欧姆的电流扭秤实验 …………………………（081）
　3.3　赫兹实验与发明家的迷离 ……………………（086）

  3.4 先找到儿子，再发现老子 ……………………………… (089)
  3.5 斯特恩-盖拉赫实验中的难题 …………………………… (092)
  3.6 勒维烈的失误和汤波的成功 …………………………… (097)

4 中学物理中常见的类比方法 ……………………………… (101)
  4.1 简单共存类比 …………………………………………… (101)
  4.2 因果类比 ………………………………………………… (103)
  4.3 数学类比 ………………………………………………… (107)
  4.4 模型类比 ………………………………………………… (115)

5 类比对学习和运用物理知识的指导作用 ………………… (123)
  5.1 类比的发现功能 ………………………………………… (123)
  5.2 类比的迁移功能 ………………………………………… (130)
  5.3 类比的模拟功能 ………………………………………… (143)
  5.4 类比的鉴别功能 ………………………………………… (160)

6 类比在中学物理解题中的应用 …………………………… (166)
  6.1 类比的一般应用——以熟比生，化难为易 …………… (167)
  6.2 建立类比模型　触类旁通 ……………………………… (182)
  6.3 展开类比联想　出奇制胜 ……………………………… (242)
  6.4 模拟实验探究 …………………………………………… (256)
  6.5 防止错误类比 …………………………………………… (265)

参考文献 ……………………………………………………… (275)
后记 …………………………………………………………… (277)

1 关于类比的一般概念

 1.1 从乐音和颜色谈起

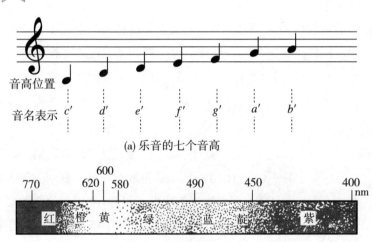

(a) 乐音的七个音高

(b) 白光的七种色光

图 1.1 音高与色光

图 1.1(a)的五线谱表示的是乐音中的七个音高,图 1.1(b)是太阳光经过三棱镜后色散成的七种色光.音乐是心灵的呼唤,色光是眼睛的感觉,这似乎完全是两码事,但在伟大的物理学家牛顿(I. Newton)看来,它们却很相似(见表 1.1).

表 1.1

乐音	色光
发声体振动而发声	发光体振动而发光
按音调不同划分为 7 个音高 (1、2、3、4、5、6、7)	按折射率不同划分为 7 种颜色 (红、橙、黄、绿、蓝、靛、紫)
每个音高都是一个纯音	每种色光都是单色光
不能认为两种不同的声音是一种 基本声音的不同程度	不能认为两种不同的颜色是一种 基本颜色的不同程度
7 个音高的组合为和声 (声音的谐和现象)	7 种单色光的组合为白光 (颜色的谐和现象)

表 1.1 中对色光与乐音所做的类比,是牛顿完成了著名的光的色散实验后领悟到的.那么,牛顿怎么会领悟到看起来毫不相干的两种现象之间的类比关系呢?这件事与牛顿的光的色散实验有关.

1.1.1　光的色散实验

众所周知,牛顿在光学领域中的一个重大成就,就是发现了光的色散现象.

图 1.2　不同的色光偏折不同

在欧洲文艺复兴后,笛卡儿(R. Descartes)和玻意耳(R. Boyle)等人都对光的颜色产生了兴趣,牛顿在他们的影响下,也对光的颜色进行了研究.1664 年,牛顿用一个简单的实验证明了不同颜色的光有不同的折射率.如图 1.2 所示,用一块长纸板,一半涂成红色,另一半涂成蓝色,把它放在窗口,隔着三棱镜用肉眼去观察.由于折射的结果,通过三棱镜看到它们的像都向着顶角方向偏移,好像被抬高了一些.但蓝色半边比红色半边升高得更多一些.牛顿写道:"这个实验显示出,产生蓝色的光线比产生红色的光线折射得更多……"

后来,在1665年至1666年间,牛顿正式地做了著名的光的色散实验.他在暗室的一扇窗上开了个小圆孔,让一束很窄的太阳光从这个小孔进入室内,射到三棱镜的一个侧面上,再在三棱镜后放一屏,如图1.3所示.结果在屏上观察到一个由各种颜色的圆斑组成的像.它们色序的排列,偏角最大的一端是紫光,偏角最小的一端是红光.

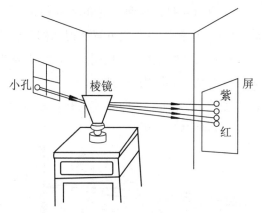

图1.3 白光的色散实验

不过,这一实验还不足令人信服白光(太阳光)是由这些色光组成的.因为当时有人认为,这是由于白光和棱镜发生了相互作用的结果.于是,牛顿又设计了另一个实验.如图1.4所示,在上述实验的屏

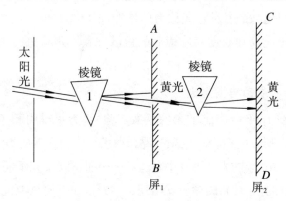

图1.4 单色光通过三棱镜不再色散

上再开一个小孔,将其中的某种色光(如黄光)引出来再射到另一个三棱镜上.如果白光通过棱镜后变成各种颜色的光是由于白光与三棱镜发生了相互作用的结果.那么,引出的这种色光与棱镜相互作用也会改变颜色.结果,却只发现这种色光经过棱镜后仅发生了偏转,并不改变光的颜色.

为了进一步证明白光是由各种颜色的色光组成,牛顿还做了这样的一个实验:他用一个棱镜将白光分解所得到的各种色光,又让它们通过第二个顶角较大的倒置棱镜(见图1.5),结果发现,不同的色光又会聚起来在屏上某一区域内重现出白光.

牛顿的这些实验,充分证明了白光确实有着复杂的成分,它能分解成折射率不同的各种颜色的色光.

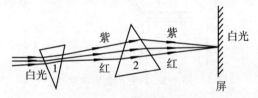

图1.5　单色光的复合

1672年2月8日,牛顿在英国皇家学会宣读的论文中介绍了这些实验,并把颜色分成简单色(或原色)和复合色两种.此后,我们就把白光分解出来的各种色光称为单色光,把白光称为复色光.

牛顿把光及其通过三棱镜后的色散现象和声音进行类比.本节开头的表1.1就是根据牛顿的意思列出来的.

1.1.2　牛顿与类比法

牛顿在1666年完成了光的色散实验后,为了说明颜色的机理,用不同颜色粉末的混合与色光的混合做了一次很成功的类比.

他在1670年的光学讲义中写道:"……通常观察到不同颜色的粉末混在一起时,一种新的颜色就出现了.而且,如果用显微镜观察这些粉末,可看到全都具有它们自己的颜色.因此,它们自己的颜色并未因这些粉末的混合而被破坏,而是混合后只有一种新的颜色产生出来……"这正像不同颜色的色光混合成白光而它们各自原来的颜色并未改变一样.牛顿的这个类比可表示为如图 1.6 所示的形式.

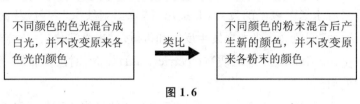

图 1.6

虽然在对光的本性的认识上,这个成功的类比印证了牛顿提出的微粒说,然而也使它成为禁锢牛顿对光的本性认识的桎梏.正如俗话说:"成也萧何,败也萧何".不过,这个类比对他正确阐释颜色的机理起了很重要的作用.

牛顿非常善于运用类比方法.他还利用类比方法提出了其他许多很有价值的看法,例如图 1.7 中所示的类比方法.这个类比对原子论的发展产生了很大影响.

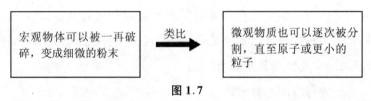

图 1.7

牛顿的物质蜕变思想,也是通过对大量化学变化和物质状态变化的类比产生的,如图 1.8 所示.

图 1.8

牛顿曾说过:"如果金子能够发酵,它就能转变成任一其他物质."这句话既蕴含着哲学家式的幽默,也显示出作为物理学家的牛顿深刻的理性思考.这种物质蜕变思想是十分可贵的.

牛顿还通过对"光的射线"的类比,进而推测出重力、电力、磁力也都来源于细微粒子的发射,并提出了"重力射线"、"磁射线"的概念,认为它们也会像光那样发生反射和折射,后来又演化出"磁流质"(magnetic fluid)和"电流质"(electric fluid)概念,对后人都是极为有益的启示.

类比法成为牛顿探索不可感知事物和了解最终原因的一种常用方法,使牛顿的科学思想更加活跃、更加开阔.

1.2 类比的基本特征

通过上面的具体事例,我们对类比方法应该有了初步的了解.类比是一种逻辑推理,又称为类比推理法.它也是抽象思维中的一种基本形式.它是一种以比较为基础,通过联想,把异常的、未知的事物(研究对象)与寻常的、熟悉的事物(类比对象)进行对比,然后依据两个或两类研究对象之间存在着的某种类似或相似的关系,从已知对象具有的某种性质推出未知对象具有相应的一种性质的方法.

1.2.1 类比的基本环节

类比推理有两个基本环节:

① 选择类比对象

类比是以两个对象的比较为基础的,因此必须根据研究目的,从研究方法、形成结构、功能特征、因果联系等方面的相似之处出发,选择熟悉的、生动直观的事物作为类比对象.

② 进行类比推理

进行类比推理,就是通过比较,展开联想.其一般图式为:

对象 X 有属性: $a、b、c、d$

对象 X' 有属性: $a'、b'、c'$

推理: 对象 X' 可能也有属性 d'(见图 1.9)

图 1.9　类比推理的图示

如果我们借用数学上的比例结构来表示这种类比推理的思维操作的话,可表示成这样的形式:

$$X(a) : X'(a') \rightarrow X(b) : X'(b')$$

这就是说,如果对象 X 有属性 a,对象 X′ 有属性 a′;则对象 X 有属性 b 时,对象 X′ 也可能有属性 b′.

例如:汤姆孙的热电类比就是一个很典型的事例.

汤姆孙的热电类比

英国著名物理学家威廉·汤姆孙(W. Thomson)对热学特别有研究,因此在认识当时较陌生的静电现象时,选择了用自己熟知的热现象作为类比对象,于 1841 年做了一次很成功的类比推理,如表 1.2 所示.

表 1.2　汤姆孙的热电类比

热现象	静电现象
热源	电源
导热物体	导电物质
热的良导体	电的良导体
热传导时,进入物体的表面	导体的带正电荷的表面
热传导时,逸出物体的表面	导体的带负电荷的表面
热传导时,热从高温物体传递到低温物体	电驱动时使带正电的物体从高电势处移向低电势处
等温面	等势面

威廉·汤姆孙还设想把一个点热源嵌在一个均匀导热介质中，热量将以点热源为中心向四周辐射（传导）．由于一个球的表面积为 $4\pi r^2$，因此通过距离点热源为 r 处的一小块面积元 ΔS 的热流量 $\Delta \varphi$ 与距离的平方成反比，即 $\Delta \varphi \propto \dfrac{1}{r^2}$，这与库仑定律极为类似．我们可以表示为图 1.10 中所示的形式．

| 点电荷发出的电场线分布在以点电荷为中心的球面上 | ： | 通过距离点电荷为 r 处的小块面积上的电场线的数量与 r^2 成反比 | 类比 | 点热源发出的热流量分布在以点热源为中心的球面上 | ： | 通过距离点热源为 r 处的小块面积上的热流量与 r^2 成反比 |

图 1.10

威廉·汤姆孙对热现象和静电现象做了这样的类比后，根据对"热的感应"作用的联想，推出了静电的一个基本性质，即静电也有感应作用，并形象化地称为"感应线"．今天我们都知道，把一个不带电的导体靠近一个带正电或负电的带电体时，导体两端会出现感应电荷．后来被法拉第引进的电场线，实际上就是威廉·汤姆孙提到的"感应线"（见图1.11）.

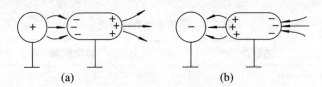

图 1.11 静电感应和电感应线

1.2.2 类比与归纳、演绎的关系

我们知道，在逻辑学中有两种最基本的推理方法，即归纳推理法和演绎推理法．前者是通过对许多个别事物某个或某些特性的研究，从而推出事物的一般性结论；后者是根据对事物的一般特性的把握，

从而推断出个别事物的某种特性.这两种推理方法的前提和结论之间都有着某种必然性的联系*.

类比方法则不同,从前面类比的基本特性已经可以看出,类比的两个对象之间并没有任何的因果联系,仅仅是"你有,我也要有"或"我与你相似,因此你有,我应该也有",颇有些"蛮不讲理"的霸气.用逻辑学的语言来说,类比是一种从特殊到特殊的逻辑思维方法,它与从特殊到一般的归纳法和从一般到特殊的演绎法相比,类比法跳过了作为过渡的中介途径,选择了一条路径更为简捷的推理思路,它们的关系表示如图1.12所示.

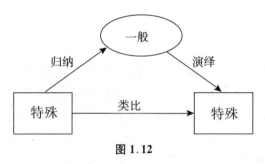

图 1.12

这种关系表明,类比有着比归纳法和演绎法更为简捷的特点,常能独辟蹊径,出奇制胜.因此,类比也是科学研究中十分有用的一个方法.前苏联著名学者巴托罗夫说:"我们可以断言,在现代科学认识获得的全部知识中,用类比方法得到的知识所占的比重将日益增大."

1.2.3 类比的局限性

由于类比是从两个或两类研究对象之间存在的某些相似出发,推测它们在其他方面也可能存在着相似的一种思维方法,可见它不是一种必然性推理.

从图1.12中的图式可以看到,类比把归纳和演绎简并为从特殊

---

* 若需要对归纳和演绎做进一步的了解,可参阅本丛书中《归纳与演绎》一册.

到特殊的单一过程.类比的这个特点,决定了它有着自身的局限性——由类比推理得来的认识或结论都包含着某种猜测的成分,并不总是可靠的.

因此,类比方法虽然是人们比较熟悉的一种认识事物的思维方法,也是人们非常喜欢采用的认识未知事物的一种方法,但由于客观事物本身的多样性和复杂性,尤其是当人们对自然规律把握不足时,从简单类比得来的认识和结论往往是片面的,甚至是错误的.下面是人类认识史上的两个具体事例.

古人对音乐与月份的类比

我国古人很早就对音乐有所研究,在 2 000 多年前先秦时期的《易经》中,已经有比较明确的定音方法,称为"六律六吕".古人对"六律六吕"使用了如今看来很别扭的十二个名称,即黄钟、大吕、太簇、夹钟、姑洗、仲吕、蕤(ruí)宾、林钟、夷则、南吕、无射、应钟.

有趣的是,作为定音的 12 个名称,竟然有人把它与一年中的 12 个月份建立了对应的类比关系,如图 1.13 所示.

应钟	无射	南吕	夷则	林钟	蕤宾	仲吕	姑洗	夹钟	太簇	大吕	黄钟
十月	九月	八月	七月	六月	五月	四月	三月	二月	一月	十二月	十一月

图 1.13

从人类思维认识的角度来说,我国古人在 2 000 多年前已经会运用类比思考,非常难能可贵.但是,这个类比与牛顿的"色光—音高"类比完全是两码事,它毫无任何科学依据,可能仅从"六律六吕"恰好也是"12"这个角度出发而已,很牵强附会,因此不能成立,只能作为一个错误的类比事例.

惠更斯的错误类比

17 世纪后半世纪,对光本性的认识上,以荷兰物理学家惠更斯与牛顿为代表的双方,曾经有过一场著名的论战.在这场论战中,惠更斯没有能战胜牛顿的一个重要原因,就是他从类比得出了一个错误的结论.

以牛顿为首的一方,提倡微粒说,认为光是从发光体发出的一种具有弹性的、直线前进的微粒子流.不同颜色的光是由不同颜色的微粒组成的,它们在介质中有不同的速度.牛顿主张微粒说有两方面的原因.一是他从科学生涯开始就接受原子论的观点;二是基于他所做的光学实验的证明.

与牛顿对峙的另一方的代表,就是被爱因斯坦称为"第一个提出完全新的光的理论的人"——惠更斯.他根据声音和光的类比,认为光是一种波动.惠更斯说:"……像声音一样,它也一定是以球面波的形式传播的.我们把它称为波,是因为它们类似于我们把石块投入水中时所看到的水波……"惠更斯还认为,不同颜色的光对应于不同的波长.这些认识都非常可贵.

我们知道,波动有两种方式:振动方向与波的传播方向一致的叫纵波;振动方向与波的传播方向垂直的叫横波.于是,人们很自然地会向惠更斯提问:如果光是一种波动,那么到底是纵波还是横波呢?

惠更斯在对光波和声波做类比时,没有认识到光和声波的不同本质,错误地认为光和声波一样都是纵波.这个由类比得出的错误结论,使波动说无法解释只有横波才具有的偏振现象*,在这场关于光的本性的论战中显得被动.再加上牛顿在科学界的崇高威望,很长一段时期中微粒说处于统治地位.

1.2.4 正确对待类比

由于客观事物的属性是多方面的,通常在进行类比时,如果在类比前提中被确认的相同或相似的属性愈多,类比结论的可靠性就愈大;被确认的相同或相似的属性愈本质,类比结论的可靠性往往也就愈大;相同或相似的属性与类推属性之间的关系愈密切,类比结论的

---

* 偏振现象:只有某一方向的振动或某一方向的振动占优势的现象.

可靠性也就愈大.

因此,使用类比推理时,要尽可能地找出作为类比对象之间较多相同或相似的属性,并注意两者之间的相关程度,有利于提高类比推理的可靠性.

尽管类比推理所得的结论是或然的,甚至有时还会把人引入歧途,但它仍不失为一个重要的方法,尤其是在形成和提出新概念、新原理的最初阶段,更具有特殊的作用.

德国著名的哲学家歌德说得好:"如果过于相信类比,那么一切都会显得是相同的,如果回避类比,那么一切就会无限分散,在这两种情况下,研究都会停步不前."

1.2.3 节中所述惠更斯类比的失误还提醒我们,不应忽视类比对象间的差异.也许正是在这种差异中,隐藏着被类比对象的一种新的特性.

所以,我们对类比推理必须保持一种辩证的态度,从类比推理得到的结论,必须经受住实践的检验.

类比与比喻、比较

"类比"这个术语,在希腊语中是比例的意思,后来也在类似、相似以及具有同样的关系、形式或结构等较广泛的意义上使用.但在逻辑学中,类比主要作为推理思维的一种形式.我们在这里所着重研究的也指这种类比推理,因此它与比喻、比较等虽然有一定的关联,但不尽相同.

1.3.1 比喻

比喻是以甲事物说明与其相似而又有本质区别的乙事物的方法,常用于对所指事物做的一种浅显明了或形象生动的说明,它与类比的根本区别是,作为比喻的双方,一般都没有必然的联系,两者之间缺乏必要的逻辑推理性.但巧妙的比喻往往使人在幽默的笑声中顿开茅塞或从中受到启发.

1 关于类比的一般概念

狗身上的跳蚤

在热力学研究中,常常涉及研究对象(热学系统)宏观和微观两个方面,并且会表现出不同的特性.

1986年8月在日本东京国际物理教学研究会上(ICPE),一位代表对"微观过程是可逆的,然而宏观过程不可逆"的物理现象做了个比喻:好比有两只狗,一只黑狗身上生满了跳蚤,另一只黄狗则是干净的.两只狗站在一起,跳蚤可以从黑狗身上跳到黄狗身上,当然也可以再从黄狗身上跳回黑

图 1.14

狗身上,跳蚤跳来跳去的过程相当于一个微观过程,是可逆的,但是最后无论是黑狗还是黄狗,都不可能成为干净的了.这就是说,从宏观上看,跳蚤从黄狗身上完全跳回黑狗身上,使黄狗重新成为干净的这一宏观过程是不可逆的(图1.14).这一比喻形象生动,受到与会代表的极度赞赏.

波与潮

对于"光的波粒二象性",初学者常感到很难理解.据说,曾经有位记者问英国物理学家、诺贝尔奖得主布拉格(W. H. Bragg):"光究竟是波还是粒子?"布拉格回答:"星期一、三、五它是一个波,星期二、四、六它是一个粒子,星期天物理学家休息."当然,布拉格的回答只是物理学家的一种幽默.从现代的观点来说,光是波,同时也是粒子.

关于光"身兼二职"的这种波粒二象性,在日常生活中是难以体现的,也找不到可以类比的事物.此时,借助于比喻就可以帮助我们理解.在美国物理学家保罗·F·布朗德威恩等著的《能量》一书中做了一个很精彩的比喻:"……设想你自己在海岸边,漂浮在一个木筏

上,随着滚滚的细浪而轻轻地上下动荡,你说这是一些波,而且你每分钟都看到和感受到它们.再设想你置身在完全不同的尺度上,你小到和细菌一样大小,而且你只能在几毫米远处看到东西.此外你的时间感觉也变了,过去几分钟就好像许多小时了.你对波的印象是什么呢?除去周围的水,你不能看到任何东西,代替每分钟使你动荡好几次的波的感觉是每几个小时被上上下下举起.在这种情况下,你能不能用潮而不用波来描写水的情况呢?你关于水的印象决定于你的大小."这段话的意思说明了对水的印象是波还是潮,决定于你的尺度.

光的情况也是这样,当光投射到水的表面,或棱镜面,或薄油膜、透镜时,光的波长相比于所作用的这些物体极为微小,光呈现的作用很像电磁波.当光投射到极小的东西,例如原子、原子核或电子时,光的波长与所作用的物体尺度相当,光呈现的作用就好像是一种飞跑着的微小粒子一样(称为光子).实际上,光时时刻刻都同时既有波动性,也有粒子性,始终是统一的.

上面的这个比喻对光"波粒二象性"的统一性做了很浅显的说明.也就是说,"任何作用的效果都决定于被作用的东西",在不同的尺度上,对同一个事物可以做出不同的描述.

盲人摸象

著名华裔物理学家、诺贝尔物理学奖得主李政道教授曾经指出,当代科学存在四大问题,其中之一就是类星体问题*.

类星体(quasar)是20世纪60年代发现的.它是一种性质非常奇特、前所未知的天体.在光学上它像恒星(在照相底片上具有类似于恒

---

* 其他三个问题分别是:① 对称的理论与不对称的实验——宇宙中存在的强相互作用、电弱相互作用和引力相互作用都是基于对称的理论归纳并分类的,可是实验不断发现自然界存在不对称现象;② 看不见的夸克——夸克的存在已被许多实验证实,可是实验发现所有的夸克都不能独立存在;③ 反常的暗物质——宇宙中占90%以上的物质是暗物质,却只能通过引力相互作用发现它们的存在,测不到任何强相互作用和电弱相互作用.

星的像),却又惊人地亮(光谱中具有强而宽的发射线),具有特别大的红移,尺度很小,却有着巨大的能量等.根据我国台湾美籍天文学家邱宏义先生提议,后经国际科学界接受并公认,把它称为类星体.

由于类星体距离我们很遥远(根据红移,若按哈勃定律计算有百亿光年以上),天文学家只能通过其光谱进行研究.2003年在美国普林斯顿大学举行的一次天文学会议上,哈佛大学天体物理中心的一位科学家(M.Elvis)在做有关类星体大气层的学术报告时,用人们熟悉的"盲人摸象"做比喻(见图1.15).他指出:观测者从任何一个波长所获得的类星体或活动星系的信息推断出来的特性,是不可能正确反映该天体真实本性的.就像摸大象的那些盲人一样,只凭局部的感觉,无法得出大象的整体特征的.这个比喻非常恰当地说明了局部与整体的关系,得到同行们的赞赏.因此,为了反映某遥远天体的真实本性,必须综合各个波段传递的信息全面考虑,决不能只了解一个方面就妄下结论.

图1.15 盲人摸象

实际上,这个比喻所揭示的道理不仅适用于对类星体的研究,同样适用于对各种未知的自然现象的研究.

萨克斯智谏总统

历史上还有一段用比喻促成原子弹研制成功的佳话.1939年,铀核裂变被发现后,世界上许多科学家认识到核分裂所释放的巨大能量,担心被德国纳粹政府用以制造大规模的杀伤武器.两位流亡到美国的匈牙利物理学家西拉德(L. Szilard)和维格纳(E. Wigner)找到爱因斯坦,希望借助爱因斯坦崇高的国际威望写信给当时的美国总统罗斯福,提醒总统注意到纳粹政府将裂变理论用于军事目的的危险,敦促美国赶在德国之前造出原子弹.爱因斯坦表示完全赞同,并于1939年8月签发了给美国总统的信件(图1.16).

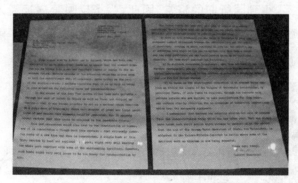

图1.16 爱因斯坦给罗斯福总统的信

1939年10月,总统的私人顾问萨克斯向总统面呈了这封著名的万言书.开始的时候,罗斯福总统看不懂那艰深生涩的科学论述的内容,不能注意到问题的严重性,反应冷淡,想婉言推辞.这位知识渊博、机智超群的顾问就利用与总统共进早餐的机会,给罗斯福讲起了历史上拿破仑的一个故事:英法战争时,曾经在欧洲大陆上不可一世的拿破仑却在海战中屡屡失败.当时有一位年轻的美国发明家富尔顿(R. Fulton,1765—1815)向拿破仑建议将法国的战船砍掉桅杆,撤去风帆,装上蒸汽机,将木船换成钢舰.可拿破仑却想,船没有风帆怎能前行,木板换成钢板,船哪能不沉没.拿破仑眉头一皱,把富尔顿一下轰了出去.史学家后来评论这一段历史时认为,如果当时拿破仑冷静下来稍微慎重考虑这一建议,那么19世纪的世界史也许就得重写……罗斯福听完这则历史故事,猛然醒悟了,沉思片刻,取出拿破仑时代的法国白兰地酒,斟满杯子,敬重地递给萨克斯,高兴地说:"你胜利了."后来,罗斯福总统就下令成立铀顾问委员会,部署代号为"曼哈顿工程"(Manhattan Project)的制造原子弹的庞大计划,美国最终于1945年抢先制造出世界上第一颗原子弹.这里,萨克斯运用了拿破仑不听从富尔顿建议使他在海战中重创的史实,旁敲侧击地比喻研制原子弹的重要意义,使罗斯福总统深受教益.

1.3.2 比较

比较就是找出被比对象的同一性与差异性.俗话说:"不怕不识货,只怕货比货",就是依靠比较来区分彼此间的真伪、优劣.从更普遍的意义上说,比较的作用就是确认和鉴别事物,对事物分类,对事物进行分析和归纳.

比较与类比一样,也是在归纳之前对实验结果和现象进行研究时常用的一种基本方法.它与类比显著的不同之处是:对被比较的对象,并不期望它们有相同(或相似)的推理结果.

异中之同　同中之异

由于研究对象的广泛性和多样性,可以说,比较没有一定的形式.有的是比较不同的物理现象;有的是比较研究对象随条件而变化的情况.但不论怎样的比较(包括定性比较或定量比较),都必须抓住比较对象的本质,这是比较的重点,也是进行比较时最难把握的地方,尤其是当某些研究对象的同一性和差异性隐蔽得很深的时候.

德国著名的哲学家黑格尔(G. W. F. Hegel)说过:"假如一个

人……能区别一支笔和一个骆驼,则我们不会说这个人有了不起的聪明.同样另一方面,一个人能比较两个近似的东西,如橡树与槐树,或者寺院与教堂,而知其相似,我们也不能说他有很高的比较能力.我们所要求的,是要能看出异中之同,或同中之异."

例如,20世纪20年代,在解释微观世界运动规律时创立了两种学说.一种是由海森伯(W. K. Heisenberg,德国)、泡利(W. Pauli,奥地利)、狄拉克(P. A. M. Dirac,英国)等一批杰出的年轻物理学家创立的矩阵力学.他们从原子光谱线的分立性着手,强调其不连续性,采用了人们通常所不熟悉的一种数学方法——矩阵方法去描述微观世界运动规律.另一种是奥地利物理学家薛定谔(Erwin Schrödinger)创立的波动力学.他沿着德布罗意(L. de Broglie,法国)所开辟的道路,从推广经典的运动定律着手,强调连续性,依据人们所熟悉的微分方程,创立了一种解释微观世界运动规律的方法.

开始时,他们都无法容忍对方(见图1.17).泡利说:"我越掂量薛定谔理论的物理部分,我越感到憎恶."薛定谔回击说:"在我看到了

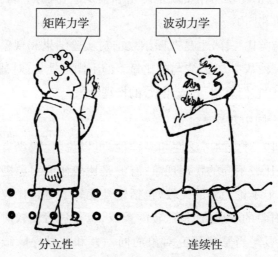

图 1.17 矩阵力学与波动力学之争

一种蔑视任何形象化的、颇为困难的超越代数方法,我要不是感到厌恶,就感到沮丧."虽然科学家们争论的话说得很"温文尔雅",但表达的思想是很明确的,都是否认对方的理论.

那么,究竟孰是孰非?问题在于当时双方都未看到这两种理论的"异中之同".后来经过一段时间的考察和比较,对立的双方同时看到了波动力学和矩阵力学在数学上是完全等价的,本质上是相同的,只是着眼点和处理方法上各不相同.找到了两者的"异中之同",进而统一了量子力学的理论体系.

比较与物理研究

比较方法在物理学的研究中应用得十分普遍.

伽利略做自由落体实验时,就用了炮弹、子弹、木材、大理石做比较.当伽利略在教堂按住自己的脉搏初步发现吊灯摆动的等时性后,回到家中立即用不同重量、不同长度的摆做比较研究,进一步确认了摆的等时性.

在牛顿的科学研究中,比较法也随处可见.例如,潮汐理论的建立中,牛顿曾比较了月球与太阳在不同方位的相对位置对潮汐的作用,然后才归纳出潮汐出现的规律和最大潮、最小潮的时间.牛顿提出的各种概念与定义(如质量、质点和惯性系等),总结和发现的一切原理与定律(如牛顿运动定律、万有引力定律等)都是对大量现象进行了比较和分析之后,在各种特性中揭示其共性,经过逻辑(数学的和形式逻辑的)推理才发现和提出的.

在物理学研究中应用比较法最典型的是光谱分析法.这是1857年由德国物理学家基尔霍夫(G. R. Kirchhoff)和化学家本生(R. W. Bunsen)共同创立的.他们通过反复的实验总结出一个重要的对应关系:各种原子的吸收光谱中的每一条暗线都跟该种原子的发射光谱中的一条明线相对应.由于每种原子都有自己的特征谱线,因此可以根据比较光谱来鉴别物质和确定它的化学成分.这种方法叫作光谱分析.

利用光谱分析,基尔霍夫和本生成功地解释了夫琅禾费(J. V. Fraunhofer,德国)发现的太阳光谱中的许多暗线的原因.他们在1859年发表的《夫琅禾费线的意义》一文中说:"夫琅禾费的黑线,不是来自地球的大气,而是产生于太阳自身的白热气雾,即这个白热气雾本身具有能够发出与黑线相当的辉线的性质.所以,当太阳自身所发出的强烈白光通过这个部分时,各种光线就被相应的辉线吸收而出现黑线."根据这个道理,他们断定太阳的大气中存在钠、镁、铜、锌、钡、镍等元素.

有好几种在地壳中含量既少又分散、用普通化学分析方法很难发现的元素,都是通过对光谱的比较发现的.

1860年,本生研究一种矿泉水时,先分出钙、锶、镁、锂等元素以后,将母液滴在火焰上,用分光镜观察,发现两条从来没有见过的鲜艳的蓝色明线,经过仔细比较,本生判断其中必然有一种新元素存在.他将之命名为铯(caesium),取"天空的蓝色"之意.

数月后,本生和基尔霍夫在研究一种鳞状云母时,通过对光谱的比较,发现在太阳光谱最红的一端有一条深红的明线,后来他们分离出一种新的元素,命名为铷(rubidium),意为"最深的红色".

就在他们宣布发现铷不久,1861年,英国化学家和物理学家克鲁克斯(W. Crookes)用分光镜检视一种从硫酸厂送来的残渣的光谱时,发现它呈现出两条从未见过的美丽的绿线,他也断定这种残渣中必定含有一种新元素,命名为铊(thallium),即"绿树枝"的意思.

1863年,德国化学家赖希(F. Reich)和里希特(H. T. Richter)通过对闪锌矿光谱的比较,又共同发现了新元素铟.

利用比较方法——光谱分析法,科学家在新元素的发现过程中取得了丰硕的成果.

1.4 类比与外推

外推(extrapolation)本来是数学研究上的一个概念,它是相对于内插(interpolation)而言的.在逻辑思维中,外推指的是利用现有知识扩大到该领域以外的未知领域去的一种思维活动.外推是建立在物理规律连续性的基础上,可以作为类比推理的一种特殊应用.

我国北宋哲学家程颐、程颢兄弟俩说过:"格物穷理,非是要尽天下之物,但于一事上穷尽,其他可以类推."用今天的话来说,就是对事物的道理寻本溯源,并非一定要通过对许多事物的研究,只需对某一件事物上彻底弄明白了它的道理,其他事物就可以类推了.我们常说的"触类旁通",就包含这个意思.

外推式的类比推理在科学发现中具有极为重要的意义,尤其是对于那些由于我们现有的实验条件和实验观测范围的限制,而无法直接观测的领域,往往成为这些领域中科学发现必不可少的逻辑手段.伽利略从斜面上物体的运动外推到自由落体运动,绝对零度的确定,巴德等人从超新星爆炸机制外推到中子星等,就是科学研究中一些很典型的事例.

1.4.1 伽利略的斜面实验与外推

伽利略用落体佯谬否定了亚里士多德对落体快慢的说法后,就提出了一个大胆的猜想——下落物体的速度是随时间均匀增加的.接着,他就做了冲淡重力的斜面实验.通过实验得到结论:从静止开始沿斜面向下运动的小球所通过的距离与运动时间的平方成正比,用数学式表示为

$$s \propto t^2$$

或

$$\frac{s_1}{t_1^2} = \frac{s_2}{t_2^2} = \frac{s_3}{t_3^2} = \cdots = 常数$$

伽利略从实验中还发现,斜面的倾角改变时,上述比例关系依然成立,并且随着斜面的倾角增大,$\frac{s}{t^2}$ 的数值也逐渐增大.于是,他就把这个关系外推到倾角等于 90°的情况,并认为当物体自由下落时,也应该满足这个关系,此时的 $\frac{s}{t^2}$ 值达到最大(见图 1.18).这样,伽利略就从斜面实验成功地得到了当时无法进行实验的自由落体运动的规律*.

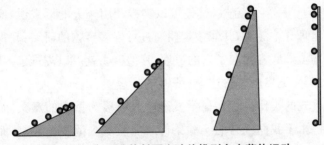

图 1.18 伽利略从斜面实验外推到自由落体运动

1.4.2 绝对零度的确定

温度计的发明,摄氏温标、华氏温标的建立,虽然在日常生活上的使用已经比较方便,但却不太适合于科学研究.首先,它们的 1 度并不很精确,无论是水银或酒精,它们的液柱高度并不完全随温度升高而均匀增加,会带来一定的误差.其次,测量的范围也有一定的限制(例如,水银在 -39 ℃时会凝固,限制了对低温的测量;装液体的玻璃在 500~600 ℃的高温下会熔化,限制了对高温的测量).因此,在科学研究中需要制定另一种更科学的温标,使它的测温原理不需要依赖于某种具体的物质,更具普遍性,并且没有误差.

1848 年,英国物理学家汤姆孙根据理想热机的效率跟工作物质

---

* 关于伽利略的斜面实验比较详细的介绍,请读者参阅本丛书中《猜想与假设》一册.

无关的特性,从热的机械作用定义了一种新的温标,即热力学温标,又称为绝对温标.汤姆孙在确定绝对零度时,就是根据理想气体的热膨胀定律(盖·吕萨克定律)采用了外推的方法.

实验表明,压强一定时,气体的体积随温度升高而增大(热膨胀现象),温度每升高 1 ℃,体积的增加量是 0 ℃时体积的 $\frac{1}{273}$.若 0 ℃气体的体积为 V_0,则压强一定时温度升高到 t ℃气体的体积为

$$V_t = V_0 + \frac{1}{273} V_0 \cdot t = V_0 \left(1 + \frac{t}{273}\right)$$

在 $V\text{-}t$ 平面上画出的是一条不通过坐标原点的倾斜直线,如图 1.19 所示.

如果将摄氏温标中的 $V\text{-}t$ 图像向低温处延伸(外推),直至使气体的体积变为零,那么对应于 $V=0$ 的温度 $t=-273$ ℃就称为绝对零度.显然,这不是实验的直接结果,只是根据已有的实验定律做了合理外推才得到的结果.汤姆孙说:"如果把分度的严格原理推延足够的远,我们就可以达到这样一个点,在这个点上空气的体积将缩减到零,在刻度上可以标 -273℃……"

这个温度就称为绝对零度.因此,绝对温标就是以 -273 ℃为零度的温标.采用了绝对温标后,气体的热膨胀定律的图像就可以表示成如图 1.20 所示*.

绝对零度是宇宙低温的极限,宇宙间一切物体的温度只能无限接近绝对零度,但不能达到绝对零度.后来在 1912 年,德国化学家能斯特(W. Nernst,1864—1941)把它总结成热力学第三定律.

---

* 严格地说,绝对零度为 -273.15 ℃.因此摄氏温标与绝对温标之间的关系为 $T = t + 273.15 \approx (t+273)$ K.

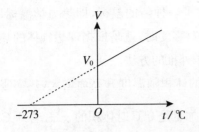 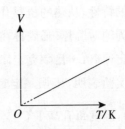

图 1.19　用摄氏温标中的 V-t 图像　　图 1.20　用绝对温标中的 V-T 图像

1.4.3　超新星的外推与中子星的发现

朗道预言与巴德、茨维基的外推

在天体物理的研究中，天文学家往往只能将在地球上实验室中很小的时—空范围内得到的结论，外推到宇观时—空范围内的天体系统上去，然后再通过进一步的观测去检验外推的结论. 例如，天文学上中子星概念的提出，就是运用外推法的一个典型事例.

1932 年，英国物理学家查德威克（J. Chadwick）发现中子后不久，前苏联著名物理学家朗道（L. D. Landau）就做出预言：当物质压缩到原子核的密度后，其中 99% 的电子会同质子结合成中子，因此，宇宙间可能存在这种由中子组成的恒星——中子星.

1934 年，美国的天文学家巴德（W. Baade）和茨维基（F. Zwiky）通过对超新星爆炸理论的类比外推，又独立地提出中子星概念.

在天文学中所说的"新星"，并不是"新诞生的星"，实际上是一种爆发变星. 它们原来很暗，一般看不见，后来由于其光度突然增加几万倍甚至几百万倍，于是就被人们看见了，把它们称为"新星"*. 爆发过程中抛射的物质形成气壳，以 500～2 000 km/s 的速度向外膨胀，释放的能量平均可以达到 10^{38}～10^{39} J/s. 如果爆发的规模特别大，超

---

* "新星"的名词，我国考古学家发现在殷墟出土的甲骨文中已有记载，可见至少已有 3 000 多年的历史了. 过去，也曾称为"客星"、"暂星"或"新见星".

过一般新星的称为"超新星"(也叫"灾变新星"). 这种超新星爆发的结果,将恒星物质完全抛散,留下的部分物质就在引力作用下塌缩,从而使得中心的压力猛增,电子被一起挤压到原子核内,同质子结合成中子,最终形成密度极大、体积很小的天体——中子星. 他们认为,中子星的基本特点是它的压力主要来自简并中子物态,"超新星代表了普通恒星向中子星的过渡阶段".

于是,他们从超新星爆炸机理外推,得出了中子星的机理. 这个类比外推可以用图 1.21 所示的形式表示.

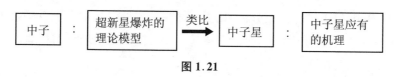

图 1.21

1939 年,美国著名物理学家奥本海默(J. R. Oppenheimer)用爱因斯坦的广义相对论,进一步研究了中子星的性质,他指出:如果这种天体存在的话,它的半径只有 20 km 左右,密度比白矮星高 1 亿倍以上,可达到 $10^{14} \sim 10^{15}$ g/cm^3(见图 1.22). 它们的质量一般不超过 2 个太阳质量(这个值被称为奥本海默极限)*.

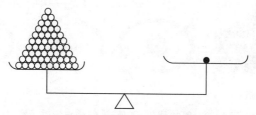

图 1.22 中子星惊人质量的示意图

人们清楚地记得,100 多年前发现白矮星时,其密度高达 100

---

* 恒星演化的末期,将出现三类天体:白矮星、中子星和黑洞. 当恒星的核能耗尽后,剩余质量小于 1.44 个太阳质量的,就成为白矮星;质量在 1.44~2 个太阳质量的,成为中子星;超过 2 个太阳质量的,则可能成为"黑洞".

kg/cm³,已经觉得难以想象,成为科学界议论的奇闻.如今,奥本海默对中子星密度的计算结果是一个更大的天文数字,宇宙间确实存在这样的天体吗?

中子星的发现

对于奥本海默的这个结论,开始时很多天文学家并不相信. 30 年后(1967 年),英国剑桥大学天文台为了研究行星闪烁现象,专门设计制造了一种新型的射电望远镜.这台望远镜从 1967 年 7 月开始工作,由天文学家休伊什(A. Hewish)教授的女研究生贝尔(J. Bell)每天进行记录分析.在 10 月的一天,贝尔从记录上发现,似乎有一个神秘的射电源,每到子夜就会发生闪烁.这件事同样引起了休伊什教授的兴趣.

开始时,他们以为这种射电脉冲也许真的是居住在某个星球上的"外星人"发来的"问候"信号.后来,他们经过 1 年多时间的仔细研究,终于确认这种来自天际的周期非常稳定的射电脉冲信号是从某种特殊天体发射出来的.他们把发射这种射电脉冲信号的天体称为"脉冲星"(见图 1.23).

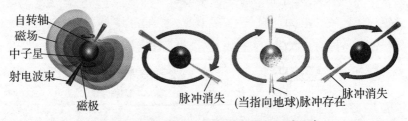

图 1.23 脉冲星(中子星)的结构与运动示意

"脉冲星"的发现震惊了天文学界,人们纷纷展开研究.不久,它就被许多天文学家进一步确认,脉冲星就是快速自转、有强磁场的中子星.这样,从朗道预言开始,游荡在天文学家脑海中的"中子星"终于被实验事实所证实."脉冲星"的发现无疑是对现代天体演化理论研究的一次巨大推动.休伊什也因此荣获 1974 年诺贝尔物理学奖.

如今,天文学家发现的中子星已经达到 500 多颗.巴德、茨维基通过对超新星机理外推得到中子星的机理,也一直被天文学家所津津乐道.

上面我们仅以科学实验中的事例说明外推的应用,实际上,在中学物理教学中,同样不乏应用外推的事例.例如,伽利略通过对斜面实验的外推,得出力不是维持运动原因的结论;在闭合电路欧姆定律的实验中,通过实验数据在 U-I 平面上画出图像后,利用外推法就可以得到电源电动势和内电阻;以及在许多具体问题中,通过对物理条件的外推(如令 $m\to 0$、$m\to\infty$;$v\to 0$、$v\to c$(光速);$F\to 0$、$F\to\infty$ 等)得到的结论,进行合理性的判断等.所以,外推有着很广泛的应用.

2 类比在科学认识中的作用

类比推理对于科学的发展起着积极的推动作用.德国哲学家黑格尔(G. F. W. Hegel)曾给类比方法以极高的评价:"类比的方法应在经验科学中占很高的地位,而且科学家也曾按照这种推论方法获得很重要的结果."科学史清楚地表明,许多重大的发现和发明创造常常得益于这种思维方法的高度发挥.

类比推理也贯穿在物理学的全部发展过程中.经典力学的一代宗师牛顿与另外两位英国著名的物理学家威廉·汤姆孙和麦克斯韦(J. C. Maxwell)都堪称应用类比方法的典范.麦克斯韦曾说过:"借助类比,我试图以便利的形式提出研究电现象所必需的数学手段和公式."近代科学巨匠爱因斯坦从引力场几何化的成功做类推,致力于电磁场的几何化,进而产生建立"统一场论"思想的壮举.爱因斯坦说:"在物理学上往往因为看出了表面上互不相关的现象之间相互一致之点而加以类推,结果竟得到很重要的进展."

类比推理在科学认识中的作用,可以概括为以下几个方面.

2.1 类比是提出假设的重要途径

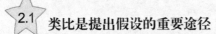

物理学上有许多重要理论,都是先从类比法提出科学假设,然后经过实践检验发展成为科学理论的.如17世纪中叶,英国物理学家胡克(R. Hooke)通过将天体之间相互作用的引力与地球上物体所

受重力的类比,提出了引力的平方反比猜想,后来经牛顿发展为万有引力理论.1678年,惠更斯通过光和声音的类比创立光的波动说等.

根据类比推理提出假设有一定的主、客观因素.主观上,人们总是习惯于用已知的图景去设想、解释未知的图景;客观上,物理世界中各种现象和过程之间的相互联系或多或少有些相似又为类比提供了事实基础.因此,除上面这些熟知的成功类比外,在物理学发展史上还有许多著名的范例.我们略举几例如下.

2.1.1 万有引力与静电力

普利斯特利猜测

18世纪中叶,人们在已知同种电荷相斥和异种电荷相吸的基础上,提出了测量相互作用力的问题.当时有很多科学家开始了这方面的研究.

1766年,英国科学家、氧的发现者普利斯特利(J. Priestley)应他的朋友富兰克林(B. Franklin)的要求,做了一个验证实验:把一小块软木悬挂在带电金属罐外的附近时,软木块受到强烈的吸引;把这个软木块悬挂在罐内时,无论在罐内何处,软木块都不会受到电力的作用.普利斯特利想到牛顿在研究引力时证明过:如果引力是随着到引力中心的距离平方而减弱的话,中空的均匀球体对于空腔内部各处的物体就没有引力作用.根据上面的实验结果,他把电荷的作用跟物体的引力作用做了类比,猜测电的作用力也遵循同一规律.这个类比假设可表示如图2.1所示.

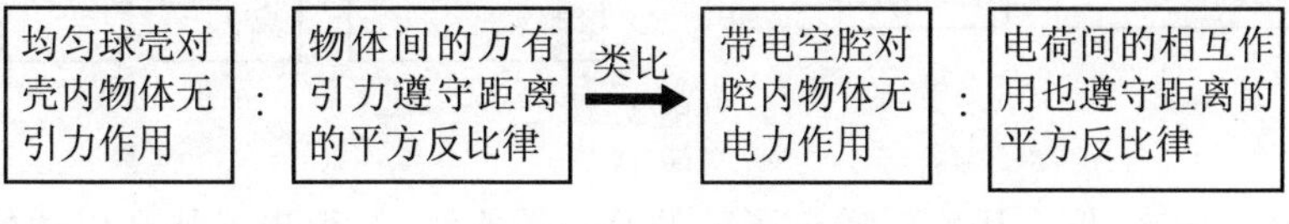

| 均匀球壳对壳内物体无引力作用 | : | 物体间的万有引力遵守距离的平方反比律 | 类比→ | 带电空腔对腔内物体无电力作用 | : | 电荷间的相互作用也遵守距离的平方反比律 |

图 2.1

库仑电摆的依据

1784年,法国物理学家库仑(C. A. Coulomb)在研究电荷间引力时遇到了困难,也是从与万有引力的类比假设中找到了解决的办法. 他的整个思路可以表述如下:

根据单摆的周期公式

$$T = 2\pi\sqrt{\frac{l}{g}}$$

将摆球受到的重力近似看成是地球对它的引力,即

$$mg = G\frac{Mm}{r^2}$$

代入上式后得

$$T = 2\pi\sqrt{\frac{l}{GM}}r$$

式中,M是地球质量,l是摆长,G是引力恒量,因此上式可写成

$$T = kr \quad (k = 2\pi\sqrt{\frac{l}{GM}})$$

这就是说,当地球对物体的引力服从距离的平方反比规律时,地面上的单摆的振动周期一定正比于摆锤离地心的距离. 于是,库仑设想,如果电荷之间的引力也服从同一规律的话,只需设计一个电摆进行验证就可以了. 库仑的这个类比假设可表示如图2.2所示.

图 2.2

后来,库仑用实验验证了他的这一类比假设,得出了如今以他的名字命名的库仑定律.

2.1.2 热流与电流

傅里叶公式

19世纪初,法国物理学家毕奥(J. B. Biot)在温度概念和热量不灭概念的基础上建立了热传导的数学理论.后来,由法国物理学家傅里叶(J. Fourier)最终完成热力学的理论.1822年,傅里叶在《热的分析理论》一书中,对热传导问题给出了一个经验定律:热量从高温处向低温处

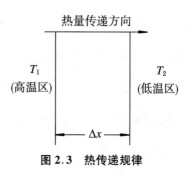

图2.3 热传递规律

传播时,通过介质中厚度为 Δx 的一层界面,每单位时间内传导的热流量正比于这一层界面两边的温度差 ΔT 和层的面积 S, 反比于层的厚度 Δx (见图2.3).用公式表示为

$$\frac{\Delta Q}{\Delta t} \propto \frac{S \cdot \Delta T}{\Delta x}$$

热流与电流的类比

1827年,德国物理学家欧姆(Georg Simon Ohm)在对电流的规律进行研究的过程中,受到数学家傅里叶对热传递规律的启发,把电在导体中的传导跟热在固体中的传播巧妙地做了类比.可以发现,两者对应得十分完美(见表2.1).

表2.1

热现象	静电现象
热量 Q	电量 q
传热介质	导电物质
导热杆两端温度差 ΔT	导体两端的电势差
热流 $\dfrac{\Delta Q}{\Delta t}$	电流 $\dfrac{\Delta q}{\Delta t}$
$\dfrac{\Delta Q}{\Delta t} \propto S \dfrac{\Delta T}{\Delta x}$	?

傅里叶在热传递研究中提出了一个公式

$$\Delta Q = kS \frac{\Delta T}{\Delta x} \cdot \Delta t$$

它表示沿着固体传导的热量（ΔQ）跟截面积（S）、单位长度的温度降落（$\frac{\Delta T}{\Delta x}$）和时间（$\Delta t$）成正比.

欧姆认为，电在导体中传导时，传导的电量（Δq）也应该跟导体的截面积（S）、单位长度的电压降落（$\frac{\Delta U}{\Delta x}$）和时间（$\Delta t$）成正比. 于是，通过这个类比也可以得到这样一个公式

$$\Delta q = kS \frac{\Delta U}{\Delta x} \cdot \Delta t$$

或者表示为

$$\frac{\Delta q}{\Delta t} = kS \frac{\Delta U}{\Delta x}$$

因为 $\frac{\Delta q}{\Delta t} = I$（电流强度），所以上式可以写为

$$I = kS \frac{\Delta U}{\Delta x}$$

对于均匀的长导线来说，各部分的电压降落与其长度（l）成正比，即 $\frac{\Delta U}{\Delta x} = \frac{U}{l}$，因此上式又可表示为一般形式

$$I = k \frac{S}{l} U$$

这就是部分电路欧姆定律的表达式. 众所周知，均匀长导线的电阻与导线的长度成正比、与导线的截面积成反比，即 $R \propto \frac{l}{S}$，因此

$$I \propto \frac{U}{R}$$

选取一定的单位后，上面的比例式就可以写成等式，就得到现在熟知

的形式

$$I = \frac{U}{R}$$

或者

$$U = IR$$

从这个类比中欧姆提出一个假设:导线中两点之间电流的大小也可能正比于这两点之间的某种驱动力.他把它称为"驱电力"(electroscopic force),用今天的话说,就是电势差.

随后,欧姆通过实验验证了他从类比推理得出的这个假设,得到如今作为电路计算基础的欧姆定律.

2.1.3 声音的多普勒效应与光的红移

多普勒效应

1824年,奥地利物理学家多普勒(C. Doppler)从波动理论得出结论:当声源和观察者互相接近时,观察者听到的声音频率增高;当声源远离观察者时,观察者听到的声音频率变低.后来,在1845年,布依斯·巴洛特(C. H. D. Buys Ballot)在铁路旁验证了这个结论:当火车从远方驶来时,汽笛的声调变高;当火车向远方驶去时,汽笛的声调变低.这个现象称为多普勒效应.

由于光也是一种波动,因此把声音的多普勒效应类比于光就可以得到这样的假设:光源趋向观察者时,观察者接收到的光波振动的频率增大;光源远离观察者时,观察者接收到的光波振动的频率减小.这样,就会使光谱线的位置偏离它原来的正常位置.

宇宙膨胀与收缩的判据

1848年,法国物理学家斐索(Armand Hippolyte Fizeau)根据从类比得到的光的多普勒效应指出,我们只要精确地测出光谱线的位置,看它是否朝光谱中波长较长的一端(即红端)或波长较短的一端(即紫端)发生移动,就可以判断光源是否在退离我们或向我们趋近(见图2.4).

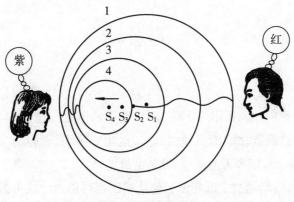

图 2.4　红移与紫移

根据光的多普勒效应,我们就可以研究恒星或星系的运动了,从而也就可以间接地判知宇宙是在膨胀中还是在收缩中.

因为光源(天体)的这种退离或趋近的运动,都在观察者的视线方向上,所以我们把光源的这种运动速度称为"视向速度".

1868 年,英国天文学家哈金斯(William Huggins)首先根据这种光谱线的位移测出一颗恒星——天狼星的视向速度(radial velocity).

1890 年,美国天文学家基勒(James Edward Keeler)又据此测得大角星正以 6 km/s 的速度向我们靠拢(现在精确测定的数据是 5 km/s).

1912 年,美国天文学家斯里弗尔(Vesto Melvin Slipher)测得仙女座大星云正以约 200 km/s 的速度向我们奔来.到 1914 年,他已完成了对 15 个星系的分光测量,对其中的 11 个星系确定出了视向速度.

如果将光谱中处于正常位置(即光源相对观察者静止时)的某一光谱线的波长记作 λ_0,将因存在视向速度(用 v_r 表示)而使该谱线位移所至的波长记作 λ,用 $\Delta\lambda$ 表示波长位移量的大小,即

$$\Delta\lambda = \lambda - \lambda_0$$

我们把 $\Delta\lambda$ 与 λ_0 的比值称为红移量,用 z 表示,则

$$z = \frac{\Delta\lambda}{\lambda_0} = \frac{\lambda - \lambda_0}{\lambda_0}$$

从观测得知,红移量 z 的大小与视向速度 v_r 成正比,可表示为

$$z = \frac{v_r}{c}$$

式中 c 为光在真空中的传播速度.

哈勃定律

1929 年,美国天文学家哈勃(E. P. Hubble)根据当时所知的测定星系距离的方法确定了 24 个星系的距离,并对 22 个尚未确定距离的星系,间接估算出它们的平均距离,提出著名的"哈勃定律",即星系的红移和距离成正比,可以用公式简单表示为

$$z = H\frac{r}{c} \quad \text{或} \quad r = \frac{1}{H}cz$$

式中,c 是光速,r 是星系距离,z 是星系的红移,H 是比例常数(后来称为哈勃常数).

哈勃定律表明,河外星系正在不断地远离我们,而且越远的星系离开我们的速度越快,星系的普遍快速离去,表明宇宙正在膨胀.

以后的半个多世纪以来,尽管人们探测的空间范围与日俱增,而红移与距离的关系,始终严格地保持着哈勃定律指出的正比关系.这对于宇宙膨胀说是一个十分有力的支持.哈勃在天文学上的成就是永垂史册的.难怪有人说,假如当年诺贝尔设置了天文学奖,那么首先应该赢得这份荣誉的便是哈勃*.

---

* 关于宇宙的形成与发展,尚有许多问题有待进一步探究.其中哈勃定律指出的红移与星系退行速度以及星系离我们距离的关系,就是目前的争论问题之一.有人认为红移并不是多普勒效应引起的,而是由于别的原因.这些问题的研究和解决,将使我们获得对宇宙结构和演化过程新的认识.

2.1.4 电子间的作用与核子间的作用

核力——斯芬克斯之谜

我们知道,原子核的直径很小,其数量级一般是 $10^{-14} \sim 10^{-15}$ m. 在这么小的一个体积中却团聚着许多核子(质子和中子). 以铀($^{235}_{92}$U)核为例,核内有 92 个质子,143 个中子. 质子都带正电,它们会相互排斥,它们之间存在很大的库仑斥力. 可见,核子间必然存在着另一种力场(引力场),并且这种引力场不仅存在于质子与质子之间,也存在于中子与中子之间、中子与质子之间,从而使整个原子核内的许多核子维系在一起,构成非常稳定和十分坚固的结构.

原子核内的各核子间究竟存在着怎样的一种力场呢? 许多物理学家积极展开实验探索和理论研究,逐渐对这种力场的特性有了认识.

例如,通过实验中观察中子束从质子旁边掠过时发生的偏转,发现核力是一种短程力,只有当中子和质子间距离在 10^{-15} m 以内时,这种力的作用才显著起来,而一旦两个核子之间的距离小于 0.4×10^{-15} m,又会变成强大的斥力(见图 2.5).

图 2.5 核力取决于粒子间的距离

(a) 距离很近,彼此排斥;(b) 相隔一定距离,彼此吸引;
(c) 相距太远,彼此间无力的作用

不过,对于核力的产生机理,依然像斯芬克斯像*一样,仍是个诱

---

* 埃及金字塔旁的人面狮身像,距今已有 4600 多年. 斯芬克斯是希腊神话中的一个怪兽,坐在忒拜城附近的悬崖上,有人经过他都会提出一个谜语:"什么东西早晨用四条腿走路,中午用两条腿走路,晚上用三条腿走路?"如果路人猜错,就会害死. 后来,被俄狄浦斯猜出了谜底——人,于是斯芬克斯就羞愧地跳崖而死. 斯芬克斯后来被人们比喻为难解的谜.

人之谜.

汤川类比

首先揭示核力奥秘的是日本的一位青年物理学家——汤川秀树（Hideki Yukawa）.他通过与电磁力的类比,于1935年勇敢地提出了核力的介子假设.

电磁学理论指出,带电粒子间的电磁作用力是以电磁场为媒介的,而电磁场又作为光波在空间传播着.通过对光的本性的研究,我们又了解到,光波具有粒子性,称为光子,对应着某个确定的电磁场,有确定频率的光子,每个光子携带确定的一份能量.因此,带电粒子之间的电磁作用,可以看成是由一方粒子放出光子,被另一方粒子吸收光子的过程.也就是说,电磁相互作用是由彼此间交换光子而产生的.

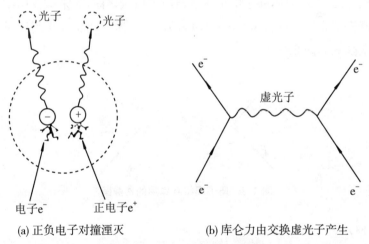

(a) 正负电子对撞湮灭　　　　(b) 库仑力由交换虚光子产生

图 2.6　正负电子对与费曼图

例如,两个电子间的库仑力,可以认为是一个电子放出一个光子被另一个电子所吸收,因此这两个电子间便产生了相互作用力.由于这种光子最终并没有离开电子,仅是从一个电子转移到另一个电子,它与一对正负电子对撞湮灭所实实在在产生的光子不同（见图

2.6(a)),我们把它称为"虚光子".因此,电子间的相互作用可以用图 2.6(b)表示,这种图称为费曼图.

质子与电子都是带电粒子,电量相等仅电性相反.汤川把两个质子间的相互作用类比于电子间的相互作用,认为质子间的相互作用也是通过交换某种媒介粒子而间接发生的.

汤川在论文中写道:"……基本粒子间的这种相互作用可以用力场来描述,就像带电粒子间的相互作用可以用电磁场来描述一样,从上面的讨论得出,重粒子与这个场的相互作用,要比轻粒子与这个场的相互作用强得多.在量子理论中这个场应当相应于一种新的量子(与电磁场相应的是光子)."

汤川根据核力的作用距离(力程)估算出这种粒子的质量约为电子质量的 200 多倍,介于电子质量与质子质量之间,后来被美国物理学家安德森(C. D. Anderson)命名为介子.质子间相互作用所对应的费曼图如图 2.7 所示.

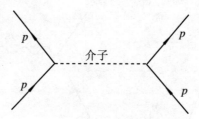

图 2.7 质子间相互作用的费曼图

三种介子

因为核力不仅存在于质子与质子之间,也存在于质子与中子间、中子与中子间,因此汤川认为,不论是质子与质子之间,还是质子与中子之间、中子与中子之间,都是通过交换介子而产生相互作用的.只是不同粒子间交换的介子及所引起的变化不同.

在质子与质子间、中子与中子间交换的介子是不带电的(称为 π^0 介子),交换的结果,除了双方的能量发生变化外,核子其他的性质并没有变化(见图 2.8).

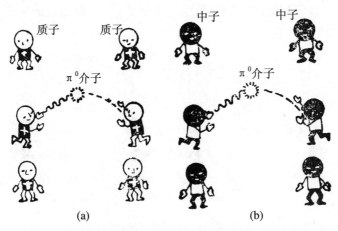

图 2.8 质子与质子、中子与中子之间交换 π^0 介子

在质子与中子间交换的介子是带电的,可以是 π^+ 介子,也可以是 π^- 介子.这时伴随着介子的交换,不仅交换双方的能量发生改变,而且核子的性质也在改变:原来的中子会变成质子,原来的质子会变成中子(见图 2.9).

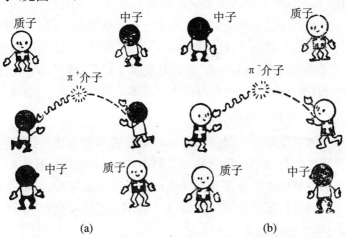

图 2.9 质子与中子、中子与质子之间交换 π^+ 介子和 π^- 介子

汤川还认为,介子是一种不稳定的粒子,它在从质子飞往中子,或从中子飞往质子的途中,将会发生衰变.一个带正电的介子,可以衰变为一个正电子和一个中微子(见图 2.10).

图 2.10 介子的衰变

汤川用介子假设圆满地解释了核力的发生和核力的部分性质以及 β 衰变现象.但是,汤川所假设的介子是否确实存在,还必须通过实践来检验.

 2.2 类比能有效地激发科学想象

类比推理的一大特点是不拘一格,它既可以近亲类比,也可以远缘类比.它允许在不知道两者之间是否有必然联系的前提下进行一种或然的推理,因此,利用类比常能十分有效地激发人们的科学想象力或启示我们去联想,能使人们从不同领域知识的交流和借鉴中,闯出原来思维圈圈的禁锢,开辟"柳暗花明又一村"的境界,从而使新思想、新理论能迅速诞生.这在科学史上是不乏生动实例的.

2.2.1 开普勒观地测天

德国天文学家开普勒(J. Kepler)十分钟情于类比.他曾说:"我特别喜欢这些类比——我的最可靠的老师,因为它们给我们揭开了自然界的各种秘密."开普勒在发现行星运动三定律时,虽然主要依靠对第谷测量数据的分析归纳,但类比确实给了他灵感和帮助.

"星学之王"的遗愿

我们知道,哥白尼(Nicolaus Copernicus)的太阳系模型的指导思想还是柏拉图(Plato,古希腊)的和谐运动,认为圆是最完美的曲线,因此在他的天体模型中,各个行星都沿着以太阳为中心的同心圆绕太阳运动.

检验哥白尼学说的实验,最早是由丹麦天文学家第谷·布拉赫(Tycho Brahe)进行的.第谷有着惊人的机械操作能力和技巧,他对各种行星位置的测定误差不大于 0.067 度,几乎达到了肉眼所能达到的极限,成为当时罕见的天文观察家,有"星学之王"的美称.第谷发现,哥白尼的圆周运动不符合对天体运动的实际观测.第谷死前,把他毕生的记录交给开普勒,希望开普勒继任他的工作,绘制一幅与他所记录的成千个数据相协调的行星运行表.

类比得妙计

当时,开普勒面临的一大难题是用什么方法去测定行星(包括地球)运动的真实轨道,就如同观察者从"天外"看行星的运动一样.

开普勒经过苦心思索,后来从大地测量的类比中豁然开朗,从地上"跃到"天上,终于想出了一条"动中取静"的妙计.

在大地测量中,常需要先确定联结两定点的一条基线(测量基线),再分别测出目标与基线间的夹角(称为视差)就可测出目标的位置(见图 2.11).

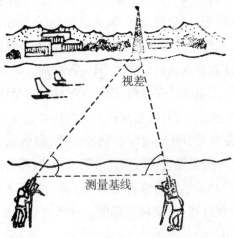

图 2.11 先确定基线就可测出目标距离

开普勒想到,要测定地球(在其轨道上)与太阳的距离,同样要以某一恒星作为定点,以便与太阳构成基线.不过开普勒并没有去找这样的恒星,他根据当时已精确测定的火星绕太阳运行的周期(一个"火星年"),利用同时对太阳和火星进行观测的办法来确定地球的位置.这样,开普勒就构成了一个从大地测量到天文测量的类比推理,如图 2.12 所示.

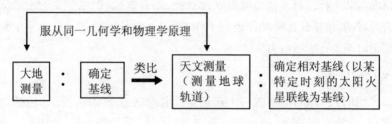

图 2.12

开普勒通过对火星轨道的大量研究,发现日心体系预报的位置与观测位置相差 $8'$ 之多.于是他就大胆摈弃束缚人们头脑两千年之久的天体做匀速圆周运动的旧观念,尝试着用别的几何曲线去表示所观测到的火星轨道.他曾经改用一种一头大一头小的卵形轨道计算,但还是不够理想.在卡约里所著《物理学史》中指出:开普勒"在尝试了 19 种现象的路径并由于或多或少跟观测不一致而又都否定了它们之后……才发现真实的轨迹,它是一种椭圆".

开普勒通过大量的计算分析,确认火星的轨道呈椭圆形,太阳位于椭圆的一个焦点上,而且火星在轨道上的运动速度也不是均匀的.1609 年,他发表了关于行星运动的两条定律(即轨道定律和面积定律).后来于 1619 年又发表了行星运动第三定律(即周期定律).

开普勒的成功是第谷的精确观察与开普勒的深入研究相结合的结果.在这个发现过程中,几何图形的类比激发了他的想象力,起到十分重要的作用.

2.2.2 麦克斯韦智论力线

法拉第力线

法拉第(M. Faraday)在研究电磁现象的过程中,凭借高超的实验技巧和丰富的想象力,提出了非常深刻的"力线"和"场"的物理思想.他设想,在带电体、磁体和电流周围的空间都存在着某种连续介质,起着传递电力和磁力的媒介作用.他把它们称为"电场"和"磁场".这是物理学中第一次提出"场"的概念.

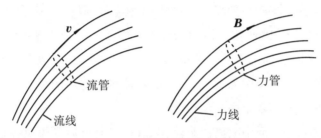

图2.13 法拉第的力线与力管

法拉第类比于流体场,对电场和磁场的物理图景做了直观的描述.他提出,场是由力线组成的,许多力线组成一个力管,就像流体中许多流线组成一个流管一样.力线将相反的电荷和磁极联系起来,力线上任一点的切线方向就是该点的场强方向,力线的疏密程度表示不同点场强的大小(见图2.13).

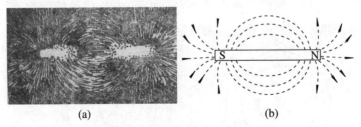

图2.14 条形磁铁的磁感线分布

法拉第认为力线有物理实在的性质.他还在一张纸上撒上铁屑,

用磁棒在其下面轻轻振动,铁屑形成规则的曲线表示力线的实在性(见图 2.14).

但由于数学水平不够,法拉第无法把他从类比引发的丰富想象提高到定量理论.

流体场的类比

麦克斯韦深刻地洞察到法拉第的天才思想,以法拉第的力线作为研究起点,借助他杰出的数学才能和得益于类比的丰富想象,把法拉第的思想升华到新的高度,最终完成电磁场理论.

1855 年至 1856 年间,麦克斯韦提出关于电磁学的第一篇重要论文——《论法拉第的力线》. 他也以不可压缩流体稳定流动中的流线类比于电场和磁场中的力线,而把对流体场研究中的某些数学结果推广到电场和磁场中去.

因为均匀介质中距离一个流体源(可以是有质流体源或是无质流体的热源)为 r 处的压力(或温度)为

$$p(r) = \frac{kQ}{4\pi r^2}$$

式中 Q 表示单位时间内通过包围流体源的任意封闭曲面的总流量(或总热量),r 为某点到源的距离,k 是与介质有关的系数. 麦克斯韦设想:在上述流体情况下,如果流体源是一点,以它为圆心作同心圆,那么在同一球面上各点的压力是相等的,这样的球面便为等压面. 在静电的情况下,这些球面便是等势面(见图 2.15).

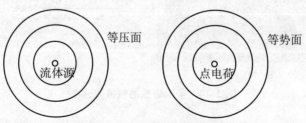

图 2.15　等压面与等势面

麦克斯韦从这个类比中发现电场与流体力场的相似性,进而把有关流体力场的数学结论推广到电场中.麦克斯韦说:"在电学中势对于点、在流体力学中压力对于流体和在热力学中温度对于热,有着共同的关系.电、液体和热全都趋向于由一个地方流到另一个地方,只要势、压力或温度在第一个地方高于第二个地方,这种情况就能发生."

麦克斯韦的这个类比,我们可以把它表示为表 2.2 中所示的形式.

表 2.2

流体力场	电场
流体场中流体总是从压力高处流向压力低处	电场中正电荷总是从高电势处移向低电势处
流体场中的流线	电场中的电场线
流体场中的压强 p	电场中的电势 U
均匀无限大介质中,距流体源 r 处任一点流体的压强 $$p(r) = k\frac{Q}{4\pi r^2}$$	真空中距点电荷 r 处的任一点的电势 $$U(r) = k\frac{q}{4\pi r^2}$$
(Q 为单位时间通过包围流体源的任意曲面的总流量,k 为系数)	(q 为点电荷源的电量,可以看成"电通量",相当于电场线的总量,k 为系数)

对照这样的类比,根据场强和电势间的关系式,就可推出真空中点电荷场强的表达式

$$E = \frac{kQ}{4\pi r^2}*$$

如果令 $D = \dfrac{Q}{4\pi r^2}$ 表示通过球面上单位面积的"电通量",即相当

---

* 现行中学物理教材中真空中点电荷场强公式为 $E = k\dfrac{Q}{r^2}$,两者的系数 k 取值不同.

于通过球面上单位面积的电场线条数(见图 2.16),于是就可得到一个一般公式

$$E = kD$$

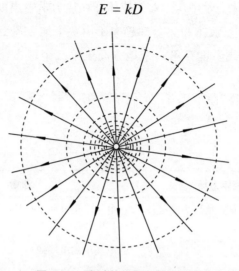

图 2.16 通过单位面积的电场线

这也就是说,在电场中各处的电场强度跟通过该处单位面积上的电场线条数成正比.这样,麦克斯韦通过与流体场的类比,就赋予法拉第的力线以实在的物理意义.麦克斯韦说:"我企图把一个空间画力线的清楚概念摆在一个几何画家的面前,并利用一个流体的流线概念,说明如何画出这些力线来."

接着,麦克斯韦又根据法拉第的"力管收缩趋势",电场中的导体处于一种特殊的"电紧张状态"的设想,定义一个新的矢量函数来描述电磁场,并重新概括当时已经发现的电磁学中的六条基本定律.

麦克斯韦的这篇论文用数学形式精确地表示出法拉第的力线图象. 1860 年,他带着这篇论文拜访已年近七旬的法拉第时,法拉第大为赞赏地说:"我惊讶地看到,这个主题居然处理得如此之好!"并热情地鼓励麦克斯韦继续探索.

2 类比在科学认识中的作用

一次大综合

此后,麦克斯韦进一步通过电磁现象和力学的类比,提出一个关于力线的机械模型(电磁以太模型),将电和磁的量联系起来,又用法国科学家拉格朗日(J. L. Lagrange)和英国科学家哈密顿(W. R. Hamilton)创立的数学方法,类比流体力学方程,导出电磁场的波动方程,预言电磁波的存在,并建立光的电磁理论.麦克斯韦说:"这一速度(指推算出的电磁波速)与光速如此接近,看来我们有强烈的理由推断,光本身(包括辐射热以及其他辐射,如果有的话)乃是以波的形式在电磁场中按电磁规律传播的一种电磁振动."麦克斯韦以他杰出的数学才能,将电磁理论一度推到顶峰,把原来互相独立的电学、磁学和光学三个部分结合起来,成为19世纪中叶物理学上实现的一次重大综合.无怪乎人们评论麦克斯韦一生功绩时说:"他的名字将永远闪烁在经典电磁理论的大门之上".

当然,人们同样也不会忘记,类比曾怎样地拓宽麦克斯韦的思路,使他从流体力学跃上电动力学的新台阶.麦克斯韦说:"我认为依靠物理的类比,一门科学的规律与另一门科学的规律之间的部分类似,将使我们能从这两门学科中的一门科学来说明另外的一门科学".麦克斯韦类比的成功,充分说明了这个论断的正确.

2.2.3 弗利肖巧比液滴

费米的超铀元素

1934年,意大利著名物理学家费米(E. Fermi)领导他的实验小组,在短短几个月内,用中子轰击63种元素,得到37种放射性同位素.轰击的结果都像他们所预料的一样:许多元素的原子核吸收一个中子后,失去稳定状态,放出β射线,变成周期表中下一个位置的元素的原子核(即原子序数增加一个单位).但当他们用中子轰击当时地球上最重的第92号元素铀时,却出现了麻烦,它产生的放射性元素不是一种,其中有一种是半衰期为 13 min 的产物.后来通过实验证明这种半衰期为 13 min 的放射性产物,不是铀的同位素,不是第 90 号元素钍和第 91 号元素镤,也不是第 89 号元素锕和第 88 号元素镭,又排除了铋(第 83 号元素)和铅(第 82 号元素)的可能性.虽然费米本人很谨慎,在实验报告中仅以"如果它是 93 号元素"的假设提出,但当时罗马大学物理研究所所长柯比诺(O. M. Corbino)却认为费米太谨慎了.同年 6 月 4 日,柯比诺在意大利林赛科学院会议上当众宣称:"根据我天天都在关注的这些研究的进展,我以为我可以做出结论说,这一元素的制成已经得到了确切的肯定."其后,德国柏林大学化学研究所的著名核化学家哈恩(O. Hahn)和他的亲密合作者、奥地利女物理学家梅特纳(L. Meitner)也立即展开研究,并得出更精确的结果.到 1937 年,他俩已从铀的产物中得到一个互相衔接的放射系.不过,当初他们也认为这些成分都是超铀元素(即原子序数大于 92 的元素).

诺达特夫人的质疑

在这一片超铀元素的欢呼声中,一位德国女化学家依达·诺达特夫人(Ida Noddack)提出了质疑.她认为超铀元素之说法不能成立,费米的证明方法不确切也不完善,特别是没有和周期表中其他的元素比较,只是限于铅以上的元素,不足以判定第 93 号元素的生成.并且,她还首次提出了重核俘获中子后可能分裂成几个大碎片的观点.遗憾的是她的论点不仅没有引发包括费米在内的物理学家们的认真思考,还遭到哈恩的反驳,认为"纯粹是谬误".这里的主要原因是诺达克夫人只不过做了某种猜测,没有在实验上做进一步的探究.而这种核分裂的假设,似乎又违背常理——原子核是何等的坚固,一个小小的中子仅能提供 6 MeV(1 MeV = $10^6 \times 1.6 \times 10^{-19}$ J)的能量,怎么会有如此巨大的力量把核击碎?正如一个飞进窗户的足球,居然把房子撞倒一样的不可思议.由于条件不成熟,事实不充分,诺达克夫人的这一创见还无法解开物理学家头脑中旧观念的束缚.

一声霹雳惊呆哈恩

1938年,居里夫人的女婿和女儿约里奥·居里(J. F. Joliot,法国)和伊丽芙·居里(I. Curie,法国)跟他们的合作者萨维奇(Savage,南斯拉夫)用慢中子照射铀盐时,分离出一种半衰期为3.5 h的成分,且总是伴随着原子序数只有57的镧在一起.于是他们改变了原来支持费米的"超铀元素"的观点,认为把这种放射性物质归于超铀元素或放置在铀附近的其他位置,"会导致化学性质相当奇特的不规律性".但他们对这种半衰期为3.5 h的放射性物质究竟从何而来还没有考虑成熟,没有做出明确的结论,由于这一决断上的迟疑,使他们第三次失去了一个重大发现的机会*.

哈恩原来对约里奥·居里夫妇的论文并不重视,但这次发现先引起了哈恩后来的助手施特拉斯曼(F. Strassmann)的重视,他意识到居里的实验揭示了核反应的一个新问题,连忙去告诉哈恩.开始时哈恩还漫不经心地大声喊道:"这不可能,居里和萨维奇一定是搞混了."但当他听完这一内容后,如同晴天霹雳,一下子惊呆了.据说哈恩竟连一支雪茄都顾不上吸完就跑到实验室中去了.紧接的几天,他紧张得连吃饭都不出实验室地干起来.在事实面前,哈恩终于放弃了自己的看法,立即按约里奥·居里夫妇的方法进行实验.经过几星期精细的化学分离实验,哈恩小组在铀的生成物中又找到一种化学性质与原子序数56的钡相近的放射性物质.哈恩与他的同事们都感到难以理解.一方面,作为化学家,他们对核反应的分离物的性质深信不疑;但另一方面,从原来的物理观点来看,似乎又不可能,用中子轰击铀元素怎么会产生位于周期表中间位置上的某种元素呢?不过哈恩已开始放弃产生超铀元素的观点

---

* 约里奥·居里夫妇失去的前两次重大发现的机会,指的是中子的发现和正电子的发现.

而倾向于诺达克夫人的看法.

弗利胥的类比

出于对科学事业的共同信念,哈恩把他们的实验结果写信告诉迈特纳.此时她因躲避法西斯对犹太人的迫害而移居瑞典.迈特纳的外甥、物理学家弗利胥(O. R. Frisch)正好也受迈特纳的邀请到瑞典度假.于是,在1938年底,他们两人展开了热烈的讨论.

在思考中,弗利胥受到两年前玻尔(N. Bohr,丹麦)在原子核研究中提出的"液滴模型"的启发,把原子核想象成水滴.并从水滴的破裂想象铀核的分裂.这个类比关系可表示如图2.17.

| 水滴由水分子组成,水分子间的相互作用造成的表面张力使水滴呈稳定球形 | ∶ | 杂质分子的入侵,使水分子间的表面张力减小,水滴会被拉长而破碎 | 类比→ | 原子核由核子(质子、中子)组成,核子间相互作用使核保持稳定的球形 | ∶ | 外来中子闯进原子核引起剧烈振荡,原子核可能被拉长而分裂 |

图 2.17

弗利胥把原子核受外来中子轰击可能会分裂的情况又类比于细胞的分裂——细胞的无丝分裂是细胞核先延长,从核的中部向内凹进,缢裂成两个细胞核,接着整个细胞从中部缢裂成两部分,变成两个子细胞(见图2.18).

迈特纳非常赞赏弗利胥的这一类比想法,他们立即对裂变时释放的能量做了初步计算.迈特纳根据铀分裂前后的质量差和爱因斯坦质能方程算出释放的能量约为 200 MeV,弗利胥根据液滴模型静电斥力计算的能量变化也等于 200 MeV,两者符合得极好.

假期以后,弗利胥回到哥本哈根,把哈恩的化学结论和自己与迈特纳的看法告诉玻尔.玻尔听了以后,用手敲打自己的前额惊呼:"啊!我们好笨,我们以前就应该看到这一点的!"接着,弗利胥立即进行实验验证.他不仅用铀,而且用钍进行核反应,都得到相同的结果.

2 类比在科学认识中的作用

1939年1月16日,以迈特纳和弗利胥两人名义合写的论文《在中子轰击下重核分裂的物理证据》在英国《自然》杂志发表.他们根据与细胞分裂的类比,把这一现象称为裂变.弗利胥说:"……原始的铀核逐渐变形,中间变窄,最后分成两半.这种情况与细菌繁殖的分裂过程非常相似,使我们有理由把这种现象在自己的第一篇公报中称为核分裂."

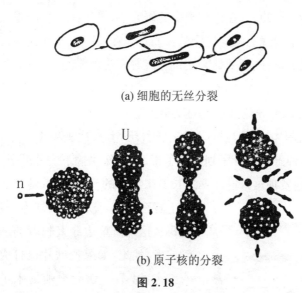

(a) 细胞的无丝分裂

(b) 原子核的分裂

图 2.18

同年1月26日,玻尔在华盛顿的第5届理论物理讨论会上宣布了重核裂变的消息,与会代表群情激奋,一下子把会议主题从原来对低温物理的讨论转到核物理上,好几位物理学家立即给自己的实验室打电话安排实验,当时,几个实验室和大学都得到了同样的结果.重核裂变的发现在几个小时内就得到世界的公认.

打开核能大门的人

重核裂变的发现是具有划时代意义的大事.因为它打开了原子核能量宝库的大门,为人类开辟了一种巨大的新能源.哈恩也因这一重大发现荣获 1944 年度诺贝尔化学奖.

一年以后,1942 年 12 月 2 日下午 3 时 35 分,在费米主持下的原子能反应堆开始正常运转,首次揭开了利用原子核能的篇章.至今在美丽的芝加哥大学的校园里,还可以看到挂着一块镂花金属牌子,上面写道:"1942 年 12 月 2 日,人类在此实现了第一次自持链式反应,从而开始了受控的核能释放."

值得一提的是,在重核裂变的研究中,早年在巴黎居里实验室工作的中国学者钱三强与何泽慧夫妇首先在实验中发现铀核三分裂和四分裂现象,对阐明铀核裂变机理有着极为重要的意义.

2.3 类比可导致技术上的发明创造

据说,中国春秋战国时的工匠鲁班,有一次去山上伐木,不小心被路边一种野草的叶子划破了手指.鲁班随手摘下一片叶子,仔细端详起来.他发现这片叶子两边长着很细密的锋利的齿.他将叶子在手背上轻轻一划,竟然会被划出一道口子.鲁班从这种野草边缘上长着的细齿中得到启发,他想,如果把铁片也打成边缘上有细齿的,不是就能锯断树木了吗? 于是,鲁班回去后就进行多次的试验,从而发明了锯子(见图 2.19),极大地提高了效率.

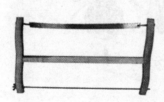

图 2.19　锯子

这个传说中所包含的思维方法就是一种类比,相对说比较简单和直接,可以表示为图 2.20 中的形式.

野草边缘的细齿　→类比→　铁条边缘的细齿

图 2.20

又如科学家从生物研究中发现,蜻蜓、苍蝇等生物的复眼具有一种奇特的成像功能——虽然在眼前只有一个目标,但通过复眼的角膜却可以看到许多个物像.原来,蜻蜓或苍蝇复眼的角膜是由许多个六角形的小眼角膜排列构成的,而每个小眼角膜都能形成一个物像,因此会形成许多个像,如图 2.21 所示.

图 2.21 苍蝇的复眼

人们从这里受到启发,模仿这些生物的复眼,用许多小的光学透镜按照一定的方法排列起来,制成"复眼透镜".将双排复眼透镜阵列应用于照明系统可以获得很高的光能利用率和大面积的均匀照明(图 2.22),在微显示器及投影显示领域有广阔的应用前景.后来,又根据生物的复眼功能,将它作为照相机的镜头,发明了"复眼照相机".利用这种复眼照相机,一次就可以拍摄千百张相同的照片.它可用于印刷制版、复制大规模集成电路以及灾区搜索营救等特殊工作.

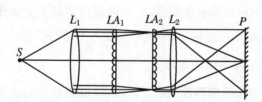

图 2.22 利用复眼透镜在平面 P 获得均匀的照明

以复眼照相机为例,这里的类比推理可以表示为图 2.23 中的形式.

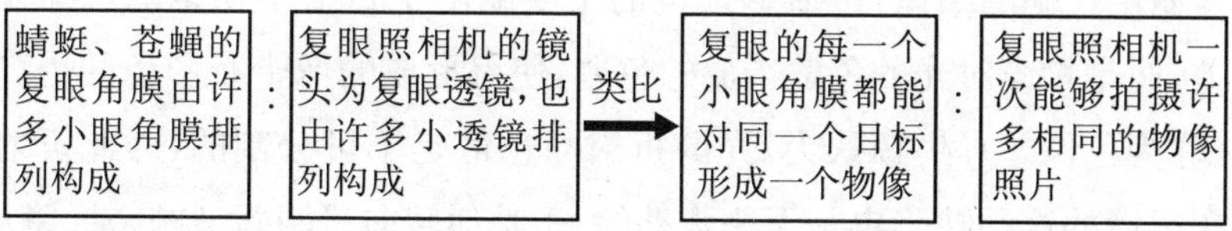

| 蜻蜓、苍蝇的复眼角膜由许多小眼角膜排列构成 | ∶ | 复眼照相机的镜头为复眼透镜,也由许多小透镜排列构成 | 类比 → | 复眼的每一个小眼角膜都能对同一个目标形成一个物像 | ∶ | 复眼照相机一次能够拍摄许多相同的物像照片 |

图 2.23

从类比中得到启发导致技术上发明创造成功的,在科学技术史上有许多脍炙人口的生动事例.

2.3.1 从望远镜到欧拉的眼睛类比

在望远镜的研制发展过程中,有一个很有趣的眼睛类比的故事.

望远镜的发明

说起望远镜,似乎真是一个幸运的偶然事件引出的发明. 1608年,荷兰米德堡的眼镜商汉斯·利佩希的学徒,有一次偶然地把一块近视镜片(凹透镜)和一块远视镜片(凸透镜)相隔一定距离重叠着观看眼前的景物,他惊喜地发现景物被大大地放大了.后来,利佩希就根据这个发现制成了望远镜,称为荷兰望远镜.次年,伽利略(G. Galilei)听到这个消息后,用一个平凸透镜和一个平凹透镜制成一架望远镜,并用它观测天象,发现了木星的卫星和月球表面的山和谷,观察到太阳的黑子等.把望远镜有效地应用于科学研究,应该归功于伽利略.人们常把荷兰望远镜称为伽利略望远镜.

伽利略用望远镜观测的成功,也促使许多科学家如开普勒、笛卡儿(R. Descartes)、惠更斯、牛顿等都投入了研制工作.

望远镜的缺陷及牛顿的思路

当时的望远镜都是选用单个透镜,通过光的折射成像的,有不少缺陷,主要是单透镜会产生严重的色差.当时,开普勒、笛卡儿和其他一些人还都不知道白光所包含的各种色光,因此都将其归咎于光通过透镜的球形表面折射.直到牛顿用三棱镜发现白光的色散现象后才做出正确的结论:折射望远镜的主要缺陷不是由于物镜的球面像差,而是物镜对光的色散造成的色差,使得形成的像带有彩色的边缘(称为色像差).牛顿认为,光的折射与色散是不可分割的,因此折射望远镜的这种缺陷也是无法弥补的.于是他转向研制新型的望远镜.

1668年,牛顿制成了长约 6 in(英寸)(1 in = 25.4 mm)、口径 1 in

的第一架反射望远镜(见图2.24).它由一块凹镜(抛物面镜,称为主镜)和一块全反射棱镜(称为副镜)组成.从遥远物体发出的光经凹镜反射后,在聚焦前被棱镜反射,进入安装在望远镜筒旁边的目镜(见图2.25).后来,他又制成了一架比较大的反射望远镜,献给英国皇家学会,至今还保存在皇家学会的图书馆里.反射望远镜与折射望远镜相比具有制作容易、镜筒较短、能消除色差等许多优点.目前镜面尺寸位于世界前列的几台天文望远镜都是反射望远镜*.

图 2.24　牛顿的小型反射望远镜

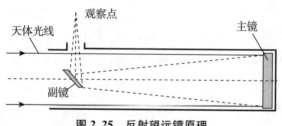

图 2.25　反射望远镜原理

欧拉类比与望远镜的新思路

牛顿的转向研究确实获得了成功.不过,牛顿关于折射望远镜的色像差不可救药的看法,未免过于武断和悲观.瑞士著名的数学家、力学家欧拉(L. Euler,1707—1783)反对牛顿观点,他根据人眼的视物功能,以眼睛做类比,认为可用不同材料组合起来制成无色差的透

---

* 如位于夏威夷的凯克望远镜,镜面直径 10 m,由 36 面直径 1.8 m 的正六边形镜面拼合而成;美国国立天文台的双子座望远镜(一座位于夏威夷,一座位于智利),镜面直径均为 8 m;日本在夏威夷建造的昴星团望远镜,镜面直径也是 8 m.目前在智利的阿塔卡马沙漠破土动工建造的世界上最大的光学望远镜 ELT(全称是"Extremely Large Telescope"),镜面直径达到 39.3 m,由近 800 片正六边形镜面组成.

镜(见图 2.26).

| 人眼由各种折射率不同的物质(角膜物质、水晶体、玻璃体等)组成 | ： | 各物质对光线折射不同的结果,能在视网膜上产生无色差的像 | →类比 | 用不同折射率的物质组成的透镜 | ： | 各物质对光线折射不同的结果,也能产生无色差的像 |

图 2.26

有趣的是,欧拉认为在人眼视网膜上产生的是无色差的像,这个看法是错误的,但他从上述类比中推出的结论却十分幸运,是完全正确的,也是可以办到的.后来,英国光学家约翰·杜隆特沿着欧拉的方向进行了大量的研究,在他所建立的消色差透镜的理论基础上,于1758年用一块冕牌玻璃制的凸透镜和一块燧石玻璃做的凹透镜组合起来,终于制成了消色差透镜,有效地避免了色散(见 2.27).

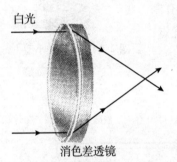

图 2.27 消色差透镜

杜隆特从欧拉眼睛类比的启发中获得的成功,使得望远镜的研制进入了一个新的阶段,也为光学镜头的发展开辟了一条新路*.

2.3.2 莱特兄弟的飞鸟类比

人应该有"翅膀"

像飞鸟一样在蓝天自由翱翔,是人类自古以来就萌发的一个美好愿望.欧洲文艺复兴时期多才多艺的天才列奥纳多·达·芬奇(L. da Vinci)曾发出豪迈的喊声:"人应该有翅膀.假如我们这一代人不能达到愿望,我们的后代是会达到的."图 2.28 所示为达·芬奇

---

* 眼睛类比在现代光学技术中依然有很重要的意义.如根据眼睛依靠改变焦距看清远近不同物体的调节原理,制成变焦距镜头;根据鱼眼的视物原理制成鱼眼镜头等.

设计的一种类似直升机的飞行器草图.

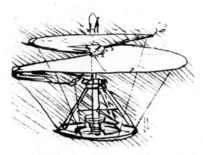

图 2.28 达·芬奇设计的一种类似现在的直升机的飞行器草图

为了实现升空的愿望,人们曾经付出了巨大的劳动,设计过许多方案,都因一系列技术问题难以解决,升空依然是一个愿望.于是人们开始尝试"利用比空气还轻的运输工具"——气球.1783 年 10 月 15 日,法国历史学家罗杰(P. de Roger)乘坐热气球升空 85 ft(英尺),成为第一个飞上天的人.

从 19 世纪初起,开始了"有翼飞行器"的设计制造.人们曾设计出装有推进器和旋转翼的"空中飞车"、"空中蒸汽车"等,但都没有飞行成功.从 19 世纪末起又开始了滑翔机的制造和试验.由于飞行中的稳定性问题解决不好,德国著名滑翔机专家李林塔耳(O. Lilienthal)还因此于 1896 年的一次试验中献出了生命.

从达·芬奇明确提出目标到 19 世纪末,历时几百年,人们还是无法给自己插上翅膀.

人终于有了"翅膀"

最先把达·芬奇的愿望变为现实的是美国的维尔伯·莱特(Wilbur Wright,1867—1912)和奥维尔·莱特(Orville Wright,1871—1948)兄弟俩.

据说,莱特兄弟自幼对飞行就怀有浓厚兴趣,青少年时期仿制过我国"竹蜻蜓"一样的玩具*.后来他们深受李林塔耳滑翔机飞行中失事的影响,决心研制动力飞行器.兄弟俩刻苦钻研李林塔耳的著作,并牢记他的话:"谁要飞行,谁就得模仿鸟."通过仔细观察各种鸟的起飞、升降、盘旋等各种动作,他们获得了重要的发现——鸟类每当转弯的时候,往往用翼尖、翼边转动和扭动,从而保持它们身体的平衡.莱特兄弟就把这一原理运用到飞机设计上(见图 2.29).

鸟类转弯保持平衡的方式 ： 依靠翼尖、翼边的转动和扭动 →类比 飞机飞行中保持平衡的方式 制成翼端卷曲、加装活动的方向舵

图 2.29

图 2.30 莱特兄弟设计的飞机

从类比推理得来的这个设计思想,使莱特兄弟突破了保持飞行器与空气间适度平衡的难题,解决了一个关键性的问题,终于制成了第一架飞机(见图 2.30).这是一架双翼机,翼长 12.3 m,机翼面积 47.4 m²,机身长 6.5 m,安装两部螺旋桨,发动机功率为 12 马力**.1903 年 12 月 17 日,莱特兄弟驾驶这架自己设计制造的飞机,在北卡罗莱纳州凯蒂·哈克的沙滩上进行了四次飞行.第一次由奥维尔驾驶,飞行 36 m,在空中停留 12 s.最后一次由维尔伯驾驶,飞行 260 m,在空中停留 59 s.尽管这几次飞行都没有超过 1 min,但确是航空史上一次划时代的飞行,它庄严地宣告了:人们已有办法为自己插上翅膀,可以像飞鸟一样在蓝天翱翔!

---

* 竹蜻蜓是我国古代的一种飞行器,大约在 18 世纪传入美国,被称为"中国陀螺".

** 马力(hp)是功率单位,1 hp = 745.7 W.

2.3.3 贝尔的三次类比

去发明电话

在美国波士顿法院路109号楼门上,钉着一块青铜牌子,上写一行醒目的金字:"1875年6月2日,电话在这里诞生."这就是发明家贝尔进行电话机试验并取得成功的地方.

自从1837年美国画家塞缪尔·莫尔斯(S. F. B. Morse)用点、横与空白的组合表示字母和数字的编码(见图2.31),并按此编码发明了第一台实用电报机后,经过几年的坎坷奔走,终于在1844年5月24日,莫尔斯发出了人类史上第一份电报:"上帝创造了何等的奇迹."从而开创了通信史上光辉的一页.此后,在不到20年的时间内,电报就在世界上流行起来,电报通信技术也得到了迅速的发展,成为一种迅速有效的通信工具.

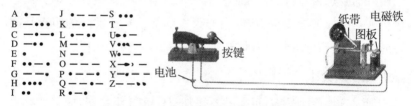

图2.31 莫尔斯电码(左)和电报机(右)

不过,电报终究有着很大的局限性.它只能传送简单的信号,还需要译码,不太方便.能否用电流直接传送人的语言呢?从社会需要诞生的这样一个大胆而又美妙的思想火花,激励着一个勇敢的青年人,他毅然踏上了"去发明电话"的艰难征途.这位青年人就是美籍苏格兰发明家亚历山大·格雷厄姆·贝尔(A. G. Bell).

贝尔出生在一个语言世家.他的祖父具有演说家的才能,曾为无声电影配音解说.他的父亲从事聋哑人的语言教育,对人的发声机制、听觉特点有深入的研究.贝尔在爱丁堡大学读书时,也系统地学习过人的语言分析、发声机理和声振动等专门知识,后来迁居美国,

在 22 岁时受聘为波士顿大学语言学教授.

贝尔开始只是想为聋哑人研究一种"可视语言".他设想,在纸上复制出人的语言声波的振动曲线,使聋哑人从波形曲线中看出"话"来.由于这种曲线不易识别,贝尔的这个设想失败了,不过在实验时他意外地发现了一个有趣的现象.当电路接通和切断时,螺旋纸圈会发出"咯、咯"声.由于贝尔也一直在思考着用电流直接传递语言的问题,这个现象使他立即联想到:要传送人的声音,必须创造出一种能随语言的音调而振动的连续电流.换句话说,必须以电波来代替我们面对面谈话时传送声音的"空气波".从此,这个念头一直萦绕在贝尔的脑海里.

不过,当贝尔兴致勃勃地把自己的想法告诉电学界的几个人,不料,迎来的却是冷漠和讥笑.一位学者好心地劝他:"你之所以产生这种幻想,是因为缺少电学常识,你只要多读两本《电学入门》,导线传送声波的妄想自然就会消失了."有一位颇有名气的电报技师竟然恶语伤人:"电线怎能传送声音,岂非天大的笑话!正常人的胆囊是附在肝脏上的,而你贝尔的身体却长在胆囊里,实在少见!"

簧片振动的类比

面对这些冷嘲热讽,贝尔并不退却.从 1873 年夏起,他毅然辞去波士顿大学语言学教授的职务,并聘请了一个 20 岁的青年电工技师托马斯·沃特森为助手,一起投入到电话的发明工作中去.

当时,贝尔正从事多路电报机的研究工作.一次,沃特森那边电报机上的一个弹簧粘到了磁铁上,他拉开弹簧时,弹簧发生了振动,同时贝尔房间里电报机上的弹簧竟然也振动起来,还发出了声音.显然,这是电流把沃特森房间里弹簧的振动传送过来了.这个现象使贝尔形成一个类比联想(见图 2.32).

| 弹簧的振动能通过电流传递 | 类比 → | 人说话的声音也能通过电流传递 |

图 2.32

从此,贝尔更坚定了原来利用电流传递声音的想法.多年后沃特森还一直铭记贝尔的话:"沃,要是我能搞出这样一种设备可以让电流随意变化,就好像声音在空气中传播会让空气的密度随之变化一样,那么我就能用电来传递任何声音,甚至包括人讲话的声音."

人耳类比

为了研究声音的传播,贝尔从一个朋友那里弄来了一个完整的人耳标本(见图2.33).他通过仔细研究后,从听觉的奥秘中得到很大的启发.原来人耳之所以能听到声音,首先是外界的声波使耳内小而薄的鼓膜振动,然后鼓膜再推动比较大的听小骨,通过听小骨再传至听觉神经,从而产生听觉.

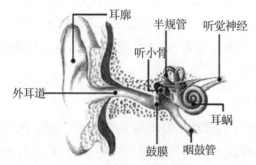

图2.33 人耳的构造

既然这么轻巧的耳膜也能带动比它重得多的听小骨,难道不能用更大更结实的膜去带动一块钢片吗?这样,贝尔第二次依靠类比打开了发明的思路——可以用一张小而薄的震动膜去推动簧片.这个类比可表示为图2.34中的形式.

根据这个类比的构想,贝尔立即和助手沃特森一起做了两台粗糙的样机:他们在一个圆筒底部张一薄膜,薄膜中央垂直连接一碳杆,插入硫酸溶液里.人讲话时薄膜振动,碳杆与硫酸接触处的电阻发生变化,电流随之有强有弱.他们将送话器端的线圈与受话器端同一装置的线圈连接起来,这样,在受话器中电流的强弱变化引起磁场的变化,使受话器的簧片随之振动,发出与送话频率相同的声音.

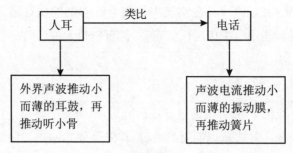

图 2.34

贝尔把这两台样机分别放置在相距 20 多米的两个房间里,用电线连起来进行通话试验.结果,尽管他们拼命叫喊,簧片也振动了,可是听到的声音不是穿墙而来,就是越顶而过,电话机里毫无反应.这次试验又失败了.

亨利说:掌握它

那么,究竟怎样才能用电流传播声音呢?为此,他特地专程到华盛顿,请教当时的大物理学家约瑟夫·亨利(Joseph Henry,美国,1799—1878).

1875 年 3 月的一天,76 岁的老物理学家亨利很热情地接待这位远方来客.贝尔对亨利讲完自己的想法后,很紧张地问道:"先生,您看我该怎么办呢?是发表我的设想,让别人去干,还是我自己努力去实现呢?"亨利慈祥地回答说:"你有一个了不起的理想,贝尔,干吧!"

贝尔又忐忑不安地说:"可是,先生,我在制作方面还有很多困难,而更困难的是我不懂电学."

亨利斩钉截铁地回答:"掌握它!"

这次见面,贝尔从亨利那里得到极大的鼓励.很多年以后,贝尔回忆道:"没有这三个令人鼓舞的大字,我肯定是发明不了电话的."

贝尔回到波士顿,开始潜心攻读电学书籍,同时继续着对发明电话的思考和实践.

吉他类比

记不清已是第几个方案和多少次失败了,可贝尔仍未灰心.他在苦苦思索着.一天,天气十分闷热,已紧张工作了一天的贝尔打开窗子,一阵悠扬的吉他声从远方传了过来.正在冥思苦想中的贝尔豁然醒悟:单凭吉他弦的振动,只能发出微弱的声音,由于吉他有个共鸣箱,才使声音能传得很远很远.联想到他们的送话器和受话器,簧片的振动太微弱,难以把它的振动传播出去,也必须加装一个共鸣箱装置,贝尔第三次从类比中得到启发(见图2.35).

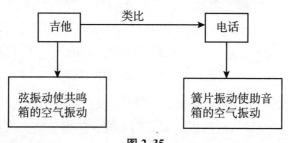

图 2.35

贝尔想到这里,神情振奋,他立即设计了一个助音箱,两人连夜赶制,同时又改装了机器.

难忘的时刻 贝尔的成功

第二天,他们在相隔百米的两个房间里进行新的试验.这时贝尔在把一部分器材放进硫酸里去的时候,不小心有一些硫酸溅到他的腿上,痛得他直叫喊:"沃特森先生,到这儿来,我需要你!"正在自己房间里等着试验的沃特森,突然听到从电话机中传来贝尔的呼叫声,惊喜万分.沃特森立即冲进贝尔的房间大声说:"听到了!听到了!"两个人热烈地拥抱在一起,此时贝尔完全忘

记了腿部的疼痛.

历史记下了这难忘的时刻:1875年6月2日傍晚,贝尔发明的第一台电话机诞生了*,它传递的第一句话竟是呼救声!

当天晚上,贝尔怀着激动的心情给妈妈写信:"今天对我来说,是个重大的日子,我们的理想终于实现了!我觉得,就像把自来水和煤气送到各家一样,把电话安到用户那里的日子就要来到,朋友们不用离开家就可以互相交谈啦!"

图 2.36 贝尔在演示他的电话

后来,贝尔对样机做了改进,经过半年的努力,制造了世界上第一台实用的电话机(见图2.36).

1876年2月14日,贝尔获得了电话机的发明专利.随后,电话业有了飞速的发展,电话新技术不断涌现.无线电话、数字电话、记录电话、可视电话等新颖电话机琳琅满目.后来,电子计算机技术的发展,又为电话事业的发展开辟更广阔的前景.

如今,当年贝尔电话机的原型仍珍藏在华盛顿历史与技术博物馆里.人们将永远记住贝尔发明电话的伟大功绩,也将继续从贝尔发明电话的三次类比中得到启发.

2.4 类比为模拟实验提供逻辑基础

从表面来看,模拟是一种实验方法,类比是一种理论思维和推理方法,它们是不同的.但从类比与模拟的实质来看,这两种研究方法有着共同之处:类比是通过两个或两类研究对象的属性、数学形式的

---

* 现在根据史料知道,在贝尔之前意大利裔美国移民穆奇已发明出了电话.因此在2002年6月15日,美国国会通过第269号决议,认定穆奇是电话的发明者.但贝尔为发明电话和对电话的使用、推广所做的巨大贡献,始终会受到人们的尊重.

比较,得出它们之间的相同或相似之处的结论;模拟则是以模型和原型之间的相似性,通过对模型和原型的类比,从而得出它们具有相同或相似的性质和规律的结论.

模拟实验有着很重要的价值.科学研究中,利用在实验室中构造出与某些自然现象或过程相类似的条件(模型),间接地对原型或原型的某些方面进行研究.这种方法简便易行、比较经济,并且可多次重复.

由于模拟是以事物的相似性为基础,因此在模拟实验基础上进行的推理过程、得到的结论对现实很有参考意义.这种从模拟实验基础上得到的结论称为模拟推理,它的推理模式可以表示为:

  模型 有属性 a、b、c、d
  原型 有属性 a、b、c
  推理 原型也有属性 d

下面,就是几个很典型的模拟实验,我们可以从中对类比与模拟实验的关系有更深刻的认识.

2.4.1 风洞试验

在飞机的设计制造中,人们常先按比例制作一个飞机模型,把它放在一种能产生可控气流的特殊装置——风洞中,根据运动的相对性原理,当风洞产生的高速气流吹向静止的飞机时,就像空气不动、飞机在高速飞行时一样.利用风洞就可以在地面上研究飞机或其他飞行器在空气中运动时的各种效应及所受的阻力等.

图 2.37 是高速风洞中用来产生超声速气流的"超声速管"(称为拉瓦尔管)示意图.从前级送来的稳定的亚声速气流在喷管的收缩段被加速而在喉管处达到声速,在扩散管处气流因压强骤降、流速猛增而达到超声速.目前高速风洞的气流速度可达到声速的 5 倍.悬置于风洞中的飞机通常做 3 种力和 3 种力矩的试验,即机翼升力、气流阻力、水平侧向力及沿垂直轴转动的偏航力矩、沿横向轴转动的仰俯力

矩及沿纵向轴转动的滚转力矩(见图 2.38).

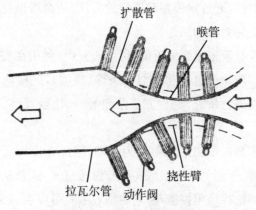

图 2.37 拉瓦尔管示意图

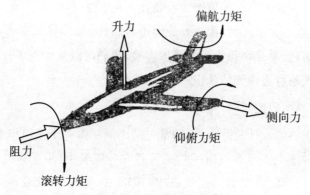

图 2.38 风洞试验的测试目标

风洞试验在飞机、导弹、宇宙飞船、航天飞机等设计制造中,起着极为重要的作用.例如阿波罗登月飞船在制造中就曾做过低速、跨声速、超声速和高声速等各种风洞试验 6 500 h 以上.70 年代以来的大型超声速客机需进行 4×10^4 h 的风洞试验,航天飞机则需进行 10^5 h 以上的风洞试验.

其他如高速赛车、高层房屋、大型水库的拦河坝建筑等,也常在设计制造中先按比例制作一个模型,然后在相似的条件下进行试验.

2 类比在科学认识中的作用

这种模拟实验方法的试验模型与原型之间只有大小比例上的不同,物理过程都是一样的.模型只不过是原型的精巧的放大或缩小,就像放、缩一张照片一样.

因此,如果以飞机的风洞实验为例,可以形成这样的类比关系(见图 2.39).

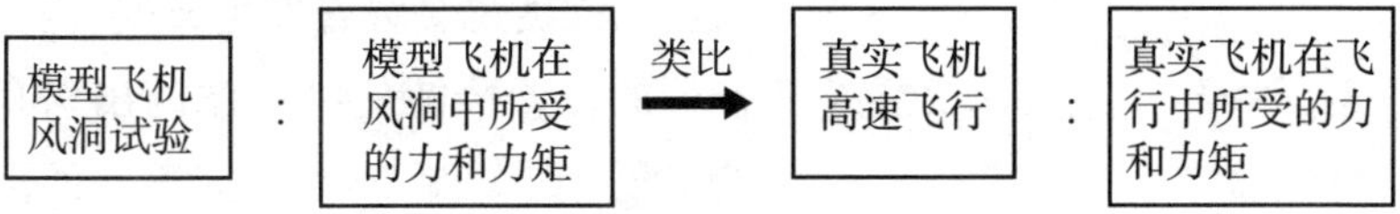

模型飞机风洞试验 : 模型飞机在风洞中所受的力和力矩 →(类比) 真实飞机高速飞行 : 真实飞机在飞行中所受的力和力矩

图 2.39

如果把这样一个具体的风洞试验,提升到更一般的类比与模拟实验的关系上,就可以这么说,模拟实验是以类比推理的逻辑思维方法为理论根据的,而模拟方法可以说是类比方法的具体运用.

2.4.2 赫兹验证电磁波的实验

麦克斯韦根据电磁场理论预言的电磁波,既不像水波那样可以看到,也不像声波那样可以听到,当时的人们看来简直神秘莫测,不可思议,很难被人们所接受.尤其对于麦克斯韦从理论上推算出电磁波的传播速度等于光速,普遍感到难以通过实验直接测定进行验证.但是,麦克斯韦对自己的理论充满信心,他曾这样说过:"牛顿 1687 年公布万有引力,勒维烈 1846 年才找到海王星,其中隔了 159 年.我想电磁波的发现并不需要这么久."

事实果真如此,在麦克斯韦逝世后不满 10 年,德国物理学家赫兹就用实验证实了他的预言.赫兹实验的设计思想完全是一种类比模拟,下面我们以他验证电磁波的折射和对电磁波速的测量,体会一下赫兹实验的奥妙.

模拟光的折射

为了验证电磁波的折射,赫兹用硬沥青做了一个很大的三棱镜,其截面是一个高 1.2 m、顶角为 30°的等腰三角形.他把振子安放在离开三棱镜的侧面 2.6 m 远处,调节电磁波的传播方向,使它对折射面的入射角为 25°,在棱镜的另一面安放着探测器.

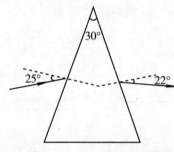

图 2.40　验证电磁波的折射

赫兹从实验中发现,改变探测器的位置,探测器的两个电极间产生电火花的强度也会跟着发生改变.当探测器的位置恰能使电磁波的出射角为 22°时(见图 2.40),探测器的两个电极间产生的电火花最强.这个情况跟一束光线经过棱镜时发生的折射现象相似,证实了电磁波在传播过程中发生折射时,同样遵循着光的折射规律.

根据这个实验,赫兹推算出沥青对电磁波的折射率大小为 1.69.

模拟声速的测量

对声速的测量,实验室中常常利用使声音产生驻波,通过波长的测定算出波速的方法.为了测量电磁波的传播速度,赫兹采用类比于测量声速的方法,这样就化解了直接测定的困难.

实验是在一个长、宽、高分别为 15 m、14 m、6 m 的教室里做的.他在教室的一堵墙上覆盖一块面积为 4 m×2 m 锌板,把振子放在离墙面 13 m 远的地方,让振子对着锌板发射电磁波,依靠从锌板反射的电磁波和来自振子的入射波互相叠加并产生驻波(见图 2.41).接着他用探测器沿驻波方向前后移动,在波节处探测器中不产生火花,在波腹处产生的火花最强.用这个方法测出了两个波节之间的距离,这样就可以求得波长 λ,再根据振荡器的尺寸算出电磁波的频率 f,然后由波长、频率和波速的关系,就可以得到波速

$$v = \lambda f$$

赫兹所得到的结果跟麦克斯韦的理论推算值完全一致.

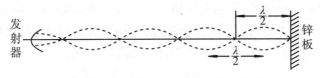

图 2.41　入射波与反射波叠加产生驻波

2.4.3　弹簧振子与 LC 电路——数学模拟

在模拟方法中，除了用实物模型做试验外，还有数学模拟．它是以模型和原型之间的数学形式的相似性为基础的实验方法．在任何两个物理过程中，只要它们所遵循的规律在数学方程上具有相同的形式，就可能用数学模拟的方法进行研究．

实际上，数学模拟方法并不神秘．从宽泛的意义上说，研究具体物理问题时的列方程都是一种数学模拟．例如：

对直线运动的数学模拟

一列火车从车站出发，沿着平直的铁路做匀速直线运动或做匀加速直线运动．若以车站为原点，以铁路为坐标轴，建立一个坐标系，那么这列火车在任何时刻位置坐标的方程可表示为

$$x = vt \quad \text{或} \quad x = \frac{1}{2}at^2$$

这样的两个方程就是对火车运动的一种数学模拟，对方程的研究可以代替对火车位置的研究．

振动的合成与分解

我们知道，任何一个质点的周期性运动都可以分解为若干个简谐运动．用数学语言来说，就是一个周期性变化的函数可以用一系列正弦函数（即傅里叶级数）表示出来．

例如，对于图 2.42 所示的矩形波，用傅里叶级数可以表示为

$$y = A\sin x + \frac{1}{3}A\sin 3x + \frac{1}{5}A\sin 5x + \cdots$$

该级数前三项的图像如图 2.43 所示.把这前三项相加,得到的结果(图 2.44)与图 2.42 的矩形波已经很接近了.因此,对这列傅里叶级数的研究就可以称为是对这列矩形波研究的一种数学模拟.

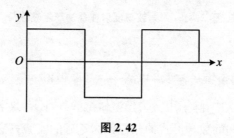

图 2.42

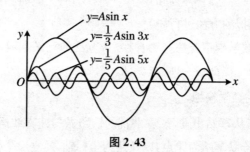

图 2.43

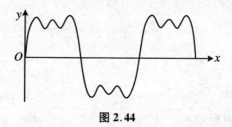

图 2.44

在工程技术上,由于力学系统的一些参数往往比较难以测量,于是常常选用相关的电学系统进行模拟.例如,以力学中的弹簧振子和电学中的 LC 回路就可以形成很好的对应关系(见表 2.3).

表 2.3

弹簧振子	LC 电路
振子偏离平衡位置具有一定的弹性势能	电容器充电后具有一定的电场能
$E_p = \frac{1}{2}kx^2$	$E_e = \frac{1}{2} \cdot \frac{q^2}{C}$
振动过程中弹性势能与动能不断转化 振动周期	振荡过程中电场能与磁场能不断转化 振荡周期
$T = 2\pi\sqrt{\dfrac{m}{k}}$	$T = 2\pi\sqrt{LC}$

如果我们把 LC 电路类比于弹簧振子,这样就可以用一个电磁系统(LC 电路)模拟一个力学系统(弹簧振子)进行研究.这种电模型(不是实物的放大或缩小)方法在技术上应用得也十分普遍*.

控制论创建者之一的阿希贝(Ashby)曾提出过两个系统.一个是机械式的系统,结构如图 2.45(a)所示,输入端是一根轴,它可以转到刻度盘上所指示的任何位置,输出端是跟随旋转的另一根轴,其转动的度数可由刻度盘测得.另一个是电气系统,其结构如图 2.45(b)所示,输入端是电位计,它所产生的电压由刻度盘指针指示出来,输出的是电流,其值表示在电流表的刻度盘上.如果调节第二个系统中的电感、电阻和电容的值,使其大小分别与第一系统中的弹簧劲度系数、飞轮惯性和液体阻力相对应,由于这两个系统有相似的数学形式,它们的功能相似,所以,可以用其中的一个系统去模拟另一个系统的功能,用较容易控制和试验的电学系统替代力学系统,从而实现力学系统与电学系统间的转换.显然,这种数学模拟与模型类比已无

---

* 例如,对流体的研究中,根据流体场与电流场数学方程的相似,在实验室内用一套电路就可以模拟地下水的运动.不仅作用效果显著,并且可以减少研究成本,缩短研究时间.

明显的界限了.

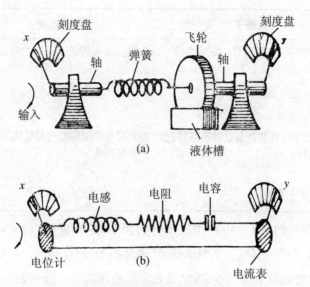

图 2.45 电学系统与力学系统

随着电子计算机技术的迅猛发展,人们通过类比推理的逻辑手段,可以将不同领域的问题中所涉及的条件、因素抽象成数学语言,给出数学模型.数学模拟的发展已进入了一个崭新的阶段,将越来越显示出模拟试验的强大威力.

德国数学家莱布尼茨说过"自然界都是相似的".为什么会相似呢?莱布尼茨认为"是神定的谐和",我们可以理解为"大自然规律本来就是谐和的".正是由于大自然的造化,为我们的模拟实验开辟了一条康庄大道.

2.4.4 机器人——人的直接模拟

近年来,人们又把寻找新技术原理和方法的注意力转向生物界.人们应用生物系统的原理去研究技术系统,模仿生物的各种功能,设计出各种控制装置.例如,目前已制成模拟动物嗅觉器官的"嗅觉仪"、"人造鼻"等,它们能区别出多种气体,已开始应用于煤气管、氢气管和冷冻机的检漏以及检验化学药品、测定空气的污染等方面.尤其值得重视的是直接对人的模拟——机器人的研制.

世界上第一个真正的机器人——"尤尼梅特"(Unimate,意为通用机器),是由工程师兼企业家约瑟夫·英格伯格与发明家乔治·德沃尔在1954年共同创造的.实际上它就是一条巨大的机械手臂(见图2.46).其结构类似于人的手臂:肩部—肘部—手腕,并通过关节将各个部位连接起来.它的肩膀能够根据既定的轨迹移动,将手臂放在操作台旁边.手臂上装有一系列特殊的"手掌",用以完成不同的工作.

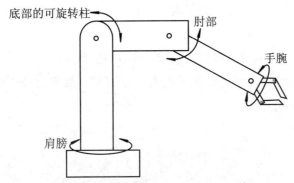

图2.46 "尤尼梅特"的基本结构示意图

1961年春,"尤尼梅特"在美国的通用汽车公司开始投入使用.最初,它只用来做三种工作:脏的、困难的和危险的工作.每天它都能不知疲倦地做这三件工作,绝大部分工人对这位新成员的加盟都非常欢迎.

上世纪60年代中期,通用汽车公司开始设计PUMA,它与"尤尼梅特"相比,外表上与人类更为接近,很快就获得了人们的喜爱.

进入新世纪后,机器人有了更快的发展,机器人的性能也在不断提高,比它们的前辈机器人更加灵活,更具实用性与可操作性,并且还发展了针对不同用途的专业机器人.如今,在各种行业中机器人的使用已经非常普遍.下面列举几个事例.

汽车生产行业中有一种叫西弗莱克斯(C-Flex)的机器人,能够识别不同的汽车模型,并能操作不同种类的焊接技术.

在轻工业中使用的机器人能够运用它们的视觉系统,识别生产线上夹心饼干的首尾部分,并将它们进行组装,其速度可以达到每分钟 2 000 块,远远超过了人工包装的速度.

在医院里有一种服务型机器人,能够有条不紊地帮助医护人员分派医疗记录试验样本,以及提供其他的补给等.

家庭型机器人能够为老年人提供生活服务和日常的护理,例如替老人们取东西,定时提醒老人们吃药,甚至检测老人们的健康状况,在紧急时向外界寻求帮助等.

仿人机器人能够模仿人类的动作,以达到帮助人类的目的.日本科学家在 2000 年制造的仿人机器人"阿西莫"被称为真正会走路的机器人(见图 2.47).

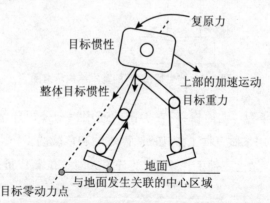

图 2.47　日本科学家在 2000 年制造的被称为真正会走路的机器人——"阿西莫"(高 1.2 m,重 52 kg)走路的示意图

空间机器人能适应太空(其他星球)的严酷环境——例如,强烈的太阳光照射,温度的大幅度变化,突如其来的暴风雪,剧烈的震动等.

......

今后,随着科学技术的发展,机器人会越来越智能化和个性化,必然会出现具有人类特点的机器人和具有人类水准的机器人.各类机器人宛如一个庞大的家族一般(见图2.48).

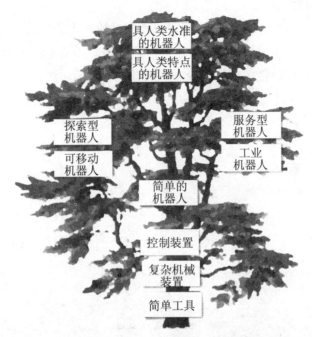

图 2.48　机器人家族——从使用简单工具发展到各类复杂的机器人,宛如一个机器人家族

这种以机器和生物机体的功能和行为的相似性为基础,通过类比,建立模型来模拟功能原理的方法,称为功能模拟法.功能模拟法对机器、动物或人等系统,都不考虑其内部物质、能量、元件、结构、效率等情况,而只考虑整个系统在功能上的等效性.这种方法打破了动物和机器的界线,把各种不同的系统连通起来.美国著名数学家、控制论的主要创立者维纳(N. Wiener)称颂道:"把生命机体和机器做

类比工作,可能是当代最伟大的贡献."

回顾一下模拟方法的发展,可以发现它走过的是一条非常辉煌的路.从最初实物模型的模拟逐步发展为物理模拟、数学模拟,又进一步发展为计算机模拟,以及智能机器人——最直观的,也是最复杂的、最精巧的模拟.

以后,利用计算机技术,还可以模拟动物和人的某些生理过程、病理过程,从生理系统到模拟社会的生态系统、经济系统等.因此,模拟实验(或模拟推理)也会越来越发挥出它强大的功能.

3 实践是检验类比结论的试金石

类比推理的客观条件是事物之间的同一性和差异性.同一性提供了类比的根据,而差异性则限制了类比的结论.类比推理的逻辑性是不充分的.第一,类比推理不是以对象属性之间的必然联系为前提的,而是以对象之间的某些相似属性为根据的,但是相似属性和推出属性之间不一定有必然的联系;第二,根据对象的相似属性推出的属性可能是它们的同一性,也可能是它们的差异性.

因此,从类比推理得来的结论都带有"或然性"的缺陷,即有的可能是对的,有的可能是错的,有的可靠程度大一些,有的可靠程度小一些.一般来说,相似属性与推出属性之间的相关程度高,结论的可靠性大;不相关,结论就错误.但不论类比结论的可靠程度如何,它们仅是指事物的某种关系或特性,并不是指事物本身.正如贝弗里奇(W. I. B. Beveridge,澳大利亚,1908—2006)在《科学研究的艺术》一书中指出的:"类比是指事物关系之间的相似,而不是事物本身之间的相似."日本物理学家汤川秀树以牛顿发现万有引力定律的过程中所做的类比为例时也强调:"牛顿并没有将一个物体与另一个物体看作相同,而是认为在某一种情况下物体之间的关系与另一种情况下物体之间的关系相同."

由于类比推理结论的这种先天性缺陷的限制,所以类比结论正确与否以及可靠程度的大小如何,都不是由它自身来确定的,必须经受实践的检验.

3.1 库仑的扭秤实验和电摆实验

库仑扭秤

普利斯特利从与万有引力的类比中,得出电荷间的相互作用力服从距离的平方反比的假设,并没有做出实验证明.完成这个实验证明的是库仑.

1785年,库仑用他自己所设计制作的一台精巧的扭秤,首先得出同种电荷相斥的规律.

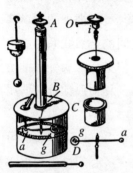

图 3.1 库仑扭秤

库仑扭秤实验装置如图 3.1 所示,在一个直径和高均为 12 in(1 in = 25.4 mm)的玻璃圆筒(见图 3.1 中 C)上,盖一块直径为 13 in 的玻璃板,板上有两个孔,其中一个孔在正中央,安有一根高 24 in 的玻璃管.管的上端有一个扭转测微计,包括带指针的端部,边上分成 360°的圆环和铜管等.端部中间有只夹子,夹持一根细银丝,下挂一根浸过蜡的麦秆,杆的一端为小木球 a,另端贴一平衡纸片 g,杆 ag 呈水平位置.在玻璃圆筒四周刻有 0°~360°的一圈分度.悬丝自由放松时,横杆上的小木球指零点.然后在旁边的孔中插入另一根杆,杆的下端固定着与 a 球同样的另一个带电小球,并使带电小球和小木球 a 接触再分开.这样使两个小球均带同种等量的电荷而相互排斥.

库仑在实验中发现,当两球间的角距离为 36°、18°、9°时悬丝对应的扭转角是 36°、144°和约 575°.这就是说,电斥力的大小与距离(这里用角度即弧长代替距离)的平方成反比.

库仑电摆

对于异种电荷相吸的规律,库仑根据与万有引力的类比巧妙地设计了一个电摆.

库仑设计的电摆如图 3.2 所示.用一个直径为 1 ft 的铜球模拟地球,铜球用四根浸过蜡的玻璃棒支撑以绝缘.用一根长 7~8 in 的单根蚕丝悬挂一根用虫胶制成的细杆,杆端垂直地贴上一张极轻的圆形金箔纸.调节铜球高度,使球与杆在同一水平线上,相距几英寸.用莱顿瓶向铜球充电后,用一导体与金箔纸接触,金箔纸通过感应带上与铜球异号的电荷.然后使杆绕悬丝摆动,这个摆动可以认为完全是由铜球对箔片的引力所产生的.

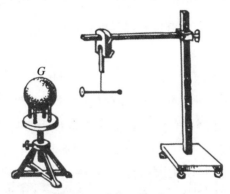

图 3.2 库仑电摆

库仑的实验记录如表 3.1 所示.

表 3.1

实验序号	箔片与铜球球心的距离/in	振动 15 次所需要的时间/s
1	9	20
2	18	41
3	24	60

由前面的分析知,如果引力符合平方反比关系,周期之比应为 20∶40∶54.库仑通过多次实验确定实验与理论值之间的差异是由于漏电所致,经过对漏电的修正,实验值与理论值很接近了.

库仑通过扭秤实验和电摆实验,最终得出结论:无论是同号电荷的静电斥力,还是异号电荷的静电引力,均符合与距离平方成反比的规律.这就是库仑定律.它是电磁学的一条基本规律.库仑定律的建立使电磁学进入了定量研究阶段,为以后的继续发展奠定了基础.

无独有偶

值得一提的是,早在1785年发现库仑定律前12年,被法国物理学家毕奥(J. B. Biot)称为"最富有的学者,最有学问的富翁"的卡文迪许(Henry Cavendish)就已确定静电力与距离平方成反比的关系,并认为其指数如果与2有偏离,其偏离不超过 $\dfrac{1}{50}$.即

$$f(r) = \dfrac{k}{r^n} \quad \left(n = 2 \pm \dfrac{1}{50}\right)$$

卡文迪许也是通过静电力与万有引力的相似性(类比)得出平方反比假设的.他设想一个薄球壳,在它的表面上有均匀分布的电荷,在这个球壳内放入一个电荷,若电荷之间的相互作用力反比于它们之间的距离,则根据对引力的讨论可知,整个球壳上均匀分布的电荷对这个电荷总的作用力等于零.如果再在这个球壳内放进另一个同种电荷,这两个电荷必将互相排斥而往相反方向运动.

卡文迪许根据这个设想于1773年左右完成了验证实验.由于卡文迪许一生把财产和荣誉看得很轻,他的许多重大成果都没有及时发表.上述对于电荷间相互作用力反比于它们之间距离平方的规律,直到1879年才由麦克斯韦从他的手稿中发现.

从普利斯特利、卡文迪许到库仑,无独有偶,都是通过与万有引力的类比对静电力所遵循的规律做出假设,并获得了成功.这对于后人无疑是一个极好的启发.至于电荷间相互作用力与万有引力

$$F = k\dfrac{q_1 q_2}{r^2}, \quad F = G\dfrac{m_1 m_2}{r^2}$$

这两个公式为什么会有如此相似的关系,同样得留给后人去研究了.

3.2 欧姆的电流扭秤实验

欧姆从热现象的类比中形成了"导线中两点间的电流大小可能正比于这两点间的某种驱动力"的假设后,便设法用实验进行验证.这一目前中学生都会做的实验,在电学发展初级阶段有着许多困难,为此欧姆做了大量的准备工作,逐一扫清了实验和理论上的障碍.

欧姆面临的三大困难

欧姆面临的第一个困难是怎样测量电流.

开始时,欧姆曾想利用电流的热效应,即用通电导体产生热胀冷缩这一事实来测量电流.不过,这个办法难以得到精确的结果,在实践中行不通.

后来,他受到德国科学家施威格利用电流的磁效应发明了检流计(检测电流的仪器)的启发,把它跟库仑扭秤方法巧妙地结合起来,创造性地设计了一个电流扭力秤.如图 3.3 玻璃罩 DD' 中所示,用一根金属丝系在小磁针的中点将它悬挂起来,使它平行地位于通电导线的上方(图中通电导线未画出).导线通电后产生的磁场会使磁针偏转,并将金属丝扭转.通过放大镜 S 读出扭转角度的大小,就可以相对地比较电流的大小.

欧姆利用设计的电流扭力秤,可以精确地测量电流强度,终于解决电流测量的难题,从而奠定了发现欧姆定律的实验基础.

第二个困难是如何比较电阻的大小.

当时,还没有形成电阻的概念,有些科学家刚开始研究金属的导电率问题*.例如,英国化学家戴维发现同种材料做成的导体的导电率与其单位长度的质量成正比;法国物理学家贝克勒尔证明了同种

---

* 在电学研究初期所说的"导电率"现在称为"电导率",它与电阻率 ρ 互为倒数,即 $\sigma = \dfrac{1}{\rho}$.

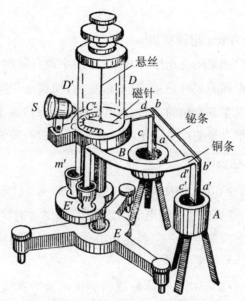

图 3.3 欧姆的实验装置（玻璃罩内就是电流扭力秤）

金属导线的长度之比等于其截面积之比时，它们的导电率相同.

欧姆设计了一种比较不同金属相对导电率的方法：他将不同金属制成直径相同的导线，依次将它们插入水银中，调节导线的长度，使电流扭力秤的指针转过相同的角度，从而确定各种金属导电率的相对比值的大小.

第三个困难是如何才能获得稳定的电源.

研究电流的规律，需要有一种稳定的电源. 以往，欧姆都用伏打电池作为电源进行实验. 由于当时技术条件的限制，伏打电池的电极容易"极化"，因此电池的输出电压就很不稳定，这样就给欧姆的实验带来很大的麻烦. 后来，他接受一位叫波根道夫的朋友的建议，采用温差电偶作为电源，才获得了稳定的电压.

什么是温差电偶？

事情还得从奥斯特实验说起. 1820 年奥斯特发现了电流的磁效应

后,也引起了德国的医生塞贝克的兴趣.他为了验证这个效应,用铜导线和铋导线组成的回路进行试验.无意中,当他用手握住一个接头时,却意外地发现电流计的指针产生了偏转.这个现象引起了他的思考:用手握住的这个接头,由于体温的影响使它跟另一个接头的温度不同,难道是这个原因吗?他再将这个接头冷却,使它低于另一个接头的温度,又出现了类似的情况.经过反复的试验后他确信,只要使两个接头间有温度差,回路中就会有电流产生;而且,两个接头间的温度差越大,指针的偏转也越大,说明产生的电流越强.这真是"有意栽花花不开,无心插柳柳成行".塞贝克在1821年发现的这个现象表明,用两种不同金属组成的回路,只要使其两端保持着一定的温度差,就能够起到电池的作用.后来这个现象就称为温差电现象.根据这种现象制成的电源,就称为温差电偶(或称为温差电池).它具有一个可贵的特点:只要两端维持恒定的温度,就能够获得稳定的电源电压(电动势).

欧姆设计的温差电偶的结构大体如图3.4所示. $aba'b'$ 是用金属铋制成的U形框架,它的两条短边 ab 与 $a'b'$ 分别铆接在铜片 cd 和 $c'd'$ 上.然后,把 $a'c'$ 端放进盛有沸水的容器 A 中作为热端;把 ac 端放在盛有冰水混合物的容器 B 中作为冷端.这样,就可以使热端和

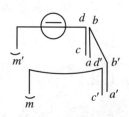

图 3.4 欧姆设计的温差电池

冷端间保持 100 ℃的温度差.铜片的两个自由端分别放进盛有水银的槽 m 和 m' 中,这两个水银槽就是温差电池的两个电极,外电路就接在这两个水银槽内,这样就可以获得较大的稳定电流.

实验研究的结果

欧姆凭借他灵巧的双手和创造性的思考,解决了电流的测量、获得了稳定的电源、摸索出了比较电阻大小的方法后,1826 年就着手进行对电流规律的研究.

欧姆将截面相同但长度不同的一组铜导体依次接入电路中,观察并测定扭力秤偏转角的大小.他在论文中这样叙述:"我预备了 8 根不同的导体,以后我们称它们为 1、2、3、4、5、6、7、8 号,它们的长度分别是 2 in、4 in、6 in、10 in、18 in、34 in、66 in、134 in(1 in = 25.4 mm).厚度为 7/8 勒恩(注:勒恩是当时的长度单位),并都是从一根扁铜线上切下来的.当水沸腾 0.5 h 后,先后依序将这些导线接入电路.每组实验要持续 3~4 h,在两组实验之间暂停 1 h 左右,把预热的水灌入,它很快就沸腾了.然后把导线接入电路,使顺序跟前一次相反.我得到如下的结果."表 3.2 就是他实验中测定并记录的数据.

表 3.2

实验时间(1826年)	每组实验次序	不同导线接入时的偏转角(X)							
		1	2	3	4	5	6	7	8
1月8日	Ⅰ	$326\frac{1}{2}$	$300\frac{3}{4}$	$277\frac{3}{4}$	$238\frac{1}{4}$	$109\frac{3}{4}$	$134\frac{1}{2}$	$83\frac{1}{4}$	$48\frac{1}{2}$
1月11日	Ⅱ	$311\frac{1}{4}$	287	267	$230\frac{1}{4}$	$183\frac{1}{2}$	$129\frac{1}{4}$	80	46
1月11日	Ⅲ	307	284	$263\frac{3}{4}$	$226\frac{1}{4}$	181	$128\frac{3}{4}$	79	$44\frac{1}{2}$
1月15日	Ⅳ	$305\frac{1}{4}$	$281\frac{1}{2}$	259	224	$178\frac{1}{2}$	$124\frac{3}{4}$	79	$44\frac{1}{2}$
1月15日	Ⅴ	305	281	$258\frac{1}{4}$	$223\frac{1}{2}$	178	$124\frac{3}{4}$	78	44

欧姆通过对精密测定的数据进行细致分析,发现磁针偏转角 X 与导线中的电流强度成正比.当导线长度为 x,电路参数 a 和 b 为某定值时,他得到了如下的关系式

$$X = \frac{a}{b+x}$$

这里的 X 是偏转角,对应着电流强度的大小;a 是由温差电源决定的量(相当于电源电动势 E);b 是由电路不变部分的导体决定的量

（相当于电池的内电阻 r）；x 表示接入电路的导线长度（对应着接入电路的导线电阻 R）.这就是闭合电路欧姆定律的公式.

后来,欧姆又改用不同尺寸的黄铜线,并把温差电池两端的温度加以改变,多次重复上述实验,都得出了与上述公式一致的结果.

这样,欧姆终于用实验方法验证了他从热流的类比得来的假设.

一颗埋了 10 年的明珠

1827 年,欧姆出版了著名的《伽伐尼电路的数学研究》一书.他根据傅里叶的热传导理论,用类比法从理论上做出了论证,并明确表述说：在伽伐尼电路中,电流的大小与总电压成正比,与电路的总电阻成反比.写成现在常用的公式即

$$I = \frac{E}{r+R}$$

当时他满怀信心,以为自己的研究成果一定能够引起学术界的注意.遗憾的是,不仅没有受到应有的重视,相反却遭到恶意打击.一些大学的教授们自己没有去做实验,却看不起这位名不见经传的中学老师.德国物理学家鲍尔甚至在文章中公开诋毁欧姆的著作,他说："以虔诚眼光看待世界的人不要去读这本书,因为它纯然是不可置信的欺骗,它的唯一目的是要亵渎自然的尊严."

欧姆面对这些攻击,十分伤心.他写信给朋友说："《伽伐尼电路》的诞生已经给我带来了巨大的痛苦,我真抱怨它生不逢时,因为深居朝廷的人学说浅薄,他们不能理解它的母亲的真实感情."

不过,也有不少人慧眼识珠,为欧姆受到的不公正待遇愤愤不平.发表欧姆论文的德国《化学和物理杂志》的主编施威格(即检流计发明者)写信给欧姆说："请您相信,在乌云和尘埃后面的真理之光最终会透射出来,并含笑驱散它们."

施威格的安慰与鼓励没有让欧姆的希望落空,这颗铮亮的明珠被掩埋了 10 多年后,来自异国的一股"风暴"最先驱散了笼罩着欧姆

的"乌云和尘埃".1841年,欧姆的成果首先被英国皇家学会认可,并授予英国皇家学会科普利奖章,这是当时科学界的最高荣誉.从此,欧姆的工作才得到科学界的普遍承认.1845年,他被选为德国巴伐利亚科学院院士.1849年,被调到慕尼黑主持科学院物理学学术委员会的工作.1852年,65岁的欧姆正式担任慕尼黑大学教授,可惜他只担任了两年.

1854年7月6日,欧姆在德国曼纳希去世了.不过,欧姆在有生之年终于看到了自己的研究成果得到学术界的承认,可以宽慰一下自己曾经饱受创伤的心灵.

1881年,第一届国际电气工程师巴黎会议将电阻的单位用"欧姆"表示,以表彰他的功绩.

如今,欧姆定律已经成为现代电学和电工学最基本的规律之一.欧姆在电学领域内所做的开创性的工作,将永远被人们所怀念.

3.3 赫兹实验与发明家的迷离

法拉第的类比设想

早在1832年,法拉第就根据类比推理,提出过电磁波的大胆假设,并打算用实验来证实他的观点.他在一封信中说:"我倾向于把磁力的从磁极向外散布,比作受扰动的水面的振动,或者比作声音现象中空气的振动;也就是说,我倾向于认为,振动理论将适用于电和磁现象,正像它适用于声音,同时又很可能适用于光那样.这些想法我希望能用实验实现……"只是法拉第当时并未公开这一大胆假设,这封信在档案馆里存放了一百多年,直到1938年才被发现.

法拉第根据类比得来的电磁波的设想最终由麦克斯韦完成,并被赫兹用实验加以验证.

赫兹实验

1878年,德国柏林大学物理教授亥姆霍兹(H. Helmholtz)以

"用实验建立电磁力和绝缘介质极化的关系"为题,设置了柏林科学院奖.其用意是希望通过悬赏,推动麦克斯韦电磁波理论预言的验证.他的学生赫兹(H. R. Hertz)开始时认为这个题目困难太多,一时没有接受亥姆霍兹交给他的攻关任务,以致白白耽搁了几年时间.

1886年10月,赫兹做了一个放电实验,在放电过程中,偶然发现近旁有一个线圈也放出火花.赫兹敏锐地想到这可能是电磁共振.于是,他就设计了一个电磁波发生器,如图3.5所示.他用两块边长16 in 的正方形锌板 A,每片连接一根长12 in 一端带铜球的导体棒,两导体棒接到感应圈上.通电后,这组发生器的铜球之间能产生高频振荡火花.他还将一根粗导线弯成环状,当作探测器 B,环的两端

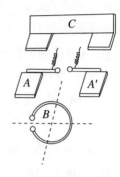

图 3.5 赫兹的电磁波发生器

装有铜球和螺旋,可调节两球的间距. C 是用以反射电磁波的金属板.赫兹坐在暗室里,探测器 B 与发生器 A 相距 10 m.当给 A 输入高压脉动电流时,B 的两球之间明显地产生电火花.

赫兹把整个装置称为"感应平衡器",为了验证麦克斯韦对电磁波理论的预言,赫兹用它做了多方面的实验.

Ⅰ.电磁波的直线传播——他用一块长 2 m、宽 1 m 的锌板放在振子(发生器)和探测器(接收器)之间,使板面跟电磁波的传播方向垂直,会发现探测器中的火花消失.后来,他改用锡箔代替锌板,得到同样的结果.说明金属板后面确实能产生一个隔断电磁波传播的"阴影区",这就是由于电磁波是沿直线传播的结果.他改用绝缘体的平板放在振子(发生器)和探测器(接收器)之间,发现仍然有火花产生,说明绝缘体(介质)不能阻挡电磁波.

Ⅱ.电磁波的偏振特性——根据麦克斯韦的电磁场理论,电磁

波传播时,电场的振动方向跟磁场的振动方向互相垂直,并都垂直于传播方向,因此电磁波是横波.赫兹为了验证电磁波的这个特性,就在上述实验的基础上,使探测器平面以电磁波的传播方向为轴旋转.这时他发现探测器电极间的火花随之变弱,当探测器的平面与振子的平面互相垂直时,火花完全消失.说明电磁波具有偏振特性,而偏振正是横波所特有的性质,因此电磁波的确是横波.

Ⅲ. 电磁波的反射——赫兹做了这样的实验:使电磁波沿着墙面的方向传播,这堵墙有一道通向隔壁房间的门.他把探测器放在隔壁房间内正对着门的地方,然后在门口放一块锌板,使它跟电磁波的传播方向成45°角.他发现探测器的两个电极间依然会出现火花.显然,这是由于电磁波传播过程中被锌板反射,转过45°传到了隔壁房间里的缘故.

此外,他还做了电磁波的折射、测定电磁波的速度等实验(参见本书第2.4.2小节).

1888年12月13日,年仅31岁的赫兹在柏林科学院大厅里,面对着云集在那里的世界各国科学家们发表了激动人心的演说.他以充分的实验证据全面证实了电磁波和光波的同一性.他说道:"我认为这些实验有力地铲除了对光、辐射热和电磁波动之间的同一性的任何怀疑."

科学家们面对着看似十分简单的仪器,竟然能够验证麦克斯韦深奥的理论,不能不让人惊叹赫兹实验构思的巧妙和技艺的高超.

爱因斯坦后来在谈到赫兹实验时说:"物理学家们花了几十年的时间才理解到麦克斯韦发现的全部意义……只有等到赫兹以实验证实了麦克斯韦电磁波的存在以后,对新理论的抵抗才被打垮."

赫兹的实验不仅证实了麦克斯韦理论的正确性,而且也为人类利用无线电波奠定了重大的实验基础.

发明家的迷离

应该指出,在赫兹以前,曾经有过一些发明家偶然接触到电磁波的产生.

3 实践是检验类比结论的试金石

例如,1871年,E·汤姆孙(E. Thomson)曾发现当一个具有初、次级的线圈通有脉冲电流时,可以用一把小刀从附近铁桌的边角、水管,甚至30 ft(约9.14 m)外的蒸汽机上引出电火花来.后来,他又把这个振荡线圈放在一个房间里,用一个由一对磁极做成的"接收器"放在隔壁房里、地下室里甚至那座六层楼的顶楼,都能发现接收器间隙中产生电火花.然而,E·汤姆孙却不能由此形成电磁波的概念,也无法解释这些现象.

1875年,发明大王爱迪生(T. A. Edison)也发现过类似的现象,他曾观察到继电器工作时衔铁之间会产生电火花,当时新闻界的报道说:"爱迪生发现了至今还埋藏在人类无知深渊里的新原理."不过,爱迪生当时也不知其所以然.等到赫兹在1888年以实验证明电磁波存在的消息公布后,爱迪生悔之莫及地感叹:"使我感到迷离的是,为什么我没有想到利用这些成果."

这些偶然发现者,或者由于发现者缺乏必要的思想准备,或者由于不能从理论的高度去预言它们的未来,因此往往无法深入研究下去,结果很快被遗忘.只好等待另外一些人从新的高度把它们重新挖掘出来.

由此可见,电磁波的发现不可能属于技术方面的发明,对电磁波的实验证明,也必然历史性地落到深刻理解麦克斯韦理论的赫兹身上.

3.4 先找到儿子,再发现老子

日本物理学家汤川秀树从与电荷间相互作用的类比中提出的介子假设(介子理论),开始时,除日本的一些物理学家外,并没有受到重视.在没有充分的实验事实之前,当时大多数物理学家的反应都较为冷淡.

究竟是否存在这种传递核力的媒介粒子?只有实验才能做出裁决.为此,物理学家进行了艰苦的实验搜索,不料在寻找这种粒子的

过程中却引出了另一段有趣的小插曲——先发现了汤川介子的后代.

μ 介子与 π 介子

在汤川提出介子理论的同一年,安德逊等人在宇宙射线的云室实验中,发现一种质量为电子质量的 207 倍的粒子.一时大家喜出望外,以为是找到了汤川的粒子.后来通过对这种粒子进行了长达 10 年的实验研究,发现它与核子间的相互作用很弱,差不多比电磁作用还弱 10^{11} 倍.显然不可能是汤川所说的传递核力的粒子.以后,把安德逊发现的这种粒子称为 μ 子*.

人们在空欢喜一阵后并不灰心,继续进行实验搜索.第二次世界大战后,由于用照相乳胶探测带电粒子技术获得很大的进展,促进了对微观粒子探测的研究.1947 年,英国的鲍威尔(C. F. Powell)和他的同事在高空气球上放了乳胶,让它在宇宙线作用下感光,通过分析发现了一种新的粒子,取名为 π.它的平均寿命为 2.6×10^{-8} s,有带正电荷和负电荷两种.进一步研究查明,它的质量为电子质量的 273 倍.其中 π^+ 与核子间有非常强的作用.这正是汤川所预言的粒子,以后称为 π 介子.而安德逊于 1935 年找到的 μ 子(μ 介子)却是它的后代,即 π 介子衰变后的产物.

也许有人感到奇怪,既然 π 和 μ 都是在宇宙线中找到的,为什么竟会"先找到儿子 μ,再发现老子 π"呢?这是由于 π 介子的寿命很短,它在宇宙中以接近光速的速度运动,平均经过几米的距离就几乎 100% 地衰变为 μ 介子并放出一个中微子.而 μ 介子的寿命较长(约比 π 介子长 100 倍),使它有机会到达海平面,因此实验中先在地面附近的宇宙线中找到 μ,再在高空乳胶照片中发现 π.

---

* μ 子分为带正、负电荷的两种,它们都是不稳定的,平均寿命为 2.2×10^{-6} s,分别衰变为正电子与负电子,并放出两种中微子.

3　实践是检验类比结论的试金石

　　汤川通过从电磁相互作用的类比中提出的介子假设,终于被实验所验证,得到了公认.由于汤川理论绘出了核子间相互作用的一种重要的物理机理,对于粒子物理学的发展具有重大的意义,尤其是在粒子物理学的初期,它起到了重要的推动作用,因此汤川荣获了1949年度诺贝尔物理学奖.

汤川的启示

　　在今天看来,虽然汤川的介子理论对核力的认识还不够深入,实际核力的机制要复杂得多.但是,他的方法论的意义却是十分深远的.60年代以后,许多高能物理实验揭示了中子、质子也有自己的结构,是由被称为"夸克"的粒子所组成的,那么"夸克"之间是如何实现相互作用的呢?物理学家还是像汤川那样,设想一种称为"胶子"的更小的粒子.通过吸收和放出胶子,使"夸克"之间产生强大的相互作用.胶子是否实际存在同样还需要证明.1979年,美籍中国物理学家丁肇中领导的实验小组已首次追踪到胶子的径迹.意味着验证胶子的工作已前进了一步.如果今后的实验证实了胶子的存在,那么,类比方法将在现代物理学的前沿阵地又一次展示出它的光辉.

　　汤川自己在1964年的一次演讲会上曾说过:"跟创造性工作有着密切联系的是类推作用……类推说来简单,实际上很复杂.与物理学等有关的、最容易理解的例子是用模型所进行的类推……类推或模型作为飞跃的跳跃台也起了很大的作用.我自己提出介子理论的最初阶段,也是因为把当时熟知的电磁力做了类推,而抓住了当时还不是十分清楚的核力的本质.在那时候,开始就预想到两者具有类似点的同时,也应该具有不同点.像这样类推的思考过程,若能把过去熟知的东西作为线索,对于发现和理解与其性质类似而性质不同的新事物是很起作用的."汤川的这些话,如今依然很有指导意义.

3.5 斯特恩-盖拉赫实验中的难题

原子与太阳系

英国物理学家卢瑟福（E. Rutherford）在 α 粒子散射实验的基础上，提出的原子结构模型与太阳系模型是一个很好的类比。如表 3.3 所示。

表 3.3

太阳系（A）	原子模型（B）
太阳质量占整个太阳系质量的 99.87%	原子核的质量占原子质量的 99.97%
太阳占太阳系体积的 $1/10^5$	原子核占原子体积的 $1/10^5$
太阳与各行星间存在着万有引力，其大小服从距离的平方反比规律，即 $F=G\dfrac{Mm}{r^2}$	原子核与核外电子间存在着库仑力，其大小服从距离的平方反比规律，即 $F=k\dfrac{Qq}{r^2}$
各个行星绕太阳旋转（公转）	各核外电子绕原子核旋转（公转）
各个行星绕太阳公转时同时发生自转	?

卢瑟福刚提出原子模型时，认为核外电子绕核做匀速圆周运动。后来，丹麦物理学家玻尔（N. Bohr）在研究氢光谱规律时提出轨道量子化的概念，认为氢原子核外电子只能在一系列有确定半径的分立轨道上运动。德国著名物理学家索末菲（A. Sommerfeld）又把原子核外电子轨道推广到椭圆轨道。这么一来，原子系统与太阳系形成了更协调的类比。不过，索末菲从理论上得出的结果认为：在外磁场作用下，电子绕核运动的轨道平面只能在空间取某些分立的方向。这就是所谓的"空间量子化"（见图 3.6）。

根据原子系统与太阳系的类比，人们自然想到：行星绕太阳公转

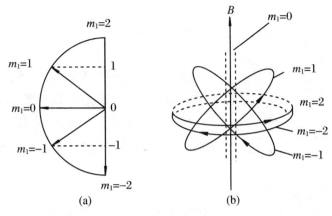

图 3.6 空间量子化

的同时还发生自转,那么电子在绕核运动时,似乎也应该有某种绕其中心的运动(称为自旋*).

1925年,乌伦贝克(Uhlenbeck)和古德斯密特(Goudsmit)根据斯特恩(O. Stern,美国)和盖拉赫(W. Gerlach)在1921年做的实验提出了电子自旋的假设,它正好完善了原子系统与太阳系的类比结构.

几个有关概念

为了理解斯特恩实验,我们先研究一下电子自旋是怎样被确认的.为此,先认识几个有关的概念.

在电磁学中早已知道,一个通以电流强度为 i、面积为 A 的闭合线圈,在磁感应强度为 B 的均匀磁场中受到的磁力矩大小为

$$M = iAB\sin\alpha$$

式中 α 为线圈平面与中性面间的夹角(见图3.7).

如果把电流强度 i 与线圈面积 A 的乘积称为磁矩,用 μ 表示,即

---

* 自旋是电子自身的一种属性,具有量子特征.它与宏观的地球(行星)自转是两回事.这里把它与自转作类比,仅是为了对它形成浅显的认识而已.

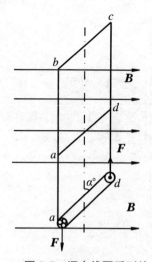

图 3.7 通电线圈受到的磁力矩

$$\mu = iA$$

于是上式可写成

$$M = \mu B \sin\alpha$$

磁矩 μ 也是一个矢量,它的方向与电流方向间构成右手螺旋法则(见图 3.8).

原子核外电子绕核运动时,等效于一个环形电流.这个环形电流的电流强度为

$$i = \frac{e}{\tau}$$

式中 e 为电子电量,τ 为转动周期.如果设电子运动的轨道半径为 r,则其轨道所包围的圆面积为

$$A = \pi r^2$$

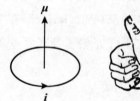

图 3.8　与 i 成右手螺旋法则

因此,电子绕核运动时的轨道磁矩为

$$\mu = iA = \frac{e}{\tau} \cdot \pi r^2 = \frac{e}{\frac{2\pi r}{v}} \cdot \pi r^2 = \frac{1}{2}evr$$

对它进行变形,分子分母同乘以电子质量 m,则

$$\mu = \frac{m}{2m} \cdot evr = \frac{e}{2m}L$$

式中 $L = mvr$,称为电子轨道运动的角动量,它也是一个矢量,它的方向与电子绕行速度方向之间构成右手螺旋法则关系(见图 3.9).

由于实际的电流方向正好与电子运动方向相反,因此,磁矩方向与角动量方向相反. 于是,电子轨道磁矩的矢量形式可写为

$$= -\frac{e}{2m}L$$

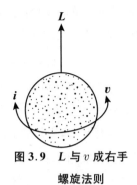

图 3.9 L 与 v 成右手螺旋法则

在氢原子情况下,核外只有一个电子,电子的角动量就是原子的角动量,这时电子的磁矩也就是原子的磁矩. 如果是多电子原子,那么原子的角动量就等于所有价电子角动量的矢量和,原子的磁矩也等于价电子的矢量和.

现在我们已经知道,原子也有磁矩,一个原子相当于一个小的条形磁铁. 因此,倘若将某种原子置于外磁场中,它将会受到磁场的作用而发生旋转,力图使自身磁矩方向指向该处的外磁场方向. 在非均匀磁场中时,除了受到这种磁力矩作用外,还会受到磁场力的作用.

斯特恩-盖拉赫实验

斯特恩-盖拉赫正是基于这样的考虑去设计实验的. 他们的实验装置如图 3.10 所示. K 为原子射线源,B 为具有狭缝的隔板,N 和 S

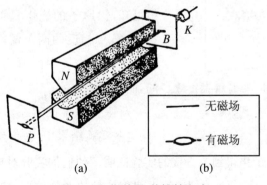

图 3.10 斯特恩-盖拉赫实验

为产生很强的不均匀磁场的电磁铁,P 为照相版.所有仪器都装在高真空的容器中.

实验时,先将原子射线源 K 加热,使其发射电子,通过隔板 B 的狭缝后,形成很细的一束原子.没有外磁场时,照相版 P 上会沉积一条正对狭缝的痕迹,当有非均匀磁场作用时,倘若原子射线束中的原子不具有磁矩,射线束也就不会发生偏转;倘若原子具有磁矩,但其方向不做任何限制,则各个原子的偏转有各种不同的取向,在照相底板 P 上将得到一条连续分布的痕迹;倘若原子具有磁矩,但仅限于取某些方向,那么原子的偏转也只能取某几个确定的方向,通过磁场后的原子束将被分成几部分,照相版 P 上只能得到分裂为几条的不连续分布的线状痕迹.

实验的原理虽然很简单明了,但具体工作中的难度极大.从 1921 年夏到 1922 年 3 月,他们连续工作数月,终于得到了满意的结果——银原子在非均匀磁场中沿着非均匀方向分成两束,一束吸向刃形磁极,另一束斥离刃形磁极,即分裂成分立的两束,找不到不受偏转的原子.实验结果如图 3.11 所示.

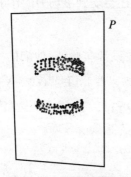

图 3.11 斯特恩-盖拉赫实验结果

根据对照相板上条纹的对称性分析可知,银原子的磁矩只可能有大小相等、符号相反的两个值,也就是说,原子磁矩在磁场中的取向,不是任意的,而是量子化的.

斯特恩和盖拉赫在论文中写道:"从这些实验结果中,我们看到在磁场中方向的量子化得到了直接的实验证明."他们的实验对玻尔和索末菲的工作是一个极大的支持.正如盖拉赫的老师帕邢(F. Paschen)在祝贺盖拉赫的信中所说的:"你们的实验第一次证明了玻尔稳态的真实性."

电子自旋的确认

不过,斯特恩-盖拉赫实验也给量子物理学家们带来了难题.因为根据索末菲的角动量空间量子化的理论,表征轨道动量矩的量子数(称副量子数或角量子数)l,只能取$(n-1)$的一系列整数.

对实验中所用的基态银原子

$$n = 1 \Rightarrow l = 1 - 1 = 0$$

意味着这束银原子本身并没有轨道角动量,也即没有磁矩,那么实验中测得的原子所具有的磁矩,且取向又是量子化的,该如何解释呢?

1925年,于伦贝克和高斯米特通过研究后认为,电子除了做绕核的轨道运动外,还存在着某种自旋运动,并且与自旋运动相联系也存在着自旋角动量.斯特恩-盖拉赫实验中测得的磁矩正是电子的自旋磁矩.

电子自旋的假设终于圆满地解释了斯特恩-盖拉赫实验提出的难题,从而也恰好使原子系统与太阳系构成更协调的类比,使人们从行星运动类比中猜测的电子自旋得到证实.

3.6 勒维烈的失误和汤波的成功

笔尖下的行星

万有引力定律的一个辉煌成果,就是靠计算发现了海王星.法国青年天文学家勒维烈(U. J. J. Le Verrier)和英国青年天文学家亚当斯(J. C. Adams)注意到天王星的"出轨"现象,认为可能是由于天王星轨道外面还有一颗新的行星所产生的摄动作用引起的.于是,这两个年轻人各自独立地根据牛顿的万有引力定律,从摄动作用去计算未知的这颗行星的位置,最终在笔尖下精确预言出海王星的位置,并为天文观察所证实,成为震惊世界的一件大事*.

海王星的发现,固然是牛顿力学的一大胜利.不过对于某些行星运动的长期微小变化,牛顿力学仍不能做出很好的解释.水星近日点的进动现象就是其中一例.

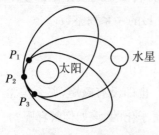

图 3.12 水星的进动

天文观察证实,水星近日点相对于空间某固定方位不断缓慢地变化,它每绕太阳运动一周,其轨道长轴方向要转过一个角度 φ.这种现象称为进动(见图3.12).与牛顿力学的计算相比,每一百年相差约 $40''$.

勒维烈的失误

1859 年,勒维烈又注意到水星近日点进动的这种超差现象.他把所有的摄动影响都考虑进去,仍无法解释这 40 多秒的偏转.勒维烈因受到海王星发现的鼓舞,他根据过去曾经从天王星轨道的摄动现象预言并发现海王星的成功经验,将水星轨道的进动现象与天王星运动的出轨现象做了类比,猜测可能又是有一颗未知行星的摄动力作用的结果.这个类比关系可表示为图3.13所示的形式.

| 天王星的出轨现象 | : | 天王星外存在一颗未知行星 | 类比 → | 水星近日点的进动现象 | : | 水星轨道内侧存在一颗未知行星 |

图 3.13

勒维烈及其他许多天文学家都热衷于寻找这颗新的行星.有人还热情地将这颗新行星命名为"火神星"(Vulcan).后来,经过几十年的认真搜索,最后大家都不得不承认,这颗"火神星"并不存在.勒维烈从上述类比得来的这个假设被实践证明是错误的.直到1915年,爱因斯坦发表了《用广义相对论解释水星近日点运动》的重要论文

---

* 有关发现海王星的详细情况,读者可参阅本丛书《猜想与假设》一册.

后,人们才认识到原来水星轨道的进动是一种广义相对论效应,怪不得用经典的牛顿力学难以解释.

汤波的成功

与勒维烈这次失误的类比相映成趣的是美国天文学家汤波(C. W. Tombaugh)根据类比结论对冥王星发现的成功.

自从海王星发现后,它一直是天文观察的一个热点.天文学家测量到海王星轨道的半径是地球绕日轨道半径的 30 倍,根据开普勒行星运动第三定律,海王星绕日运动的周期应该是

$$T_{海} = \left(\frac{R_{海}}{R_{地}}\right)^{\frac{3}{2}} T_{地} = 30^{\frac{3}{2}} \text{年} = 164.3 \text{ 年}$$

可是经过了一段时间的实际观测,发现这颗行星竟重蹈它的前师天王星的覆辙,也不"循规蹈矩",产生了越轨现象.天文学家们用已知行星对它的摄动作用来解释,都得不到满意的结果.鉴于勒维烈和亚当斯发现海王星的成功经验,人们很自然地将海王星与天王星做了类比,如图 3.14 所示.

| 天王星的出轨现象 | : | 天王星外存在一颗未知行星的摄动作用所产生 | 类比→ | 海王星的出轨现象 | : | 海王星外存在一颗未知行星的摄动作用所产生 |

图 3.14

循着这条思路,天文学家又进行了一番旷日持久的巡天大搜索. 1909 年,美国天文学家皮克林(E. C. Pickering)曾预言了这颗新星的位置,可是没有找到. 直到 20 多年以后,即 1930 年 3 月,美国天文学家汤波才荣幸地发现了这颗新的行星,取名为冥王星. 后来人们在整理旧日的观测资料时,发现早在 1919 年,天文学家的望远镜就曾对准过这颗星,可惜星的影像恰好落入照相乳胶的一块小裂缝中,就是这样一个小小的疵点竟使一个大行星的发现推迟了 10 余年.

同一性与差异性

火神星与冥王星,都是从海王星发现的类比中先做出了预言(假设),两者的命运却截然不同.其原因正如本章引言中所说的"根据对象的相似属性推出的属性可能是它们的同一性,也可能是它们的差异性".海王星的出轨与天王星的出轨是同一性的反映——都是由于轨道外侧一个未知行星的摄动作用所产生的;水星的出轨(近日点的进动)与天王星的出轨,却是它们差异性的反映.因此,勒维烈预言的火神星失败了,而汤波却获得了成功.

由此可见,从类比得出的假设,只有通过实践的检验,才能成为真理.

4 中学物理中常见的类比方法

自然界的事物形形色色,大千世界的现象纷繁多样.在各种事物的复杂现象的演变过程中,常常存在着多种多样、相互关联的许多对应关系,类比推理的方法也显得多彩纷呈.类比的分类也可以根据研究对象从不同角度考虑.譬如从类比对象来说,可以是物理现象之间的类比、物理现象同其他事物的类比;从系统论来说,可以分为局部类比、整体类比和体系类比;从方法论和教学论来说,又可以有不同的分类方法.不过,在我们看来,分类仅是一种方便学习和理解的手段,重要的并不在于抠住分类的名词,而是在于把握类比的精髓——掌握类比推理方法,进一步认识事物的同一性和差异性.

下面,我们结合中学物理实际,选择一些与物理学发现逻辑关系较大的、类比推理性较为显著、中学物理教学中常见的类比方法进行分类说明.

4.1 简单共存类比

这是以简单共存关系作为推理中介的一种类比.这种简单共存关系,就是类比对象的各个属性,仅仅因为它们都是对象的属性而已,至于它们之间有无关系,人们并不关心.

人与王冠

最早成功地运用这种简单共存类比做出科学发现的,可能应该首推古希腊的阿基米德(Archimedes).他面对叙拉古的赫农王(King Hieron)提出的判断王冠中是否掺假的难题,一直冥思苦想.这里的困难就在于怎样测量不规则形状的物体的体积.后来,阿基米德在一次洗澡时突然来了灵感.阿基米德的这个灵感中蕴含着一个简单共存类比关系(见图4.1).

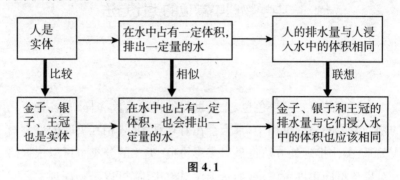

图 4.1

阿基米德从这种共存关系中受到启发,找到了测量不规则形状的物体体积的方法,从而解决了"王冠难题".

海王星—冥王星　红外线—紫外线

在物理学中,像上面这样的简单共存类比,是很常见的.例如,前面所述当英国和法国的两位年轻人亚当斯(J. C. Adams)和勒维烈(U. J. J. Le Verrier)从天王星的出轨现象发现海王星后,美国天文学家皮克林又从海王星的出轨现象预言海王星外存在一颗未知行星,后来发现了冥王星(参见本书3.6节).从类比分类而言,也可属于简单共存类比.

同样,1800年英国物理学家赫歇耳(F. W. Herschel)偶然在太阳光谱的红光外放上温度计,发现红外线后,1801年德国物理学家里特(J. W. Ritter)对紫外光区域进行研究——他通过在紫光区域外放上照相底片被感光,从而发现紫外线.里特试验时的思维方式也可称为简单共存类比.

简单共存类比,在其他领域中也很常见.如地震工作者在一次地震之前观察到天空出现奇特的云,井水突然上涨,一些动物产生焦躁不安的异常反应等现象.以后,他又在另一种场合下看到了这种云、井水、动物的类似现象,于是他就会预言那里也会发生地震.过后,可能真的被说中了.这也是简单共存类比推理的结果.虽然这种奇特的云、上涨的井水和焦躁的动物等异常现象的发生原因及其与地震之间的联系,他可能并不太清楚.

由于简单共存类比与对象属性之间的逻辑性联系较薄弱,因此其不可靠性也较大.

4.2 因果类比

惠更斯提出光的波动说时,借助光的传播现象与声的传播现象做了类比(见图 4.2).

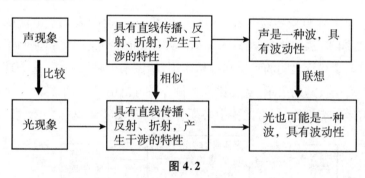

图 4.2

惠更斯的这个类比关系不同于上面的简单共存类比,两者之间有着一定因果关系.

一般地说,依据两个研究对象各自属性之间可能存在的类似的因果联系而进行的一种逻辑推理,我们称为因果类比.它比较直观、易懂,说明类比含义时,通常以因果类比为例.

如果我们用 A 和 B 分别表示两个(类)对象,用 $a_1, a_2, a_3, \cdots$ 表示对象 A 所具有的属性,用 $b_1, b_2, b_3, \cdots$ 表示对象 B 所具有的属性,那么借助对象 A 的因果关系概括出的事实,可类推出与它相似的对象 B 的因果关系.

因果类比可以统一地用图 4.3 中所示的图式表示.

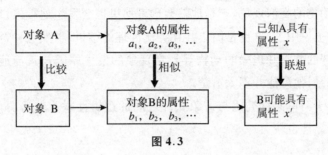

图 4.3

当年安培研究磁现象本质时的分子电流假设,就是通过因果类比提出来的.

螺线管与条形磁铁

1820 年丹麦物理学家奥斯特(H. C. Oersted)发现了电流的磁效应,同年,法国物理学家安培(A. M. Ampère)又用实验证明了两个通电螺线管之间的吸引和排斥作用,就像永久磁铁一样.这个现象给予安培极好的启示,从类比推理很容易得出结果:如果磁确实是由电的运动产生的,那么磁棒中必须有电流(见图 4.4).

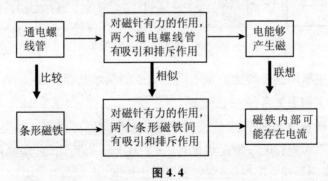

图 4.4

后来安培在法国物理学家菲涅耳(A. J. Fresnel)的建议下,于 1821 年 1 月提出了著名的分子电流假设.安培认为,磁体的每一个分子中都存在着一种环绕分子的圆电流,使它形成一个小磁体,这种小磁体的取向一致时,整个物体就对外显示磁性.安培的分子电流假设,初步揭示了磁现象的电本质.

水流与台风

1962年,美国麻省理工学院机械工程系主任谢皮罗教授,发现放洗澡水时水流出浴池总是形成逆时针方向的漩涡.他认为这种现象与地球自转有关.由于地球是自西向东旋转的,因此北半球的洗澡水总是逆时针方向流出浴池.他根据因果类比推理得出结论:北半球的台风也是逆时针方向旋转的.把谢皮罗教授的推理按因果类比的图式可表示如图 4.5 所示.

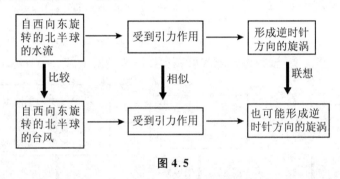

图 4.5

谢皮罗教授还断言,如果在南半球,情况则恰好相反(见图 4.6)*.

谢皮罗教授的论文发表后,引起了世界各国科学家的莫大兴趣,纷纷进行观察实验,结果与谢皮罗教授的论断完全相符.

重力场与静电场

在中学物理教学中,我们借助重力场中某些特性之间的因果关系的类比,根据静电场与重力场的相似性,可以用因果类比推出静电

---

* 台风常常在洋面上形成,那里大量的海水被蒸发到空中,形成一个低气压中心.随着气压的变化和地球自转的影响,流入的空气也旋转起来,逐渐形成一个逆时针旋转的空气旋涡,即热带气旋.如果这个热带气旋的强度越来越大,最后就会形成台风.所以台风就是一种气旋,其中心为低气压区.

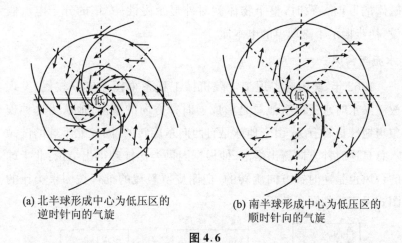

(a) 北半球形成中心为低压区的逆时针向的气旋

(b) 南半球形成中心为低压区的顺时针向的气旋

图 4.6

场的一些性质.按类比的图式可表示如图 4.7 所示.

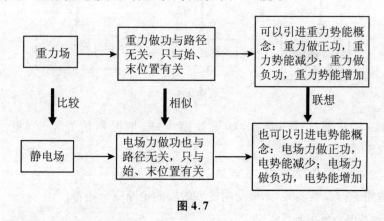

图 4.7

建立这样的因果类比关系,可以帮助我们研究和认识静电场的特性.

应该注意,由于客观事物之间的因果链条是错综复杂的,不仅存在一因多果、多因一果的现象,而且往往因为具体条件和环境的变化,因果链条的秩序和组合也可能发生变化或变形,因此,在应用因果类比时,必须十分注意这些具体条件.

4.3 数学类比

大家知道,库仑定律的数学表达式与万有引力定律的数学表达式十分相似:

$$F_C = k\frac{q_1 q_2}{r^2} \quad \leftrightarrow \quad F_G = G\frac{m_1 m_2}{r^2}$$

因此,如果把库仑力类比于万有引力,我们就有可能把对引力场的知识结构、研究方法移植到对电场的研究中,得出相应的结论.这种类比推理方法称为数学类比.

数学类比(或数学相似类比)又叫协变类比,其实质是在两个数学式(或数学模型)之间,借助其他理论知识和条件的分析,从一个数学式(或数学模型)推导出另一个数学式(或数学模型)及其相关知识结论的一种类比推理方法.

有人这么说过:"自然界的统一性显示在关于各种现象领域的微分方程式的'惊人的类似'中."这里的微分方程式就是泛指数学方程的意义.

两种数学类比

数学类比可以区分为两种情况:

Ⅰ.在两个研究对象之间,有若干相似的属性或对应量之间有相似的数学关系,借助类比,可推出它们在其他主要属性方面是相同的或相似的结论.这种数学类比可用图4.8中的图式表示.

Ⅱ.根据两个研究对象的主要属性相似,运用类比,推出它们的数学方程式在形式上也相同或相似的结论.这种类比的图式如图4.9所示.

王子的物质波

许多时候,这两种数学类比常会综合起来应用.法国王子德布罗

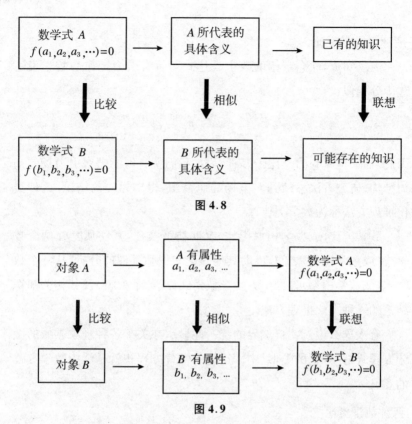

图 4.8

图 4.9

意(L. de. Broglie)物质波的假设,就是一个典型事例.

本世纪初,以丹麦物理学家玻尔(N. Bohr)为代表的旧量子论已经否定了电子绕核运动的轨道概念,如果电子绕核运动没有轨道的话,那么在原子里面的电子的运动究竟是怎样的呢?

1923年,法国一个古老贵族世家的王子路易·德布罗意把光学现象与力学现象做类比——光从一点到另一点一定走最短路程的费马原理的方程式与力学中质点运动服从的最小作用原理,即哈密顿原理的方程有完全相同的形式*,由此出发,他运用第一种数学类比,从光的粒子性和波动性推知物质质点也可能有波动性.这个类比关系可以表示如图4.10所示.

接着,德布罗意根据物质质点与光有相似的属性(即粒子性和波动性),运用第二种数学类比,从光子能量公式($E=h\nu$)和波长公式($\lambda=\dfrac{h}{p}$,式中p是动量),推知物质粒子也可能有对应的方程式(见图4.11).

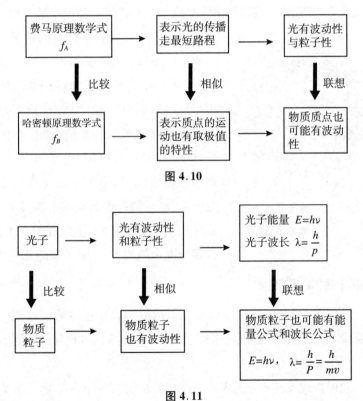

图 4.10

图 4.11

---

* 费马原理方程式 $\delta\int_B^A n\,\mathrm{d}l=0$,哈密顿原理方程式 $\delta\int_{t_1}^{t_2} L\,\mathrm{d}t=0$,两者的数学形式相似.这里列出这两个方程的目的,仅是为了说明两者形式上的相似.

这里的 $\lambda = \dfrac{h}{mv}$ 即物质波的波长公式,又叫德布罗意公式.根据德布罗意公式,很容易算出一个中等速度的电子(取 $v = 10^7 \text{m/s}$)的波长为

$$\lambda = \frac{h}{mv} = \frac{6.63 \times 10^{-34}}{9.1 \times 10^{-31} \times 10^7} \text{ m} = 0.7285 \times 10^{-10} \text{ m}$$

它相当于 X 射线的波长.

德布罗意的物质波概念,后来由德国物理学家玻恩(M. Born)做了被大家公认的统计解释:物质波是一种几率波.物质波在某一地方的强度跟在该处找到它所代表的粒子的几率成正比.因此,运用德布罗意物质波的概念,就可以摈弃电子绕核运动的轨道模型——所谓电子运动轨道,只不过是电子出现几率最大的地方.电子在原子核外的运动情况,可用"电子云"来形象化地描述.图 4.12 显示了氢原子基态的电子云,原子核好像被一层云雾笼罩着,云雾浓度大的地方,电子出现的几率大;云雾浓度小的地方,电子出现的几率小.

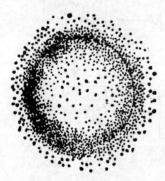

图 4.12 氢原子基态的电子云

风靡千古"胡不归"

运用数学类比,不仅可以从相似的数学式所包含的物理意义做出假设,也便于对问题进行求解.风靡千古的"胡不归"问题的解答就是一个生动的实例.

我国古代流传下来这样一个故事:从前有一个在外地当学徒的小伙子,获悉家乡的老父病重的消息后,便立即向掌柜告假启程赶路.回家的路先要经过一片平整的硬地,可以走得较快,还有一片坑坑洼洼的沙砾地,只能走得较慢.小伙子思家心切,想尽早见到老父,

认为路径越短越省时间,于是他沿着从店铺到家乡的直线路径赶路.可是当他气喘吁吁地来到老父跟前时,老人刚刚咽了气,小伙子不觉失声痛哭.邻舍闻声纷纷前来劝慰.有人告诉小伙子,老人在弥留之际,还不断喃喃地念叨:"胡不归?胡不归?……"邻舍埋怨小伙子,为啥不能早到一步!

从这一古老的传说中,不禁引起人们思索:这个小伙子应该选择一条怎样的路径,才可以提前走到家呢?

这个问题的直接求解比较困难,如果借助数学类比,就很容易找到答案.

把小伙子所在店铺和他的家乡抽象为 A、B 两处,他在硬地上和沙砾上的行走速度分别设为 v_1、v_2($v_1 > v_2$).把小伙子从 A 到 B 的运动与光的传播相类比(见图 4.13).因为光子像一名最佳运动员,它总是选择最节省时间的路径传播.当光从空气中的 A 点传到介质中的 B 点时,沿着符合折射定律的路径的传播时间最短.因此,若这个小伙子从 A 点走到 B 点要求最节省时间,也应当选择一条像光折射一样的路径前进,而不是沿 AB 直线方向.

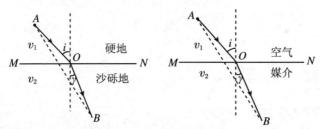

图 4.13　光折射的类比

设从硬地到沙砾地的转折点在界面 MN 处的 O 点,根据数学类比,可得"入射角 i"和"折射角 γ"应满足的关系为

$$\frac{\sin i}{\sin \gamma} = \frac{v_1}{v_2}$$

把这个类比用图 4.14 表示.

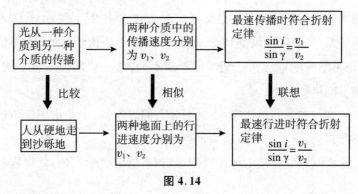

图 4.14

非弹性碰撞与电容放电

利用两球的完全非弹性碰撞与电容器并联放电的类比,寻找放电过程中能量的损耗是又一个简便而有趣的实例.

如图 4.15(a),设质量 m_1 的小球以速度 v_1 与静止在光滑水平面上质量为 m_2 的球做完全非弹性碰撞,碰后两球黏合在一起运动的共同速度为

$$u = \frac{m_1}{m_1 + m_2} v_1$$

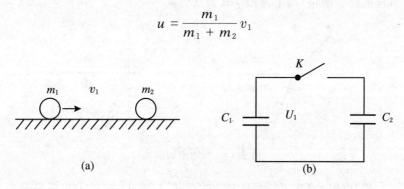

图 4.15 非弹性碰撞的类比

碰撞中损失的机械能为

$$\Delta E = \frac{1}{2} m_1 v_1^2 - \frac{1}{2}(m_1 + m_2)\left(\frac{m_1 v_1}{m_1 + m_2}\right)^2$$

$$= \frac{m_2}{m_1 + m_2} \cdot \frac{1}{2} m_1 v_1^2 = \frac{m_2}{m_1 + m_2} E_1$$

图 4.15(b) 中,设电容器 C_1 充电后电压为 U_1,合上开关 K 后对不带电的电容器 C_2 放电,达稳定状态后两者的电压均为

$$U = \frac{C_1}{C_1 + C_2} U_1$$

因此我们建立如图 4.16 所示的类比.

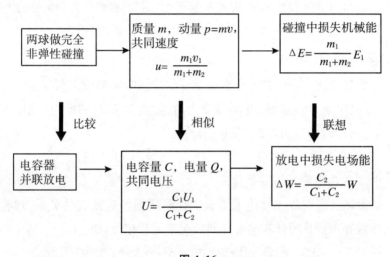

图 4.16

于是,我们可以从类比联想得出损失的能量为

$$\Delta W = \frac{C_2}{C_1 + C_2} W_1$$

那么,这个表达式究竟是否正确呢?通过计算很容易进行验证.因为一个电容量为 C、充电电压为 U 的电容器,它所具有的电场能为

$$W = \frac{1}{2} CU^2$$

因此,放电前后电容器储藏的电场能之差为

$$\Delta W = \frac{1}{2}C_1 U_1^2 - \frac{1}{2}(C_1 + C_2)U^2$$

$$= \frac{1}{2}C_1 U_1^2 - \frac{1}{2} \cdot \frac{C_1^2 U_1^2}{C_1 + C_2}$$

$$= \frac{C_2}{C_1 + C_2} \cdot \frac{1}{2}C_1 U_1^2$$

$$= \frac{C_2}{C_1 + C_2} W_1$$

说明由类比得到的关系式完全正确.这项能量主要损失在迁移电荷时导线上的焦耳热,还有部分转化为电磁波发射出去.

电阻、压强、热膨胀

数学类比在中学物理中有很多反映.例如,大多数金属导体的电阻(或电阻率)随温度的升高而变大,在温度 t ℃时的电阻(或电阻率)与 0 ℃时的电阻(或电阻率)的关系为

$$R_t = R_0(1 + \alpha t) \quad \text{或} \quad \rho_t = \rho_0(1 + \alpha t)$$

式中 α 称为电阻的温度系数.

上述关系跟理想气体做等容变化时压强与温度间的关系、理想气体做等压变化时体积与温度间的关系十分相似,即

$$p_t = p_0(1 + \gamma t) \quad \text{或} \quad V_t = V_0(1 + \beta t)$$

式中,γ、β 分别称为气体的压强系数和体胀系数.

通过类比,不仅可以统一对这些现象(还包括固体的线膨胀、面膨胀和体膨胀)的认识,还可根据气体的压强系数和体胀系数,推出电阻温度系数的含义,即

$$\alpha = \frac{R_t - R_0}{R_0 t} \quad \text{或} \quad \alpha = \frac{\rho_t - \rho_0}{\rho_0 t}$$

这两式表示导体的电阻温度系数等于温度每升高 1 ℃,导体电阻(或电阻率)的增加与 0 ℃时电阻(或电阻率)的比值.

又如,LC 回路振荡周期公式与简谐运动周期公式十分相似

$$T = 2\pi\sqrt{LC} \quad \Leftrightarrow \quad T = 2\pi\sqrt{\frac{l}{g}}$$

通过类比,我们可以从能的转化上方便地理解电磁振荡过程.

由于数学类比不仅是定性类比,也是定量类比,一般说来,由此得到的关于事物规律性的知识其可靠程度较高,它注重从事物的相互联系中去研究事物的各种属性之间的关系,因此,它比因果类比要更进一步.

 模型类比

根据模型和原型客体之间具有相同或相似的关系而进行的一种类比推理,称为模型类比.

物理模型(物质模型和理想模型)是按照科学研究的需要用物质形式或思维形式对原型客体本质关系的再现,通过对模型的研究获得关于原型客体的知识,是现代科学中常用的一种思想方法.因此,这种类比推理可表示为图 4.17 中所示的形式.

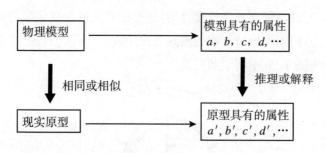

图 4.17

吉尔伯特的微地球模型

近代磁学和电学科学的先驱、英国实验家威廉·吉尔伯特(W. Gilbert,1540—1603)曾制作一个微地球模型类比地球,从而推

出地球是一个大磁体的结论.吉尔伯特用一块强天然磁石制成球状（微地球），另用一根放在支架上的细小罗盘针构成指向针.把这根指向针放在球形磁石的表面，它所指示的方向用笔画在磁石上面，这样就画出了一个大圆圈.把指向针放在另一点上，又可以画出一个大圆圈，如此等等.吉尔伯特发现所有这些圆圈都近似地通过磁石上两个正好相对的点，它们就是两个磁极，如图 4.18 中的 A 和 B 所示.

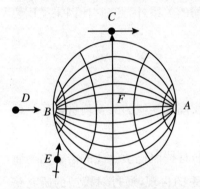

图 4.18 带指向针的微地球

吉尔伯特同时发现，当指向针位于和天然球形磁石（微地球）两极等距离的一个大圆圈（磁赤道）上任何一点时，指向针与磁石表面平行，而当位于两极时，它与表面垂直.当相对于球形磁石移动这根指向针时，它对表面的倾角随其离两极的距离而变化（见图 4.19）.于是，吉尔伯特把他的微地球模型与地球做了类比，猜测地球也是一个大磁体，它的两极与地极是重合的，并根据指向针在微地球的磁极附近的行为，猜测出地球北端的磁倾角比伦敦大.吉尔伯特的这个类比可表示为图 4.20 中所示的形式.

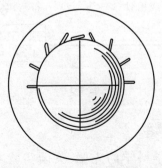

图 4.19 小磁石对微地球的反应

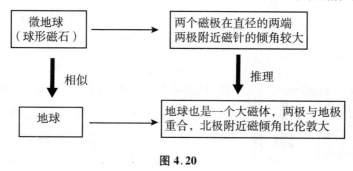

图 4.20

虽然吉尔伯特认为地磁两极与地理两极重合的推论并不正确*，但他用这个模型类比方法早在 1600 年就首先指出地球是一个大磁体，是完全正确和十分可贵的．他对磁倾角的猜测后来也被赫德森在美洲北极地区的探险航行中所证实．

帕斯卡的水压虹吸管

17 世纪时，人们对大气压还缺乏明确的认识，对一些与大气压作用有关的现象，往往采用从亚里士多德流传下来的"自然界憎恶真空"的说法去解释．例如，对于人们经常利用的虹吸管吸水的现象（图 4.21），当时流行的解释是：当水从管口流出时，中间就会出现一段真空，由于"自然界憎恶真空"，于是水就会从高水位的容器流进来，填补这段空间，从而防止真空的出现．虽然这样的解释现在听起来有点可笑，但当时人们却非常认可．

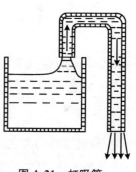

图 4.21 虹吸管

法国科学家帕斯卡（B. Pascal）为了有力地反驳这种解释，做了一次很出色的模型类比实验，用以说明大气压所产生的现象和液体

---

* 根据最近计算，地磁北极的坐标是 78.5°北，69°西．地磁轴与地球的自转轴有 11.5°的交角，并且随时间有缓慢变化．

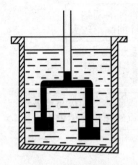

图 4.22 水的压力操纵的虹吸管

的压力所引起的现象之间的对应关系.

实验装置如图 4.22 所示.取一个三端开口的分支管,其中一个分支比另一分支长.把这两个分支插入两个处于不同高度的水银杯中.这个装置再浸在一个盛有水的容器里,当它下沉到足够深度时,水银就在两个分支中上升,直到这两个水银柱流到一起,这样,水银就从高杯流到低杯中.把这个装置与普通虹吸管做一类比如图 4.23 所示.

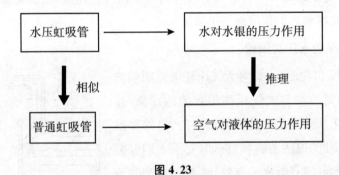

图 4.23

通过这样的类比,使帕斯卡清楚地认识到,用普通虹吸管把水(或其他液体)从高容器中吸到低容器中,是由于大气压的作用,并不是"自然界憎恶真空"的结果.

宽泛地说,模型类比也可以看成是一种模拟方法(模拟实验和推理),实际应用中两者无须严格区分.例如,吉尔伯特用小地球模型说明地球是个大磁体,也可以认为是一种模拟实验.在中学物理学习中,模型类比或模拟方法应用得相当普遍.例如:

弹簧小球与分子的类比

在初学分子动理论时,常常用弹簧小球模型中弹力的变化情况类比分子力随距离变化的关系(见图 4.24). 这个类比关系可表示为图 4.25 所示的形式.

图 4.24　弹簧小球与分子力

虽然实际分子间没有任何弹簧,而且它们的相互作用力比弹簧小球模型中的力复杂得多,但通过这个模型做类比,可使我们对分子间同时存在着引力和斥力及其随分子间距的变化形成直观的认识.

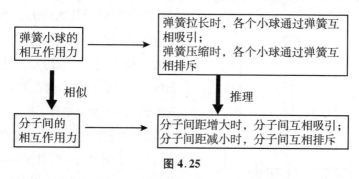

图 4.25

利用模型进行类比,在中学物理中有许多实例. 例如,常常用滴药瓶模拟潜水艇的沉浮原理;用弯曲的玻璃棒代替玻璃纤维,模拟光导纤维;用感应圈的放电,模拟雷电的产生;为了理解气体分子无规则运动对器壁碰撞产生压强的机理,常常可采用小钢珠作为模拟——将小钢珠在秤面上方一定高度处持续、均匀地落到电子秤的秤盘上,就能对秤面形成一定的压力;用机械共振模型类比电谐振,说明谐振条件和揭示收音机、电视机使用时选择电台的奥秘等等. 广义地说,中学物理中的实验几乎都是对实际现象和过程的一种模型类比和模拟.

大家知道,物理模型可分为物质模型和理论模型,上面所介绍的模型类比基本上都是以"实物"或"实验"为基础的,相当于物质模型类比.此外,还有许多根据具体物理现象、物理过程或实验(实际)装置,通过简化或理想化,形成理论模型的类比.如研究粒子流运动的直圆柱模型类比;研究力与运动关系的弹簧-小球模型类比;研究导体在磁场中受力运动的电动机模型类比或做切割磁感线运动的发动机模型类比;等等.这样的理论模型类比在中学物理的学习和解题过程中更为普遍.当前,注重理论联系实际,反映高新技术的理念已经深入人心,这类理论模型的类比也格外受到青睐,例如,下面所介绍的就是一个很典型的例子:

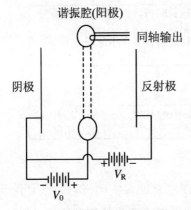

图 4.26 微波调速管的原理

在高频电子技术中有一种微波电子管,称为反射式速调管,其结构原理如图 4.26 所示*.它由阴极、反射极和栅极(谐振腔)三部分组成.阴极发射电子;栅极相对阴极为正电位(栅极电势比阴极高),用来加速电子;反射极相对栅极为负电位(反射极电势比栅极低),在反射极与栅极之间形成一个反射空间,在这个空间中产生微波段的电磁振荡.显然,微波速调管是一种专业设备,上述工作原理对中学生来说是很陌生的.但是,如果将这个工作原理进行适当简化,形成两个方向相反的电场,也就是说构成一个简化模型,如图 4.27 所示.这样一来,从微波调速管的原理所形成的理论模型类比就很贴近中学物理了.下面就是以这个模型为核心构成的一个很有意义的试题,读者解答后可以有更为具

---

* 微波是指在真空中波长为 1 m～1 mm 的无线电波,相应的频率范围为 300 MHz～3 $\times 10^5$ MHz.

体的认识.

例题(2011 福建) 反射式速调管是常用的微波器械之一,它利用电子团在电场中的振荡来产生微波,其振荡原理与下述过程类似.如图 4.27 所示,在虚线 MN 两侧分别存在着方向相反的两个匀强电场,一带电微粒从 A 点由静止开始,在电场力作用下沿直线在 A、B 两点间往返运动.已知电场强度的大小分别是 $E_1 = 2.0 \times 10^3$ N/C 和 $E_2 = 4.0 \times 10^3$ N/C,方向如图所示,带电微粒的质量 $m = 1.0 \times 10^{-20}$ kg,带电量 $q = -1.0 \times 10^{-9}$ C,A 点距虚线 MN 的距离 $d_1 = 1.0$ cm,不计带电微粒的重力,忽略相对论效应.求:

(1) B 点到虚线 MN 的距离 d_2;

(2) 带电微粒从 A 点运动到 B 点所经历的时间 t.

答案:(1) 0.5 cm;(2) 1.5×10^{-8} s.

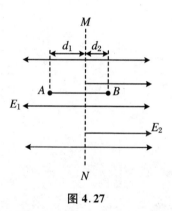

图 4.27

提示:(1) 由 $qE_1 d_1 = qE_2 d_2$ 得 $d_2 = \dfrac{E_1}{E_2} d_1$;(2) 把微粒在 d_2 段作逆向变换,则微粒在 d_1、d_2 区域内均做初速为零的匀加速运动,有

$$d_1 = \frac{1}{2} a_1 t_1^2 = \frac{qE_1}{2m} t_1^2, \quad d_2 = \frac{1}{2} a_2 t_2^2 = \frac{qE_2}{2m} t_2^2$$

在 d_1 的表达式中解出 t_1,两式相比可得 t_2,得 $t = t_1 + t_2$.

中学物理教学中,除了上面列举的这四种类比外,还有根据两个研究对象某方面的等效性进行类比推理(称等效类比),或根据两个研究对象存在的对称关系进行类比推理(称对称类比)以及根据两个研究对象多方面的属性综合着进行类比(称综合类比)等方法.

类比推理是一种很灵活的思维方法,它可以根据不同的侧面、不

同的要求采用不同的分类方法,例如,可以按对象分类、按内容分类、按思维方向分类、按结论的可靠程度分类等等.对于绝大多数的中学生来说,完全不必计较于分类的名称,讲究不同的分类方法,只需侧重于对"类比"这种思维方法的基本认识和学习中的应用.

5　类比对学习和运用物理知识的指导作用

　　类比方法曾激起科学家几多思维灵感,迸发多少科学想象.在中学物理教学中,类比方法同样能使中学生产生丰富的联想.苏联教育家瓦赫捷罗夫曾高度评价类比推理在教学中的重大作用——"类比像闪电一样,可以照亮学生所学学科的黑暗角落".

　　类比对学习和运用物理知识的指导作用,主要表现在它的发现(知识的)功能、迁移(知识的)功能、鉴别(知识的)功能和模拟(实验的)功能等方面.

5.1　类比的发现功能

　　在科学研究中,类比是萌发科学猜想和假设的一个重要方法.科学家常借助类比提出新的观点,建立新的理论.在中学物理学习中,所谓类比的发现功能,主要是指通过类比去引导我们"发现"(或去"寻找")新旧知识间的联系,从而更好地理解和掌握新知识,获取新知识.现列举数例如下.

圆周运动与直线运动

　　不少同学在学习中,对匀速圆周运动的向心力缺乏正确的认识,常常会将它特殊化,甚至认为是额外的一个力.因此,在对圆周运动的物体进行受力分析或涉及向心力与向心加速度之间关系时,往往显得模

糊不清.为了更好地认识物体的圆周运动,可以把匀速圆周运动在某一瞬间的运动与质点的匀加速直线运动做一类比,如表5.1所示.

表 5.1

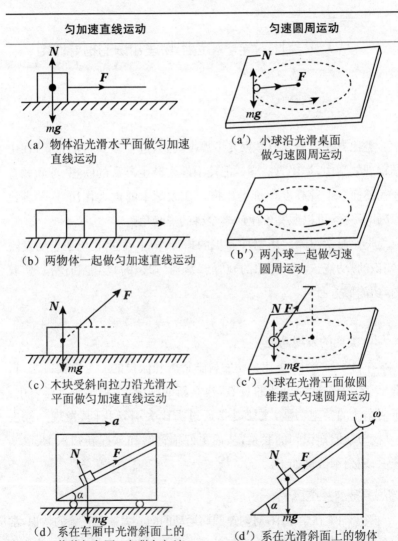

匀加速直线运动	匀速圆周运动
(a)物体沿光滑水平面做匀加速直线运动	(a')小球沿光滑桌面做匀速圆周运动
(b)两物体一起做匀加速直线运动	(b')两小球一起做匀速圆周运动
(c)木块受斜向拉力沿光滑水平面做匀加速直线运动	(c')小球在光滑平面做圆锥摆式匀速圆周运动
(d)系在车厢中光滑斜面上的物体与车厢一起做匀加速直线运动	(d')系在光滑斜面上的物体与斜面一起绕轴做匀速圆周运动

(续表)

匀加速直线运动	匀速圆周运动

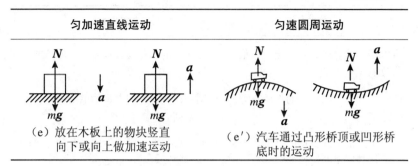

（e）放在木板上的物块竖直向下或向上做加速运动	（e'）汽车通过凸形桥顶或凹形桥底时的运动

通过表 5.1 中的类比,可以看到,匀速圆周运动中的向心力实际上就是作用在物体上沿半径方向指向中心的合力.它可以由重力、弹力、摩擦力等单独提供,也可以由它们的合力（或分力）提供,并非是一个特殊的、额外的力.在匀速圆周运动过程中的每一瞬间,都可以与一个平动相对应,同样遵循着牛顿第二定律.

静电场与重力场

在学习静电场的过程中,如果经常把它与重力场做些类比,将会非常有助于认识静电场的性质（见表 5.2）.

表 5.2

重力场	静电场
地球周围空间存在着重力场	电荷周围空间存在着电场
在重力场中的物体会受到重力作用	在电场中的物体会受到电场力作用
同一位置上不同质量的物体重力不同	同一位置上不同电荷的电场力不同
同一物体在不同位置上受到的重力不同	同一电荷在不同位置上受到的电场力不同
同一位置上不同质量的物体受到的重力与其质量之比值恒定	同一位置上不同电量的电荷受到的电场力与其电量之比值恒定
$\dfrac{G_1}{m_1}=\dfrac{G_2}{m_2}=\cdots=\dfrac{G_n}{m_n}=g$	$\dfrac{F_1}{q_1}=\dfrac{F_2}{q_2}=\cdots=\dfrac{F_n}{q_n}=E$

(续表)

重力场	静电场
重力场中的物体具有势能——重力势能	电场中的电荷具有势能——电势能
同一位置上不同质量的物体重力势能不同	同一位置上不同电量的电荷电势能不同
同一位置上不同质量的物体重力势能与其质量的比值恒定 $$\frac{E_{p1}}{m_1} = \frac{E_{p2}}{m_2} = \cdots = \frac{E_{pn}}{m_n} = gh$$	同一位置上不同电量的电荷的电势能与其电量的比值恒定 $$\frac{\varepsilon_1}{q_1} = \frac{\varepsilon_2}{q_2} = \cdots = \frac{\varepsilon_n}{q_n} = \varphi$$
在重力场中移动物体时重力做功只与物体的质量及始、末位置有关	在电场中移动电荷时电场力做功只与电荷的电量及始、末位置有关
在重力场中移动物体时重力做的功,等于始、末两位置重力势能之差,即 $$W_{AB} = E_{pA} - E_{pB}$$	在电场中移动电荷时电场力做的功,等于始、末两位置电势能之差,即 $$W_{AB} = \varepsilon_A - \varepsilon_B$$

通过这样的类比,我们就可以用比较熟悉的重力场的知识,认识电场中十分抽象的两个概念——电场强度和电势,更好地理解它们是用来表征电场的客观特性的物理量以及电场力做功与路径无关的特性.

反过来,也可以借助电场与重力场的相似性,在重力场中引进类似于电场中的某些概念的概念.例如,我们可以把上述重力场与静电场对照表中有关能的特性扩展一下:

在电场中,根据移动电荷时电场力所做的功与路径无关的特性,可以引入电势的概念.并且,把电场中某点的电势 φ 定义为电荷在该点所具有的电势能与其电荷量的比值,即

$$\varphi = \frac{\varepsilon}{q}$$

5 类比对学习和运用物理知识的指导作用

显然,静电场中某点的电势完全由电场本身所决定,表征着电场本身的特性,与该点所放置的电荷无关.

在重力场中,由于移动物体时重力所做的功也与路径无关,因此也可以引入"重力势"的概念.并且,同样可以把重力场中某点的"重力势"定义为物体在该点所具有的重力势能与其质量的比值,即

$$\varphi_G = \frac{E_p}{m} *$$

同理,重力场中某点的"重力势"也完全由重力场本身所决定,表征着重力场本身的特性,与该点所放置的物体无关.

通过这样的类比,可以帮助我们深化对重力场和静电场的认识.

电流与水流

在学习恒定电路时,电动势的概念比较难以理解.一些同学常常把电动势的简单测量——外电路断开时电源两极间的电压作为电动势的定义.实际上,电动势反映了电源把其他形式的能转化为电能的一种特性,因此必须从能的转换意义上去理解.如果在学习中把电流与水流相类比,根据水泵的作用就可以比较透彻地理解电动势的概念了.这个类比可表示如表 5.3 所示.

表 5.3

类比对象	水流	电流
系统结构	水泵, 水轮机, 阀门, 水管	电源, 电动机(用电器), 电键, 导线
形成原因	存在水位差(水压)	存在电位差(电压)

---

* 这里通过类比作出的定义包含在 2016 年北京高考物理试题(第 23 题)中,请读者自行参考比较.

(续表)

类比对象	水流	电流
流动方向	水从高水位流向低水位	正电荷从高电位处流向低电位处
强度	单位时间内通过水管任何一个截面的水量称为流量.稳定流动时,流量处处相等	单位时间内通过导线任何一个截面的电量称为电流强度.稳定流动时,电流强度处处相等
能源作用	依靠水泵对水做功,使水从低水位送到高水位	依靠电源对电荷做功,使正电荷从低电位处送到高电位处
负载作用	通过水轮机对外做功,水压降低	通过电动机(或其他用电器)对外做功,电压降低
图示	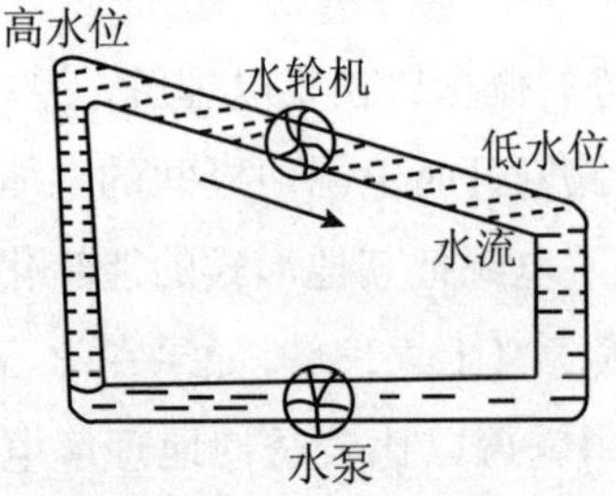	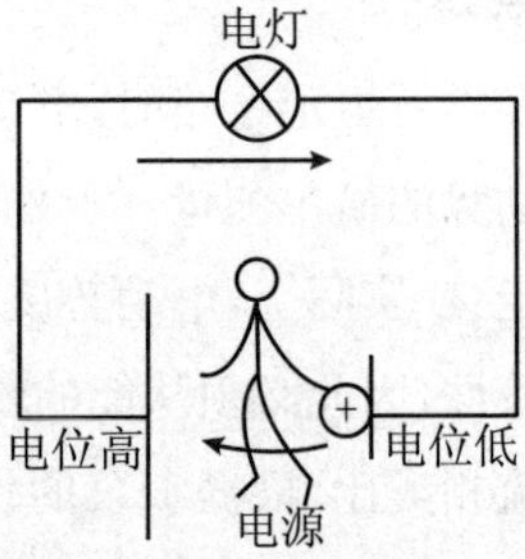

从这个类比中可以看到,所谓"电源"并不是产生电的源泉,它只是像一个忙碌的"运输工",不断地将低电位(低电势)处的正电荷送到高电位(高电势)处,从而保持电路中有稳定的电流.在搬运电荷的过程中,消耗其他形式的能量(如机械能、化学能等)转变为电能.因此,电源的实质就是一种能量转换装置.

不同电源搬运同样电量(如1 C)的电荷做的功不同,即消耗其他形式的能转变成电能的多少不同.为了表征电源的这个特性,于是就引入电动势的概念.因此,电动势定义为:依靠其他形式的力(非静电力)把正电荷从低电位(低电势)处移到高电位(高电势)处所做的功跟搬运电荷的电量之比值,即

$$E = \frac{W_{非静电力}}{q}$$

数值上就等于搬运 1 C 电量时,非静电力做功的多少.

运用类比方法,有时还可以"发现"(或得到)一些新的知识.下面两例,就是某些同学在学习过程中的"新发现".

电子绕核运动的"开普勒第三定律"

把原子核外电子的绕核运动与卫星绕地球的运动相类比,可以得到一个有趣的结果(见表 5.4).

表 5.4

卫星绕地球运动	电子绕原子核运动
地球(M)—卫星(m)系统	原子核(Q)—电子(e)系统
卫星轨道半径(r)	电子绕核运动轨道半径(r)
卫星受地球的引力作为向心力 $$F = G\frac{Mm}{r^2}$$	电子受核的引力作为向心力 $$F = k\frac{Qq}{r^2}$$
卫星运动的动能 $$E_k = \frac{1}{2}mv^2 = \frac{GMm}{2r}$$	电子运动的动能 $$E_k = \frac{1}{2}mv^2 = \frac{kQq}{2r}$$
卫星离开地球越远时,势能越大	电子离开原子核越远时,电势能越大
卫星运动周期的平方与半径立方的比值恒定 $$\frac{T^2}{r^3} = \frac{4\pi^2}{GM} \quad 或 \quad T^2 \propto r^3$$	电子运动周期的平方与半径立方的比值恒定 $$\frac{T^2}{r^3} = \frac{4\pi^2 m}{kQe} \quad 或 \quad T^2 \propto r^3$$
符合开普勒第三定律	因此可以得到电子绕核运动的开普勒第三定律

刚体的转动与质点的运动

根据描述质点运动的物理量位移、速度、加速度和匀变速运动的规律,运用类比推理方法,可以对绕固定转动轴的刚体的转动引入对应的物理量角位移、角速度、角加速度,并从类比关系上"发现"相应

的运动学规律和动力学规律. 如表 5.5 所示.

表 5.5

项目	质点的平动	刚体的转动
运动学概念	位移 x	角位移 θ
	速度 $v=\dfrac{\Delta x}{\Delta t}$	角速度 $\omega=\dfrac{\Delta \theta}{\Delta t}$
	加速度 $a=\dfrac{\Delta v}{\Delta t}$	角加速度 $\beta=\dfrac{\Delta \omega}{\Delta t}$
运动学规律	速度公式 $v=v_0+at$	角速度公式 $\omega=\omega_0+\beta t$
	位移公式 $x=v_0 t+\dfrac{1}{2}at^2$	角位移公式 $\theta=\theta_0 t+\dfrac{1}{2}\beta t^2$
动力学概念	质量(m)——惯性大小的量度	转动惯量(I)——刚体转动惯性大小的量度
动力学规律	$a=\dfrac{F(力)}{m(质量)}$	$\beta=\dfrac{M(力矩)}{I(转动惯量)}$

上述的这种发现,虽然说不上"壮观",对于学过大学物理的读者,仅是建立一种平动与转动的对照关系. 不过,如果一个中学生能够从这样的类比中引发出这种猜想,就十分难能可贵了. 也许,正是今天做出并不起眼发现的这些年轻人,明天会有震惊世界的重大突破.

5.2 类比的迁移功能

类比的迁移功能主要表现在类比能活化人们头脑中贮存的知识信息,从一些表面上不相关联的对象之间找出共性的方面,建立知识的横向联系. 所谓"触类旁通"就是这个意思. 这种迁移,同样借助于类比所特有的"以熟比生"的手法,因此,从这个意义上说,它与类比的发现功能并无明显的区别.

在中学物理学习中,运用类比的迁移功能建立知识的横向联系,可以有许多具体实例.

5.2.1 粒子流

(1) 一个很有用的模型——直圆柱模型

研究空气流的运动时,常常把它看成是由一群完全相同的弹性小球组成的粒子流,在一定状态下它们都以某一平均速度运动,除碰撞外相互间没有作用.因此,某段时间内通过某一横截面的空气量与小球运动的平均速度间有确定的关系.

设每个空气分子质量为 m,平均速度为 $\bar{v}$,垂直气流速度方向的截面积为 S,气流分子密度为 $n(\mathrm{m}^{-3})$,则在时间 t 内能通过截面 S 的气流质量,应等于包含在以 S 为底、长 $l = \bar{v}t$ 这样一个直圆柱内的空气总质量

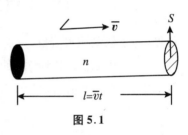

图 5.1

(见图 5.1).这就是常用的直圆柱模型,包含在圆柱内的空气质量为

$$M = nmlS = nm\bar{v}tS$$

单位时间内通过该截面的空气量(流量)为

$$Q = \frac{M}{t} = nm\bar{v}S = \rho\bar{v}S$$

式中 $\rho = nm$ 为空气密度($\mathrm{kg/m^3}$).

当空气做稳定流动时,由于每单位时间内通过某截面的空气量(流量)一定,由上式可知,气流在各个不同截面处的流速大小与其截面大小成反比,即截面积小的地方流速大,截面积大的地方流速小.前面介绍的风洞中拉瓦尔管在收缩段空气被加速就是这个道理.

(2) 直圆柱模型的类比应用

由于电流、水流、宇宙空间的微陨石流等,都具有粒子流的属性,因此,如果把它们与气流相类比,就可以把对气流的这种研究方法迁移过去,解决相关的具体问题.

例题 5.1 春游时,看见农田旁有一台正在喷水的抽水机,其出水管水平放置.能否只用一把钢卷尺估测出这台抽水机的抽水流量? 已知水的密度为 ρ.

分析与解答 流量就是在单位时间内通过管口截面的水量.建立一个柱模型,在时间 t 内,通过管口截面 S 的水都包含在以 S 为底、长 $l = vt$ 的柱体内,因此抽水流量为

$$Q = \frac{\rho S l}{t} = \rho \frac{\pi R^2 \cdot vt}{t} = \pi \rho v R^2 = \frac{\pi \rho v D^2}{4}$$

可见,为了估测抽水流量,只需要测出管的内直径(D)和水的出口速度(v).由于水流是水平喷出的,因此只需要测水流的水平射程 x 和管口中心离开地面的高度 y,由平抛运动规律得喷出的速度为

$$v = \frac{x}{\sqrt{\frac{2y}{g}}} = x\sqrt{\frac{g}{2y}}$$

所以,抽水流量为

$$Q = \frac{\pi \rho D^2 x}{4}\sqrt{\frac{g}{2y}}$$

例题 5.2(2006 天津) 在显像管的电子枪中,从炽热的金属丝不断放出的电子进入电压为 U 的加速电场,设其初速度为零,经加速后形成截面积为 S、电流为 I 的电子束.已知电子的电量为 e、质量为 m,则在刚射出加速电场时,一小段长为 Δl 的电子束内的电子个数是( ).

A. $\dfrac{I \Delta l}{eS}\sqrt{\dfrac{m}{2eU}}$ B. $\dfrac{I \Delta l}{e}\sqrt{\dfrac{m}{2eU}}$

C. $\dfrac{I}{eS}\sqrt{\dfrac{m}{2eU}}$ D. $\dfrac{IS \Delta l}{e}\sqrt{\dfrac{m}{2eU}}$

分析与解答 设电子加速后的速度为 v,由动能定理

$$eU = \frac{1}{2}mv^2 \quad \Rightarrow \quad v = \sqrt{\frac{2eU}{m}} \qquad ①$$

设该电子束中的电子密度(每单位体积内的电子数)为 n,根据电流的定义可知

$$I = \frac{\Delta q}{\Delta t} = \frac{ne \cdot v\Delta t S}{\Delta t} = nevS \qquad ②$$

在长度为 Δl 的小段中所包含的电子数为

$$N = n\Delta l S \qquad ③$$

联立式①~③,得

$$N = \frac{I\Delta l}{e}\sqrt{\frac{m}{2eU}}$$

故,B 正确.

说明 这里的式②就是电流的微观表达式,它指出了导体(S 一定)中的电流与带电粒子的密度、电荷和平均速度的关系.

例题 5.3 来自质子源的质子(初速度为 0),经一加速电压为 800 kV 的直线加速器加速,形成电流为 1 mA 的细柱形质子流,已知质子电荷 $e = 1.60 \times 10^{-19}$ C.这束质子流每秒打到靶上的质子数为 _____.假定分布在质子源到靶之间的加速电场是均匀的,在质子束中与质子源相距 l 和 $4l$ 的两处,各取一段极短长度的质子流,其中的质子数分别为 n_1 和 n_2,则 $\dfrac{n_1}{n_2} =$ _____.

分析与解答 (1) 根据电流强度的定义,1 s 内通过每个截面的电量为

$$Q = It = 1 \times 10^{-3} \times 1 \text{ C} = 1 \times 10^{-3} \text{ C}$$

因此,这束质子流每秒打到靶上的质子数为

$$n = \frac{Q}{e} = \frac{1 \times 10^{-3}}{1.6 \times 10^{-19}} = 6.25 \times 10^{15}$$

(2) 设质子源到靶之间均匀的加速电场强度为 E,则在相距 l 与 $4l$ 两处与质子源之间的电势差分别为

$$U_1 = El, \quad U_2 = 4El$$

令质子通过这两处的速度分别为 v_1、v_2，由电场力的功与电荷动能变化的关系

$$qU = \frac{1}{2}mv^2$$

可见

$$v_2 = 2v_1$$

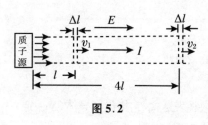

图 5.2

在这两处取极短的相等的一段长度 Δl（微元），设这两处单位体积内的质子数分别为 N_1、N_2（图 5.2），则电流强度

$$I = N_1 e v_1 S = N_2 e v_2 S$$

得

$$\frac{N_1}{N_2} = \frac{v_2}{v_1} = \frac{2}{1}$$

所以，这两处的圆柱体微元中的质子数之比为

$$\frac{n_1}{n_2} = \frac{N_1 S \Delta l}{N_2 S \Delta l} = \frac{N_1}{N_2} = 2$$

说明 本题的精华是第(2)部分，把常见于恒定电流部分的电流微观表达式应用于加速粒子流，构成了包含着动能定理、静电场和恒定电流知识的一个综合题．它的结构非常巧妙，很好地考查了同学们的知识迁移能力，也曾是当年(1998 年)难倒许多同学的考题．本题极具经典意义，至今依然耐人寻味．

例题 5.4 试由安培力导出洛伦兹力的公式．

分析与解答 安培力就是磁场对通电导线的作用力．设一根导线长为 l、截面积为 S，通以电流强度为 I 的恒定电流，放置在磁感应强度为 B 的匀强磁场中．为不失一般起见，假设导线中的电流方向与磁场方向构成夹角 α，如图 5.3 所示．

这根导线受到的安培力为

$$F = IlB\sin\alpha \qquad ①$$

因为磁场对整个通电导线的安培力,可以看成是磁场对这根导线中所有自由电子的作用力(即洛伦兹力)的总和,若这根导线中的自由电子数为 N,则洛伦兹力就等于

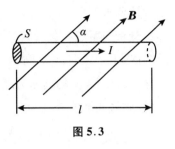

图 5.3

$$f = \frac{F}{N} \qquad ②$$

假设这根导线中的自由电子密度为 n(每单位体积内的自由电子数),自由电子定向移动的平均速度为 v. 把自由电子与气流相类比,则在时间 t 内通过导线截面 S 的电量,就等于包含在以 S 为底、长为 $l = vt$ 的直圆柱内电子的电量,其数值为

$$Q = Svtne$$

式中 e 为电子的电量. 由电流强度的定义得

$$I = \frac{Q}{t} = Svne \qquad ③$$

联立式①~③,得

$$f = \frac{F}{N} = \frac{IlB\sin\alpha}{lSn} = \frac{Svne \cdot lB}{lSn}\sin\alpha = evB\sin\alpha$$

这就是洛伦兹力一般表达式.

图 5.4

例题 5.5(2006 广东) 风力发电是一种环保的电能获取方式. 如图 5.4 所示是风力发电站外观图. 设计每台风力发电机的功率为 40 kW. 实验测得风的动能转化为电能的效率为 20%,空气的密度为 1.29 kg/m³,当地的水平风速为 10 m/s,问风力发电机的叶片长度约为多少才能满

足设计要求?

分析与解答 设叶片的长度为 R，它转动时形成一个半径为 R 的圆面.由于风向是水平的，因此在时间 Δt 内被利用的风，可以认为包含在以半径 R 的圆面为底、长为 $l = v\Delta t$ 的圆柱体内.这些风(空气)的质量和动能分别为

$$m = \rho V = \rho \cdot \pi R^2 \cdot v\Delta t$$

$$E_k = \frac{1}{2}mv^2 = \frac{1}{2}\pi\rho v^3 R^2 \Delta t$$

这些风能转化为有效的电功率为

$$P = \frac{\eta E_k}{\Delta t} = \frac{1}{2}\eta\pi\rho v^3 R^2$$

得叶片长度

$$R = \sqrt{\frac{2P}{\eta\pi\rho v^3}}$$

$$= \sqrt{\frac{2 \times 40 \times 10^3}{0.2 \times 3.14 \times 1.29 \times 10^3}} \text{ m}$$

$$= 9.94 \text{ m} \approx 10 \text{ m}$$

说明 本题把常见的要求计算"水平吹来强风所转化的电功率"，逆向改编为对风力发电机叶片长度的计算，并且要求同学自己构建一个圆柱体模型，既颇具新意，又含有设计的韵味，值得很好体会.

例题 5.6 水力采煤是用高压水枪喷出的强力水流冲击煤层进行作业的，如图 5.5 所示.设水柱直径 $D = 30$ mm，水速 $v = 56$ m/s，水流垂直射在煤层表面后的速度降为 0，试求水流对煤层的平均冲力.

分析与解答 水流是由水质点组成的连续体.把它与气流做类比，则时间 t 内射出的水量(就是喷向煤层的水量)等于包含在以 D 为直径、长 $l = vt$ 的直圆柱内的水量，即

$$m = \rho v t S = \frac{\pi}{4}D^2 \rho v t$$

这些水射到煤层上受阻后速度降为 0,发生的动量变化为

$$\Delta p = m\Delta v = \frac{\pi}{4}D^2\rho v^2 t$$

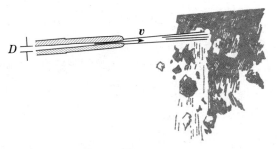

图 5.5

根据动量定理,得水流对煤层的平均冲击力(数值上等于煤层对水的作用力)为

$$F = \frac{\Delta p}{t}$$

$$= \frac{\pi}{4}D^2\rho v^2 = \frac{\pi}{4}\times(30\times10^{-3})^2\times1\times10^3\times56^2 \text{ N}$$

$$= 2.216\times10^3 \text{ N}$$

例题 5.7 一艘宇宙飞船的平均横截面积为 $S = 5 \text{ m}^2$,以大小为 $v = 10 \text{ km/s}$ 的速度进入密度为 $\rho = 2\times10^{-9} \text{ kg/m}^3$ 的微陨石区域. 假设陨石微粒与飞船发生完全非弹性的正碰,飞船为了保持原来的速度大小,需要增加的牵引力为多少?

分析与解答 如果以飞船为研究对象,由于其质量未知,无法根据动量定理列出方程,也就无法确定需要增加的牵引力,因此可采用逆向转换——以陨石微粒为研究对象. 运动的飞船进入静止的陨石微粒区域,相当于陨石微粒以大小为 v 的速度与静止的飞船相撞. 在时间 Δt 内与飞船相碰的陨石微粒质量为

$$\Delta m = \rho\Delta V = \rho S v\Delta t$$

陨石微粒与飞船碰后黏在飞船上,速度变为零.设在这个相互作用过程中,飞船对这些陨石微粒作用力大小为 F,对陨石微粒运用动量定理

$$F\Delta t = 0 - (-\Delta mv) = \Delta mv = \rho Sv^2 \Delta t$$

得

$$F = \rho Sv^2 = 2 \times 10^{-9} \times 5 \times (10 \times 10^3)^2 \text{ N} = 1 \text{ N}$$

根据牛顿第三定律,陨石微粒对飞船形成的阻力大小为 1 N,所以飞船为保持原来的速度需要增加的牵引力大小为 1 N.

例题 5.8(2013 北京) 对于同一个物理问题,常常可以从宏观与微观两个不同角度进行研究,找出其内在联系,从而更加深刻地理解其物理本质.

正方体密闭容器中有大量运动粒子,每个粒子质量为 m,单位体积内的粒子数量 n 为恒量.为简化问题,我们假定:粒子大小可以忽略,其速率均为 v,且与器壁各面碰撞的机会均等;与器壁碰撞前后瞬间,粒子速度方向都与器壁垂直,且速率不变.利用所学力学知识,导出器壁单位面积所受粒子压力 f 与 m、n 和 v 的关系.

分析与解答 一个粒子每与器壁碰撞一次给器壁的冲量

$$\Delta I = 2mv$$

面积为 S、高为 $v\Delta t$ 的柱体内的粒子总数(见图 5.6)

$$N = nSv\Delta t$$

由于粒子对上下、左右、前后各个方向碰撞的概率相等,所以与面积 S 的器壁碰撞的粒子数占总数的 $\frac{1}{6}$,即

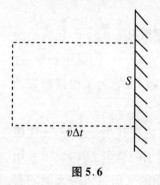

图 5.6

$$N' = \frac{1}{6}nSv\Delta t$$

Δt 时间内粒子对面积为 S 的器壁的总冲量为

$$I = N'\Delta I = \frac{1}{3}nmSv^2\Delta t$$

面积为 S 的器壁上所受的压力

$$F = \frac{I}{\Delta t} = \frac{1}{3}nmSv^2$$

单位面积的器壁所受的压力

$$f = \frac{F}{S} = \frac{1}{3}nmv^2$$

说明 本题取用了该高考题的一部分. 题中假设粒子的速率均为 v, 与器壁各面的碰撞机会均等, 是一种平均的概念. 最后算出单位面积上的压力, 显然也是只具有平均的意义. 如果把这里的运动粒子看成理想气体分子, 最后得到的表达式, 就是理想气体的压强公式.

5.2.2 动态平衡

(1) 动态平衡概念

动态平衡是研究饱和气时引入的一个概念. 如图 5.7 所示, 在密闭容器中盛有一些液体, 由于分子的无规则运动, 处于液面上某些动能较大的液体分子有可能克服液内分子的束缚飞出液面成为蒸气分子, 容器内的液体会逐渐减少, 液面上方蒸气的量会逐渐增加.

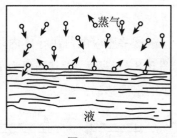

图 5.7

随着飞出液面的分子数的增多, 液面上方蒸气的密度逐渐增加, 相互间发生碰撞的机会增多, 返回液内的分子数也逐渐增加. 最后就可能达到这样的状态: 一定温度下, 单位时间内从单位液面飞出的液体分子数, 恰好等于同样时间内落回液体的蒸气分子数.于是,液体的量不再减少,蒸气的量也不会再增加.这种状态称为动态平衡状态.这里动态的含义表示:从微观上说,液面的蒸发和蒸气分子的返回始终不停地在进行着,而在宏观上,一定温度下蒸气的密度(或压强)已不再发生变化了,即达到了暂时的平衡.此时,与液体处于动态平衡的蒸气就称为饱和气.

从研究饱和气引入的这个概念,可以迁移到其他许多场合中去,如静电平衡状态、半导体的 PN 结的形成、霍尔效应等.

(2) 动态平衡的类比应用

静电平衡

在学习静电感应时知道,把一块不带电的导体板放入电场中,最后会达到静电平衡状态——导体板内部的场强等于零.为了深刻认识这个瞬间完成的微观过程,可以把它进行如下分解:

设在电场强度为 E 的匀强电场中,放入一块不带电的导体板,如图 5.8(a)所示.导体中的自由电子在电场力的作用下会逆着场强方向发生定向移动,从而使导体板的两侧分别带上等量异号的感应电荷——在板的 AA' 侧多余电子故呈现负电,在板的 BB' 侧缺少电子故呈现正电.

这些感应电荷在导体内建立一个与外电场方向相反的电场,如图 5.8(b)所示.设其场强为 E',这个感应电荷的电场将阻碍自由电子的定向移动.

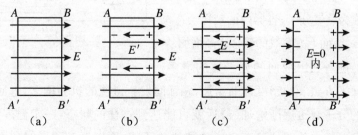

图 5.8 静电平衡过程的建立

5 类比对学习和运用物理知识的指导作用

开始时,由于导体板两侧积累的感应电荷较少,感应电荷的电场较弱,自由电子在外电场的作用下,继续进行定向迁移.

随着导体板两侧感应电荷的增多,感应电荷的电场也越来越强,对自由电子移动的阻碍作用也越来越大,如图 5.8(c)所示.

最后,必然会达到这样的状态:感应电荷的电场强度 E' 增强到与外电场强度 E 恰好大小相等,整个导体内部的合场强等于零,如图 5.8(d)所示.即

$$E_内 = E - E' = 0$$

这个状态,我们就称为达到静电平衡状态.

显然,在静电平衡状态时,从微观上说,外电场驱使自由电子的定向移动并没有停止;但在宏观上,导体板两侧的感应电荷的电量已不再发生变化.也就是说,如果有一个自由电子在外电场的驱使下,从板的 BB' 侧迁移到 AA',必然同时会有一个自由电子在感应电场的作用下,从板的 AA' 侧被拉回到 BB' 侧.所以,在静电场中处于静电平衡的导体,实际上也是一种动态平衡状态.

一些同学,由于对这个静电平衡过程的建立模糊不清,只是孤立地"记忆"静电平衡时导体内部的场强等于零的结果,常常就会在处理具体问题时产生错误了.

PN 结

把一块 P 型半导体和一块 N 型半导体做在一起,在它们的交界面上会出现一个带电薄层,称为 PN 结.它的形成也是一个动态平衡的结果.

我们知道,P 型半导体是依靠空穴导电的(空穴是多数载流子),但也有少量电子(电子是少数载流子);N 型半导体是依靠电子导电的(电子是多数载流子),也有少量空穴(空穴是少数载流子).把它们做在一起时,空穴和电子都会自发地从浓度大的地方向浓度小的地方扩散——P 区的空穴向 N 区扩散,N 区的电子向 P 区扩散.结果使

交界面 N 区一侧呈现正电, P 区一侧呈现负电, 形成一个从 N 区指向 P 区的内电场, 如图 5.9 (a) 所示. 它对两侧多数载流子的扩散运动起阻碍作用.

开始时, 由于交界面两侧呈现的电荷比较少, 内电场较弱, 对扩散的阻碍作用也较弱, 因此 P 区的空穴和 N 区的电子继续越过分界面向对方扩散. 随着交界面两侧的电荷越积越多, 带电层越来越厚, 内电场也越来越强, 对扩散的阻碍作用也越来越强. 最后, 必然达到这样的状态: P 区和 N 区中多数载流子向对方的扩散作用与内电场的阻碍作用相等. 于是, 交界面两侧的电荷层 (称为阻挡层) 不再增厚, 内电场保持一定的强度, 如图 5.9 (b) 所示.

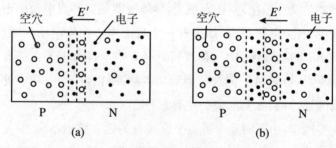

图 5.9 PN 结

PN 结所产生的电场称为 PN 结电场. 显然, 这时从宏观上说, 阻挡层的厚度已不再发生变化, 仿佛扩散作用已停止了一样. 实际上, 只是扩散作用与 PN 结电场的阻碍作用暂时地相互平衡而已——即每从 P 区有一个空穴或 N 区有一个电子向对方扩散, 必然同时有一个空穴或电子被送回原来的 P 区或 N 区, 这里的微观运动始终不停地进行着. 因此, PN 结的形成同样具有动态平衡的意义.

霍尔效应

在一个导体薄片中通以纵向电流, 同时加上垂直于导体的横向磁场, 那么, 在导体薄片的两侧 (见图 5.10 中 aa' 侧与 bb' 侧) 会产生电动势的现象,称为霍尔效应.这是美国物理学家霍尔(Hall)于1879年首先发现的现象*.

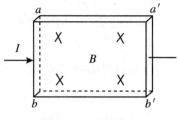

图 5.10 霍尔效应

假设导体中的电流是由正电荷形成的.当正电荷从左向右通过垂直纸面的匀强磁场时,由于受到洛伦兹力作用会向上偏移,从而使 aa' 侧呈现正电,bb' 侧呈现负电,同时建立一个静电场,如图 5.11(a)所示.这个静电场将阻碍正电荷的向上偏移.开始时,由于洛伦兹力的作用大于这个静电场的阻碍作用,电荷继续迁移,静电场不断增强.最后一定能够达到这样的状态:洛伦兹力对电荷的迁移作用恰好跟导体内形成的静电场的阻碍作用相平衡.于是,在导体的上、下两侧形成稳定的电势差,称为霍尔电势.显然,霍尔电势的建立也是一个动态平衡过程.

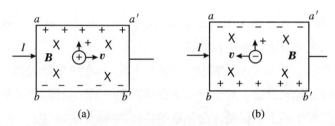

图 5.11 霍尔电势的极性

如果该导体中的电流是由带负电的粒子运动形成的,上、下两侧之间同样会产生电势差,只是其极性恰好相反,如图 5.11(b)所示.

5.3 类比的模拟功能

物理模拟的最大特点,就是形象直观,能够帮助理解.例如,在学

---

* 有关霍尔电势的计算,请参阅本书第 6.2 节中的介绍.

习力的合成与分解时,对常见的如图 5.12 所示的三角形支架中 AB、AC 两者的受力方向往往模糊不清,如果借助于铅笔和手指模拟一下,从手掌和手指的感受,立即可以知道 AB、AC 对 A 点的施力方向,也就可以确定 AB、AC 的受力方向了.

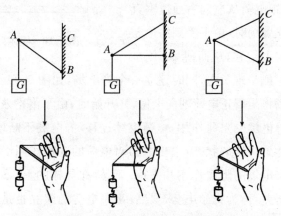

图 5.12　三角支架的模拟实验

又如,在研究光的偏振现象时,由于生活中对它缺乏直观的认识,教学中常常用绳波进行模拟.

如图 5.13(a)所示,将绳的一端上下振动,在绳中形成凹凸状向前传播的绳波(横波).对于跟上下振动方向一致的狭缝,它能够自如地通过;对于跟上下振动方向垂直的狭缝,它就无法通过了.

如图 5.13(b)所示,如果使一根弹簧不断伸缩,形成疏密相间向前传播的波(纵波),那么无论狭缝竖直放置或水平放置,它都能够顺利地越过,使弹簧中形成的波向前传播.

这个模拟实验很直观地显示了横波与纵波的差别,从而可以非常形象地认识到只有横波才会产生偏振现象.

类似这样的模拟实验在中学物理的学习中非常普遍.例如,我们用浮沉子模拟潜水艇;用凸透镜成像实验模拟照相机和人眼;利用改变水透镜的突出程度模拟人眼的变焦功能;用感应圈的放电模拟闪

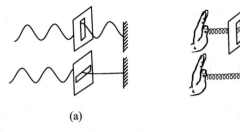

图 5.13

电现象;用吊在橡皮绳下的小物块的下落模拟蹦极运动;用小球沿环形轨道的运动模拟游乐场里的过山车运动等.可以这么说,中学物理中的许多实验都是对实际物理现象和物理过程的一种模拟.

类比的模拟功能,指的就是运用类比方法为物理模拟实验提供理论依据,为开拓新的模拟应用领域提供思维路线等方面的功能.它不仅能将一些难以表现的现象显现出来,在更高的层面上,还可以启发我们敲开新的理论研究或应用领域的大门.

5.3.1 模拟静电场

学习静电场的时候,我们都做过用恒定电流场模拟静电场的实验.

如图 5.14(a)所示,在平板上先铺上白纸,再依次铺上复写纸、导电纸,然后放置两个电极 A、B.实验中,先画出两个电极的连线,并在连线上等距离地选取一些点作为"基准点"(见图 5.14(b)).然后合上电键,形成恒定电流场,并将一个探针接触某个基准点,缓缓移动另一个探针,找出与该基准点等电势的许多点,连成光滑的曲线即为等势线.

画出等势线后,再根据电场线始终垂直于等势线的道理画出电场线.这样,我们就可以根据电场线的疏密、各处的切线方向,大体了解电场的分布情况了.如图 5.15 和图 5.16 所示分别为一对异号电荷和一对同号电荷的电场分布情况.

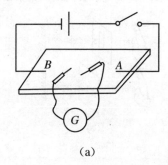

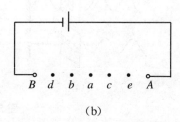

图 5.14

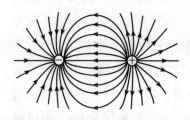

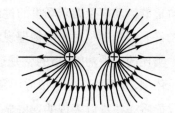

图 5.15　一对异号电荷的电场线　　图 5.16　一对同号电荷的电场线

那么,为什么要用电流场模拟静电场呢? 为什么可以用恒定电流场模拟静电场呢?

这是因为用实验方法直接显示静电场的电场线比较困难,而恒定电流在空间形成的电流场也是不随时间变化的稳定电场,因此实验中常常用恒定电流场模拟静电场.

这个实验非常明确地告诉我们:模拟的目的是为了避开难以显示的困难,选择模拟对象的要求必须满足同样的物理规律.

5.3.2　砂摆与扫描

大家知道,为了能够用示波器显示交流电的波形,需要加一个扫描电压.一些同学初学时往往感到迷惑不解.如果用砂摆实验做模拟类比,顿时会豁然开朗.

如图 5.17 所示为砂摆实验装置.设以图中砂摆静止时(即处于平衡位置时)在板上的落点为坐标原点,向左运动方向为 y 轴正方

5 类比对学习和运用物理知识的指导作用

向.砂桶摆动时,由它下方漏出的砂指示砂摆在该时刻相对平衡位置的位移.若不抽动木版,从砂桶漏出的砂将洒落在 y 轴上不同的地方,形成一条直线.匀速抽动木版,就把原来始终落在 y 轴上的砂粒沿 OO_1 轴(x 轴)"展开".因此,板的运动相当于一个均匀流逝的时间,这样就能把砂摆随时间变化的位移反映出来,得到一条正弦(或余弦)曲线.

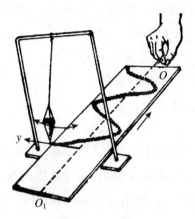

图 5.17 砂摆实验

如图 5.18 所示为示波器的电偏转原理图.设偏转板长为 l、间距为 d,电子的质量为 m、电量为 e.当入射电子以初速度 v_0 沿着平行于板面的方向从偏转板中央射入后,在偏转电压 u_y 作用下发生偏

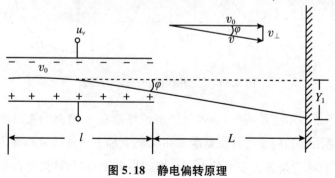

图 5.18 静电偏转原理

转.电子束离开偏转板后在真空中做匀速直线运动,好像是从两板中央直接射出来一样.因此在荧光屏上的偏距为

$$Y = \left(L + \frac{l}{2}\right)\tan\varphi = \left(L + \frac{l}{2}\right)\frac{el}{dmv_0^2}u_y = k_1 u_y$$

表示电子束在 y 轴上的偏距与偏转电压 u_y 成正比.而且两者之间是一一对应的瞬时关系.

实际示波器中有两对互相垂直的偏转板,同理可知,在 x 轴上的偏距与偏转电压 u_x 成正比,即

$$X = k_2 u_x$$

它们两者之间也是一一对应的瞬时关系.

如果只在 y 轴上加上正弦电压

$$u_y = U_0 \sin\omega t$$

则对应于每一时刻不同的电压,电子束有不同的偏转,即在 y 轴上不同的地方形成一一对应的许多亮点.由于人眼的视觉暂留和荧光屏的余辉效应,看到的将是一条沿着 y 轴的亮线(见图5.19).

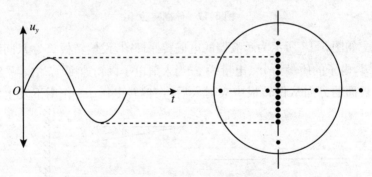

图 5.19　无扫描电压时显示的亮线

为了显示正弦波形,必须设法把始终落在 y 轴上的光点随时间的流逝沿 x 轴展开.为此,就需要在 x 轴上加上一种随时间均匀变化的电压(通常是锯齿波形的电压),即扫描电压.它与砂摆可以形成一种类比关系,如表5.6所示.

表 5.6

砂摆中匀速运动的木板	示波器中 x 轴上的扫描电压
木板的匀速运动能使落在 y 轴上的砂粒沿 x 轴展开	扫描电压随时间均匀变化能使落在 y 轴上的电子沿 x 轴展开
木板的匀速运动相当于均匀流逝的时间	扫描电压的均匀变化相当于均匀流逝的时间

由此可知,如果在 y 轴加上正弦交流电后,只有同时在 x 轴上加锯齿波电压才能显示出正弦波形(见图 5.20).

5.3.3 伽尔顿板的模拟显示

我们知道,一定状态下,气体中的分子实际上都是在以各种不同的速率沿各个不同方向运动着.由于分子相互间的频繁碰撞,每一个分子的速度(大小与方向)时刻都在不断变化.但是,从整体上说,在确定的状态下,气体分子的速率都遵循着一定的统计规律.

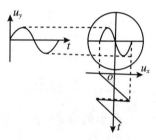

图 5.20 扫描电压的作用

1859 年,麦克斯韦应用统计概念,首先找到了一个描述气体分子速率的分布规律,称为麦克斯韦速率分布规律.根据速率分布律,可以算出某种气体在一定温度下,不同速率区间内分子数占总分子数的比例.例如,在 0 ℃时氧气分子中分布在各个速率区间的分子数占总分子数的比例如表 5.7 所示.

表 5.7

按速率大小分的区间(m/s)	分子数的百分率 $\left(\dfrac{\Delta N}{N}\right)$ %
100 以下	1.4
100~200	8.1
200~300	16.5
300~400	21.4
400~500	20.6
500~600	15.1
600~700	9.2
700~800	4.8
800~900	2.0
900 以上	0.9

画出的曲线如图 5.21 所示.

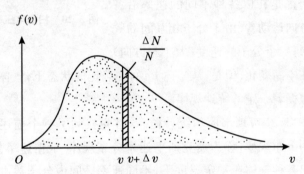

图 5.21 麦克斯韦气体分子速率分布曲线

函数式

$$f(v) = \frac{1}{N} \cdot \frac{\Delta N}{\Delta v}$$

表示在速率区间 Δv 内的分子数 ΔN 与总分子数 N 之比,这个函数关系称为麦克斯韦速率分布函数. 从图 5.21 的曲线可以看出,在某个确定的温度下,大多数分子的速率在某个确定值附近,速率很小和速率很大的分子所占的比例很小.也就是说,分子的速率呈现"两头少、中间多"的分布规律.这种分布规律,人们常常把它称为正态分布.

为了直观地显示分子速率的这种分布规律,可以用伽尔顿板做模拟表现.如图 5.22 所示,在一块钉有许多钉子的木板下方,用隔板构成许多狭槽,然后从上面的入口处投入许多相同的小钢珠.这些小钢珠下落过程中由于与钉子及相互间的不断碰撞,经过的路径完全是毫

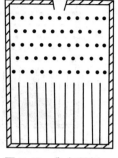

图 5.22 伽尔顿板

无规律的,哪一个钢珠落入哪一条狭槽也完全是偶然的.因此,可以用小钢珠的运动跟气体分子的无规则运动建立类比关系(见表 5.8).

表 5.8

小钢珠	气体分子
钢珠与钉子、钢珠与钢珠间的相互碰撞	分子与器壁、分子与分子间的相互碰撞
钢珠下落的运动、经过的路径是无规则的	分子的运动、经过的路径是无规则的
某个钢珠最终落入哪条狭槽是偶然的	某个分子以多大的速率运动是偶然的
所有钢珠落入各个狭槽内多少的分布有一定规律	所有气体分子的速率大小有一定的分布规律

如果我们用足够多的小钢珠重复多次实验,就可以发现,落入狭槽的小钢珠数也会呈现一定的分布规律——把堆积在各个狭槽内小钢珠的顶端用光滑的曲线连接起来,同样呈现"两头少、中间多"的正态分布特征(见图 5.23).

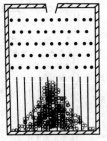

图 5.23 伽尔顿板实验结果

这个模拟实验告诉我们,当粒子做无规则运动时,虽然单个粒子的运动是无法确定的,但大量粒子的整体会呈现某种统计规律.

5.3.4 虹霓的形成与模拟

前面介绍的几个模拟实验——模拟静电场、砂摆、伽尔顿板等,都是在认识清楚了所模拟的事物的机理后,为了更直观、形象地展示而设计的模拟方法.这是中学物理中最常见、最基本的模拟类比.此外,还有一些类比模拟,开始时对所模拟的事物的机理并不很清楚,模拟实验的效果却已经非常逼真,人们在不断的模拟中逐渐认识所模拟的事物的真相.例如,对虹霓的模拟就是这样的一种典型事例.

虹霓是一种美丽的大气光学现象.东西方古人很早就对它产生了兴趣.

我国早在 3 000 多年前殷商时期流传下来的甲骨文中已有虹的象形文字.以后,又有多位古人做了描述性的记载,并尝试着做出解释.例如,约 2 000 年前东汉的蔡邕说道:"虹见有赤青之色,常依云而昼见于日冲.无云不见,太阴亦不见.见辄与日互立,率以日西,见于东方."这里已对虹的色彩、气象条件以及虹和太阳的相对位置有了一定的认识.北宋的沈括在《梦溪笔谈》中明确指出:"虹乃雨中日影也,日照雨则有之."

西方古人在演绎性的几何学和"光线"概念的基础上,对彩虹较早就开始了比较仔细的分析和定量的研究.公元前 3 世纪,古希腊的亚里士多德指出,虹是太阳光从云上以固定的角度反射形成的.公元 13 世纪,英国的培根(R. Bacon)测出了虹和霓在天空的角度.德国的德奥多里克(Theodoric)指出,虹是太阳光经水滴两次折射、一次全内反射形成的;霓(又称为副虹)是太阳光经水滴两次折射、两次全内反射形成的.不过,他们的解释仍然比较粗糙,缺乏严密的理论计算.

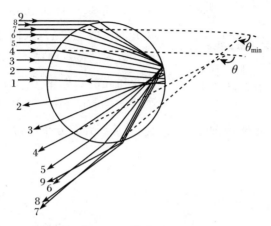

图 5.24　笛卡儿光线

1637年,法国科学家笛卡儿精确地计算了太阳光从进入水滴到出射的路径,描绘了完整的光线路径图(见图5.24).笛卡儿画出了9条光路,其中光线1沿着水滴的中心入射,沿原路返回,这条路径称为光轴线.当一束太阳光平行于光轴线射至水滴的上半部时,经折射—全反射—折射后,出射方向对入射方向的偏角(θ)称为偏向角.入射光线离光轴线越远,偏向角越小,直至图中光线7,其偏向角达到最小值(θ_{min}).以后,入射角增大时,偏向角又会变大.光线7称为笛卡儿线.

笛卡儿根据光的折射定律通过研究后指出:虹是太阳光射入球状水滴经一次内反射后出射形成的;霓是太阳光进入水滴后,经两次内反射形成的.他精确地计算出虹霓的最小偏向角后指出:虹位于一个圆圈上,圆的角半径为42°,圆心在对日点.霓也位于以对日点为圆心的圆圈上,角半径为51°,如图5.25所示.因此,在科学史上,笛

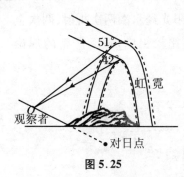

图 5.25

卡儿是世界上第一个对虹霓现象做出正确的定量解释的科学家*.

笛卡儿当时对虹霓的颜色没有做出合理的解释.直到1666年牛顿发现了光的色散现象后,人们才圆满地解释了虹霓的色彩奥秘——由于水对各种单色光的折射率不同,色散的结果形成了美丽的光带.虹的色序由内向外从紫到红分布,霓的色序由内向外从红到紫分布,两者色序的排列相反(见图5.26).

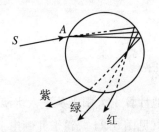

(a)虹——光在水滴内两次折射,一次全反射

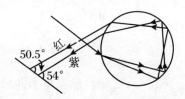

(b)霓——光在水滴内两次折射,两次全反射

图 5.26 虹霓的色序

可见,对虹霓的解释经历了很长的时期.现在,我们可以这样概括地认为,虹霓是天空中大量水滴对太阳光的折射、色散和全内反射所形成的两道彩色弧形光带.

不过,对虹霓的模拟并不困难,只需用喷雾器喷出许多细小的雾珠,然后背着太阳光观察,就能看到虹霓一样的彩色光环.而且,这样的模拟实验已经有着很悠久的历史了.

我国早在中唐时期,诗人张志和就已经懂得了模拟虹霓的产生:

---

* 1621年,荷兰物理学家斯涅耳发现了光的折射定律,为笛卡儿的计算提供了理论依据.

5 类比对学习和运用物理知识的指导作用

"背日喷乎水,成虹霓之状,……"意思是说,只需背对着太阳喷水,就可以形成虹霓的样子.14世纪初德国的德奥多里克也在实验室里用装满水的烧瓶做了模拟实验,证实了他提出的虹和霓产生的见解,比张志和已晚了几百年.

5.3.5 光学显微镜与电子显微镜

一个完美的类比

电子显微镜是现代科学技术中的一种重要的设备.它就是通过对光学显微镜的模拟而诞生的.它的基本结构和工作原理跟光学显微镜可以形成非常完美的类比,如图5.27所示.

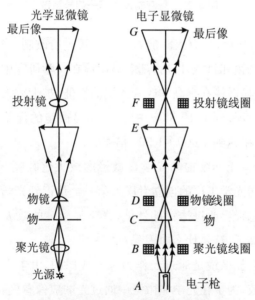

图 5.27 电子显微镜的光学模拟

光学显微镜的发展与局限性

在了解电子显微镜的结构、原理前,我们先简单介绍一下光学显微镜的发展及其局限性.

光学显微镜具有悠久的历史.1590年,荷兰米德尔堡的一个眼镜制造商扎哈里耶斯·詹森（Z. Janssen）在一次偶然的机会里，首先用一个双凸透镜和一个凹透镜分别作为物镜和目镜，制成了第一架显微镜．它的镜筒长约 18 in，直径约 2 in（1 in ＝ 25.4 mm）．米德尔堡科学协会至今仍然保存着一架这样的显微镜，据说就是詹森制造的．

图 5.28 詹森制造的第一架显微镜

17 世纪 20 年代，有人对詹森的显微镜进行改制，采用两块凸透镜分别作为物镜和目镜．以后，随着显微镜在科学研究中的应用日益扩大，制造的显微镜在提高和改善透镜的性能、扩大放大倍数等方面有了很大的发展．到了 19 世纪中叶，光学显微镜的像差几乎减小到极限值，放大率达到 1 000～1 500 倍左右．

那么，能不能继续提高光学显微镜的放大倍数呢？1878 年，德国著名的蔡司光学工厂的创立者埃贝第一个认识到光学显微镜的极限——无论怎样再改进透镜的性能，光学显微镜的放大率已经不可能进一步提高了．这是什么原因呢？

因为光学显微镜是通过光作为媒介成像的，由于光是具有一定波长的电磁波，为了在光学显微镜中通过光的成像看到物体，物体的尺寸必须大于光的波长．

因此，这个先天性的无法逾越的外部条件，决定了光学显微镜的发展界限．

如果我们用"分辨本领"（即显微镜能分辨清楚的两点的最近距离）定量来表示，那么光学显微镜的分辨本领不超过 200 nm（200 ×

10^{-9} m). 由于人眼的分辨本领约为 0.1 mm,所以折合成有效放大率(人眼分辨本领与显微镜分辨本领之比)为

$$\beta = \frac{0.1 \times 10^{-3}}{200 \times 10^{-9}} = 500 \text{（倍）}$$

假如实际应用中以提高 1～2 倍计算,则放大率为

$$\beta' = 1\,000 \sim 1\,500 \text{（倍）}^*$$

电子显微镜的构想

埃贝非常敏锐地看到光学显微镜这一无法避免的局限性,对未来的显微镜做出了科学的预言:"在今天的科学视野中,我们的视觉所能达到的观察范围,由于受到光的本性的制约而具有某种界限……我相信,将来在追究物质世界的本质时,必然会出现远比今天的显微镜更强有力的有效观察器械.但是这种器械除了它的名称以外,将与显微镜没有共同之处."埃贝最后一句话的意思是说,未来的显微镜将不是依靠光线成像的方法.

20 世纪 20 年代,法国物理学家德布罗意(L. de. Broglie)提出物质波的概念,并由美国物理学家戴维森(G. J. Davisson)和英国物理学家汤姆孙(G. P. Thomson)用实验证实了电子的波动性后,启发人们想到可以用电子束取代光线.

根据德布罗意物质波的波长公式

$$\lambda = \frac{h}{mv}$$

若采用静电场对电子束加速,则由

$$eU = \frac{1}{2}mv^2 \Rightarrow v = \sqrt{\frac{2eU}{m}}$$

代入上式得电子束的波长为

---

* 直径 200 nm 的粒子放大 500 倍后成为 0.1 mm 大小的像,恰好达到人眼的分辨极限.如放大 1 000～1 500 倍,则成为 0.2～0.3 mm 的像,观察起来就显毫不费力了.

$$\lambda = \frac{h}{\sqrt{2eUm}}$$

即与加速电压的平方根成反比.表 5.9 中列出了不同加速电压下电子束的波长与可见光波长的比较.

表 5.9

比较项目	加速电压/V	波长/Å(1 Å = 10^{-10} m)
不同加速电压下电子束的波长	100	1.23
	10 000	0.122
	100 000	0.038 9
可见光波长范围		7 600～3 900

由于电子束的波长比可见光短得多,因此它的分辨本领将比使用可见光大为提高.

1926 年,德国物理学家布希(H. Busch)根据电子在磁场中的运动指出:"具有轴对称性的磁场对电子束会起到透镜作用."布希从理论上设想利用磁场作为电子透镜(称为磁透镜),其原理如图 5.29 所示.

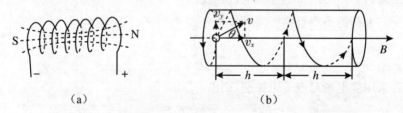

图 5.29 电子在螺旋管内匀强磁场中做螺旋线运动的原理

当线圈中通以恒定电流后,线圈产生磁场,电子束从某处斜向进入磁场.把电子的速度分解为沿着磁场和垂直磁场的两个分量

$$v_x = v\cos\alpha, \quad v_y = v\sin\alpha$$

在沿着磁场的方向上,电子不受力;在垂直磁场的方向上,电子受到

洛伦兹力作用做匀速圆周运动.两者合成的结果,使电子沿着一条螺旋线运动.

电子沿螺旋线运动的圆半径和周期分别为

$$R = \frac{mv_y}{eB} = \frac{mv}{eB}\sin\alpha, \quad T = \frac{2\pi R}{v_y} = \frac{2\pi m}{eB}$$

电子绕行一周后,在磁场方向上推进的距离称为螺距,其大小为

$$h = v_x T = \frac{2\pi mv}{eB}\cos\alpha$$

由于入射的电子束发散角度不大,它们与磁场方向间的夹角比较小,因此,入射的各个电子绕行一周的时间和在磁场方向上推进的距离都可以认为相等.虽然刚开始射入磁场时各个电子分道扬镳做螺旋运动,但经过一个周期后,它们重又交汇于轴上的一点,如图5.30(a)所示.它类似于一束从点光源 P 发出的光,经凸透镜后会聚于 P' 一样(见图5.30(b)).

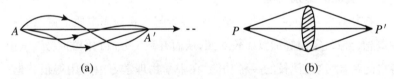

图 5.30　磁聚焦与光聚焦

在光学透镜中,焦距由透镜决定.在磁透镜中是通过改变线圈中的电流强度,使其磁感应强度发生改变,从而使焦距发生变化.在光学透镜中,物距(u)、像距(v)与焦距(f)之间有关系式

$$\frac{1}{u} + \frac{1}{v} = \frac{1}{f}$$

布希最先证明,在磁透镜中也有同样的关系.

这样,利用磁透镜,用电子束代替光线,透过被检物的电子束打到荧光屏上,就可以成为人眼能观察到的映像.

电子显微镜的诞生与发展

当布希提出了著名的电子透镜理论后,许多科学家竞相开展研究.有趣的是,开始时全然没有想到利用电子束放大物体.

直到 1931 年,德国柏林工业大学高压实验室中年轻的研究者拉斯卡(E. Ruska)通过对阴极射线示波器做了一些改进,在首次得到了由电子束形成的铜网的放大像启发下,才成功地制成了第一台放大 400 倍的粗糙的电子显微镜.

以后,电子显微镜的研制发展很快.到 1939 年,德国西门子公司制造出世界上最早的实用电子显微镜,它的分辨本领可以达到 30 Å,同时开始进入市场. 40 年代后,由于电子显微镜的各种应用技术的不断发展,电子显微镜的应用跃入多方面研究的时代. 人们通过对光学显微镜的模拟而发明的电子显微镜,展现出一个十分广阔的天地.

5.4 类比的鉴别功能

在物理学习中,我们常常会对一些看起来相似而本质上迥然有别的概念、公式、定律等加以比较对照,从而有利于分清它们的差异,认识各自的特征.这是比较的一种功能,在中学物理学习中应用得很普遍.通常在这种比较对照中,并没有类比的推理特征.但由于类比是以比较为基础的,在较为宽泛的意义上,我们把它称为类比的鉴别功能.

平衡力　作用力与反作用力

这是初学者极易混淆的两个概念.现比较如表 5.10 中所示.

表 5.10

比较项目	平衡力	作用力与反作用力
同一性	大小相等、方向相反 两个力作用在同一条直线上 作用在同一物体上	大小相等、方向相反 两个力作用在同一条直线上 作用在两个不同物体上

(续表)

比较项目	平衡力	作用力与反作用力
差异性	力的性质不一定相同 物体一定处于平衡状态 不以对方的存在为前提	力的性质一定相同 物体可以处于任何运动状态 两者同时产生、同时消失

动量　动能

这是描述机械运动的两个不同的物理量,对应着两种不同的量度机械运动的方式.它们也是初学者不容易认识清楚的两个概念.现比较如表 5.11 所示.

表 5.11

比较项目	动量	动能
定义式	$p = mv$ （kg·m/s）	$E_k = \frac{1}{2}mv^2$ （J）
方向性	动量是矢量 动量的方向与速度方向相同	动能是标量 无方向
物理含义	描述物体机械运动状态的物理量 反映物体反抗阻力能运动多久	描述物体机械运动状态的物理量 反映物体反抗阻力能运动多远
相关物理规律	动量的变化等于力在时间过程中的积累作用,即 $Ft = \Delta mv$	动能的变化等于力在位移过程中的积累作用,即 $Fs = \Delta E_k$

磁感应强度　电场强度

在学习磁场知识时,如果能够将它与电场进行比较,将会有助于认识磁场的性质及其与电场的区别(见表 5.12).

表 5.12

比较项目	磁感应强度 B	电场强度 E
物理意义	描述磁场力的性质的物理量	描述电场力的性质的物理量
定义式	$B = \dfrac{F_\perp}{Il}$ （$F_\perp$ 表示导线与磁场垂直）	$E = \dfrac{F}{q}$
单位	$1\ T = 1\ N/(A \cdot m)$	$1\ V/m = 1\ N/C$
大小	由磁场决定，与检测电流无关	由电场决定，与检验电荷无关
方向性	矢量 小磁针 N 极的受力方向	矢量 正电荷的受力方向
叠加法则	$B = B_1 + B_2 + \cdots + B_n$ （矢量和）	$E = E_1 + E_2 + \cdots + E_n$ （矢量和）
形象化的表示方法	用磁感线形象化描述	用电场线形象化描述

振动图像　波动图像

振动图像和波动图像的形式相似，通过比较就容易认识两者的不同了（见表 5.13）．

表 5.13

比较项目	振动图像	波动图像
图像	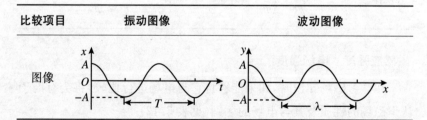	

(续表)

比较项目	振动图像	波动图像
物理意义	表示一个质点在各个时刻对平衡位置的位移情况	表示某一时刻各个质点对平衡位置的位移情况
坐标选择	横坐标表示时间,纵坐标表示振动质点对平衡位置的位移	横坐标表示各个质点的平衡位置,纵坐标表示各个质点对平衡位置的位移
图像变化	随时间而延伸,原有部分的图像不变	沿波的传播方向随时间平移,并且做周期性变化
运动特点	每个质点做简谐运动	同一介质中,波形做匀速直线运动,各个质点做简谐运动
形象化的说明	相当于对独舞演员进行摄像,得到不同时刻的各个舞姿	相当于对集体舞演员的一次拍摄,得到的是同一时刻各个演员的不同舞姿

光的干涉　光的衍射

干涉和衍射是波所特有的现象,它们都是波的叠加产生的.通过对两者的比较,就便于对它们的产生条件、图样特征、主要应用等方面进行区分了(见表5.14).

表 5.14

比较项目	干涉	衍射
现象	在光的重叠区域出现加强和减弱的现象	光绕过障碍物偏离直线传播的现象
产生条件	两束光频率相同、位相差恒定	障碍物或孔的尺寸与波长差不多

(续表)

比较项目	干涉	衍射
典型实验	杨氏双缝实验	单缝衍射(圆孔衍射)
图样特点	中央明纹,两边等间距分布着明暗相间条纹	中央条纹最宽最亮,两边不等间距分布着明暗相间条纹
常见应用	检查平面、增透膜	测定波长

各种不同波长辐射的比较

波是一个大家族,它跟人们的生活密切相关.我们每时每刻都生活在一个波的世界里.不同的波又各有不同的特性,采用表 5.15 所示形式比较显得一目了然,便于区分和把握它们了.

表 5.15

比较项目	无线电波	红外线	可见光	紫外线	X 射线	γ 射线
真空中速度	c	c	c	c	c	c
频率	小					大
同介质中速度	大					小
介质折射率			小	大		
热作用			强	弱		
感光作用			弱	强		
波动性	强					弱
粒子性	弱					强
产生机理	自由电子受激发	外层电子受激发		内层电子受激发		原子核受激发

此外,如位移与路程、滑动摩擦力与静摩擦力、串联电路与并联

电路、用伏安法测量电阻时电流表内接法与外接法、磁场与电场、磁感线与电场线、洛伦兹力与电场力、带电粒子在匀强磁场中的偏转与在匀强电场中的偏转、产生电磁感应的切割法与磁通量变化的两种方法、电阻与感抗及容抗、自由振动与受迫振动、晶体与非晶体、发射光谱与吸收光谱等等,在物理学习过程中,可以说随时都会进行比较和鉴别,或者也可以这么说:类比方法时刻伴随着我们!

6 类比在中学物理解题中的应用

有人这样说过,物理学之所以伟大,是因为她可以用为数不多的几个概念、几条规律,概括着从宏观的天体到微观粒子基本的运动变化规律.此话是否言过其实,姑且不论.不过,就浩如烟海的中学物理习题而言,它们确实只是用不多的概念和规律,从不同角度、不同层次上描述着从宏观天体到微观粒子所发生的各种现象.它们之间的共性正好为运用类比思维提供了自由驰骋的时空.

下面,我们分5小节对类比方法在中学物理解题中的应用做一介绍.首先,通过一些具体事例,体会类比的特征及其应用;接着,以建立类比模型、展开类比联想、进行模拟实验为三个主要方面,通过多方面的例题,进一步体会类比方法;最后,指出类比中应该防止的错误.当然,这样的分节仅是为了便于说明而已,实际应用中没有必要对各种问题"贴标签",死抠有什么"区分"等等.重要的是领悟类比的思想,把握其最基本的特征——"以熟比生",从而能够帮助我们认清问题的实质、化难为易.

需要指出的是,下面有些问题也许你已经在其他场合接触过,如果是这样的话,请允许我们借用德国著名诗人歌德的话:"凡是值得思考的事情,没有不是被人思考过的;我们必须做的只是试图重新加以思考而已."希望你用新的视角,在类比思维指导下重新思考,从而进一步获得新的领悟.

6.1 类比的一般应用——以熟比生,化难为易

下面这些问题,表面看来它们的物理情景比较陌生、或者过程比较复杂.通过类比,从以往熟悉的情景和过程中找出两者的相似或联系后,就可以轻松求解,或者可以对原来问题有更深入的认识.

例题 6.1 "雪龙号"是我国拥有的第一艘极地破冰船,自 1994 年以来,已完成了多次对南极和北极的科学考察.极地破冰船的船体不仅需要采用特殊的材料,而且船体的结构也必须满足一定的条件.例如,一种破冰的方法是依靠船自身的重力压碎周围的冰层,并且要使碎冰块挤向船底.如果碎冰块仍

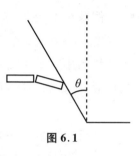

图 6.1

挤在冰层与船体之间,船体由于受到巨大的侧压力可能解体.为此,船体侧面必须有一定的倾角(见图 6.1).设冰块与船体间的动摩擦因数为 μ,那么,船体与竖直方向间的倾角 θ 应该满足什么条件,才能使压碎的冰块被挤向船底?

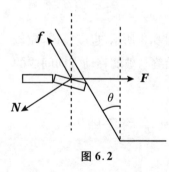

图 6.2

分析与解答 以碎冰块为研究对象,它受到冰层对它水平方向的挤压力 F、船壁对它的弹力 N、沿船壁向上的摩擦力 f 的作用.碎冰块自身的重力和水的浮力,相对来说比较小,可以忽略.

如果将图 6.2 顺时针转过 $90°$,碎冰块挤向船底的运动就可以与斜面上物块的下滑运动相类比.于是有

$$F\cos\theta - N = 0$$
$$F\sin\theta - f > 0$$
$$f = \mu N$$

联立三式,立即可得倾角 θ 应该满足的条件为

$$\theta > \arctan\mu$$

说明 破冰船的实际工作,除了在影视里看到外,对绝大部分人来说都很陌生,完全缺乏感性认识.通过转换角度后将它跟熟悉的斜面上物体的下滑运动相类比,就可以对它有比较深入的认识了.

例题 6.2 在一条平板玻璃生产线上,宽度 $d=9$ m 的成型玻璃以速度 $v_0=2$ m/s 连续不断地向前移动.在切割工序处,金刚石切割刀的移动速度 $v=10$ m/s.为了能使切割下来的玻璃都是规定尺寸的矩形,应该如何控制金刚石切割刀的运动?切割一次的时间是多少?

分析与解答 把玻璃和金刚石切割刀的运动类比于小船过河——向前移动的成型玻璃可以看成匀速运动的河水,金刚石切割刀相当于横渡的小船.

要求切割下来的玻璃都是规定尺寸的矩形,应该使金刚石切割刀的运动速度方向始终与玻璃的移动速度方向垂直.根据相对速度的计算式

$$v_{甲对乙} = v_{甲} - v_{乙} = v_{甲} + (-v_{乙})$$

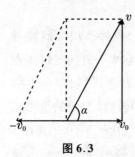

图 6.3

画出的矢量图如图 6.3 所示.也就是说,应该使金刚石切割刀始终与玻璃移动方向间成的夹角为

$$\alpha = \arccos\frac{v_0}{v} = \arccos 0.2$$

完成一次切割的时间为

$$t = \frac{d}{v_{切割}} = \frac{d}{\sqrt{v^2 - v_0^2}} = \frac{9}{\sqrt{100-4}}\text{ s} = 0.92\text{ s}$$

说明 这个类比用一个熟悉的过程去取代非常生疏的生产工艺,是很巧妙的.值得注意的是,如果画出如图 6.4 所示的矢量图.虽

然得到的数值是正确的.但是,这样切割下来的玻璃不是矩形.

因为图 6.4 画出的是 v 和 v_0 的合速度,相当于小船垂直横渡时船对静止地面的速度;而本题中要求得到的矩形玻璃,必须使金刚石切割刀与运动的玻璃始终垂直,而不是与静止的工作台面(地面)垂直,所以画出的矢量图应该如图 6.3 所示.

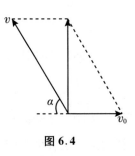

图 6.4

例题 6.3 用长为 L 的铁丝绕制成一个高为 h 的等距螺旋线圈,将其竖直地固定在水平桌面上.然后让穿在铁丝上的小球沿螺旋圈从静止开始无摩擦地下滑,则小球从最高点滑到底端的时间为多少?

分析与解答 小球沿光滑的螺旋圈下滑,仅受到两个力作用:垂直于螺旋圈的支持力和竖直向下的重力.把整个螺旋圈分为许多倾斜的小段,小球在每一小段上的运动,相当于沿一个小斜面的下滑运动.因此,小球沿螺旋圈的整个运动可以类比于从长为 L、高为 h 的斜面上的下滑运动(见图 6.5).

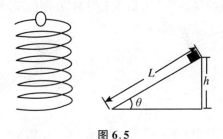

图 6.5

设类比斜面的倾角为 θ,由

$$\sin\theta = \frac{h}{L}$$

$$mg\sin\theta = ma$$

$$L = \frac{1}{2}at^2$$

联立后即得小球从最高点滑到底端的时间

$$t = \frac{L}{gh}\sqrt{2gh}$$

说明 从"等效"的意义上说,这样的考虑就是一种等效变换.同样的问题从各种不同的角度去思考,正是思维灵活性的一种表现.学习中,不必拘泥于某种方法的名称,重在把握研究问题的实质.

例题 6.4(2014 安徽) 如图 6.6 所示,一倾斜的匀质圆盘垂直于盘面的固定轴以恒定的角速度 ω 转动,盘面上离转轴距离 2.5 m 处有一小物体与圆盘始终保持相对静止,物体与盘面间的动摩擦因数为 $\sqrt{3}/2$(设最大静摩擦力等于滑动摩擦力).盘面与水平面间的夹角为 30°,取 $g = 10$ m/s². 则 ω 的最大值是(   )

A. $\sqrt{5}$ rad/s   B. $\sqrt{3}$ rad/s   C. 1.0 rad/s   D. 0.5 rad/s

分析与解答 小物体随圆盘转动时,时刻有沿着半径方向指向中心的加速度.将这个小物体的圆周运动与斜面上平动相类比,它在圆盘最高点与最低点的状态对应着斜面上的 A、B 两位置,如图 6.7 所示.

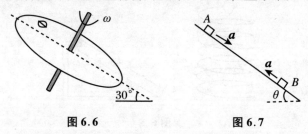

图 6.6   图 6.7

对 A、B 两位置有

$$f_A + mg\sin\theta = ma, \quad f_B - mg\sin\theta = ma$$

要求小物体与盘面保持相对静止,只需在最低点 B 恰好达到最大静摩擦力条件. 于是由

$$\mu mg\cos\theta - mg\sin\theta = m\omega^2 R$$

得角速度的最大值为

$$\omega_{max} = \sqrt{\frac{g(\mu\cos\theta - \sin\theta)}{R}}$$

$$= \sqrt{\frac{10 \times \left(\frac{\sqrt{3}}{2} \times \frac{\sqrt{3}}{2} - \frac{1}{2}\right)}{2.5}} \text{ rad/s}$$

$$= 1.0 \text{ rad/s}$$

所以 C 正确.

说明 倾斜转盘是同学们平时比较少见的情景,如果将它与斜面做一类比,"以熟比生"充分发挥类比的优势,就可以轻松突破本题别具匠心的设计了.

例题 6.5 如图 6.8 所示一轻质弹簧左端固定,右端系一物块,物块与水平面间各处的摩擦因数相同.弹簧处于原长时,物块位于 O 点.现先后分别将物块拉到稍远的 P_1 和 P_2 点后由静止释放,物块都能运动到 O 点的左方.设两次运动过程中,物块速度达到最大的位置分别记为 Q_1 和 Q_2,则 Q_1 和 Q_2 的位置( )

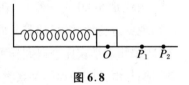

图 6.8

A. 都在 O 点右方,且 Q_1 离 O 点较近

B. 都在 O 点右方,且 Q_2 离 O 点较近

C. 都在 O 点右方,且 Q_1 与 Q_2 为同一位置

D. 都正好在 O 点

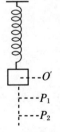

图 6.9

分析与解答 将图中物块从弹簧原长位置 O 右拉时,一定会先经过某位置 O',在这个 O' 位置弹簧的弹力恰好与水平面的摩擦力平衡,这个位置称为静力平衡位置.然后继续把物块拉到 P_1 和 P_2 点,由静止释放后物块向左的运动过程中,始终受到与运动方向相反的恒定摩擦

力.因此,可以把物块的运动与竖直弹簧振子(见图 6.9)相类比为:

水平弹簧振子受到恒定的摩擦力↔竖直弹簧振子受到恒定的重力

水平弹簧振子静平衡位置 O' ↔ 竖直弹簧振子静平衡位置 O'

我们知道,把竖直弹簧振子从静平衡位置 O' 向下分别拉到 P_1 与 P_2 由静止释放,达到最大速度的位置就是原来的静力平衡位置 O'.因此根据类比可以推知,水平弹簧振子从 P_1 与 P_2 由静止释放后达到最大速度时也应该在同一位置,且在 O 点右方,故 C 正确.

说明 本题表面看来似乎很简单,但如果不通过类比,要用充分理由做出选择却并不容易.从本题得出的类比,在分析具有摩擦力的某些问题中很有意义*.

例题 6.6(2014 安徽) 在科学研究中,科学家常将未知现象同已知现象进行比较,找出其共同点,进一步推测未知现象的特性和规律.法国物理学家库仑研究异种电荷的吸引力问题时,曾将扭秤的振动周期与电荷间距离的关系类比单摆的振动周期与摆球到地心距离的关系.已知单摆摆长为 l,引力常数为 G,地球质量为 M,摆球到地心的距离为 r,则单摆振动周期 T 与距离 r 的关系式为( )

A. $T = 2\pi r\sqrt{\dfrac{GM}{l}}$ B. $T = 2\pi r\sqrt{\dfrac{l}{GM}}$

C. $T = \dfrac{2\pi}{r}\sqrt{\dfrac{GM}{l}}$ D. $T = 2\pi l\sqrt{\dfrac{r}{GM}}$

分析与解答 设地球半径为 R,不考虑地球自转的影响时,地面上质量为 m 的物体所受地球的引力等于其重力,即

$$G\dfrac{Mm}{R^2} = mg \quad\Rightarrow\quad g = \dfrac{GM}{R^2}$$

单摆的振动周期公式为

---

* 如 2013 年江苏高考物理第 9 题.

$$T = 2\pi\sqrt{\frac{l}{g}}$$

将上面的 g 值代入周期公式,得

$$T = 2\pi R\sqrt{\frac{l}{GM}}$$

式中地球半径可以看成摆球到地心的距离,则上式可表示为

$$T = 2\pi r\sqrt{\frac{l}{GM}}$$

故 B 正确.

说明 本题就是根据库仑电摆的实验思想组编的,请同学们参阅本书第 2 章的 2.1 节和第 3 章的 3.1 节,以加深体会.

例题 6.7(2009 北京) 类比是一种有效的学习方法,通过归类和比较,有助于掌握新知识,提高学习效率.在类比的过程中,既要找出共同之处,又要抓住不同之处.某同学对机械波和电磁波进行类比,总结出下列内容,其中不正确的是(　　)

A.机械波的频率、波长和波速三者满足的关系,对电磁波也适用

B.机械波和电磁波都能产生干涉和衍射现象

C.机械波的传播依赖于介质,而电磁波可以在真空中传播

D.机械波既有横波又有纵波,而电磁波只有纵波

分析与解答 对任何波,其频率(f)、波长(λ)和波速(v)之间都满足关系式

$$v = f\lambda \quad 或 \quad \lambda = \frac{v}{f}$$

对电磁波也适用(表示为 $c = \nu\lambda$),A 正确.

干涉和衍射是波所具有的特性,无论机械波或电磁波,在一定条件下都会产生干涉和衍射,B 正确.

机械波是机械振动在弹性介质中的传播,所以必须依赖介质;电

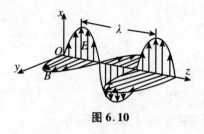

图 6.10

磁波是变化的电场和磁场由发生处向外的传播,不需要介质,可以在真空中传播.C 正确.

机械波既有纵波、又有横波,但电磁波是横波,其电场振动方向和磁场振动方向都与波的传播方向垂直(见图 6.10),D 错.

所以,本题答案是 D.

说明 由图 6.10 可以看到,电磁波的传播中,电场的变化和磁场的变化同相位,即同时到达最大值或同时为零值.

例题 6.8(2009 江苏) 空间某一静电场的电势 φ 在 x 轴上分布如图 6.11 所示,x 轴上两点 B、C 的电场强度在 x 方向上的分量分别是 E_{Bx}、E_{Cx},下列说法中正确的有( )

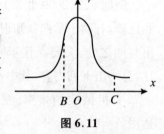

图 6.11

A. E_{Bx} 的大小大于 E_{Cx} 的大小

B. E_{Bx} 的方向沿 x 轴正方向

C. 电荷在 O 点受到的电场力在 x 方向上的分量最大

D. 负电荷沿 x 轴从 B 移到 C 的过程中,电场力先做正功,后做负功

分析与解答 图中电势沿 x 轴方向不均匀变化,显然是一个非匀强电场.因此,只能通过与匀强电场的类比进行判断.

在匀强电场中,沿场强方向 A、B 两点间的电势差与电场强度之间有关系式

$$U = Ed$$

或写成

$$\Delta \varphi = \varphi_A - \varphi_B = E \Delta x$$

因此，电场强度可表示为

$$E = \frac{\Delta \varphi}{\Delta x}$$

这就是说，在 φ-x 坐标系中，图像的斜率反映了沿 x 方向上的电场强度．

图 6.11 中 φ-x 曲线 B 处的斜率大于 C 处的斜率，因此 $E_{Bx} > E_{Cx}$，A 正确．

图 6.11 中 φ-x 曲线从 $O \to B$，φ 减小，表示 E_{Bx} 的方向指向 x 轴的负方向，B 错．

图 6.11 中 φ-x 曲线的 O 处，可以认为其切线水平，表示场强沿 x 轴方向的分量 $E_{Ox} = 0$，因此电荷在 O 点所受电场力在 x 方向上的分量为 0，C 错．

图 6.11 中 φ-x 曲线从 B 移到 C 的过程中，电势先升高、后降低，负电荷先逆着场强方向移动、后顺着场强方向移动，电场力先做正功、后做负功，D 正确．

说明 本题对非匀强电场的性质及电荷的移动，都是根据通过与匀强电场的类比得来的，否则无法判断，充分体现了用旧知识认识新问题的特点．

例题 6.9 对光的本性研究的早期，人们曾假设一种称为"以太"的介质，认为光是依靠"以太"传播的．许多物理学家都试图通过实验检验"以太"的存在．其中，以美国物理学家迈克耳孙和莫雷的实验最为著名．他们的实验装置原理如图 6.12 所示．

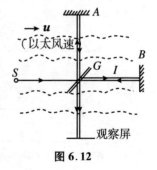

图 6.12

假设地球在"以太"中以速度 u 穿行，就好像有一股以速度为 u 的"以太风"相对地球吹来．从光源 S 发出的一束单色光射到一块半镀银的镜子 G

类比

上,形成两束相互垂直的光束:一束沿垂直于"以太风"的方向射向镜子 A,另一束沿平行于"以太风"的方向射向镜子 B。两面镜子 A 和 B 到 G 的距离均为 l。这两束光反射后到达观察屏,在屏上会形成干涉条纹。以 c 表示光速,如果光速也遵守机械运动的速度合成法则,那么这两束光到达观察屏的时间差为多少?

分析与解析 从半镀银镜子平行"以太风"射向反射面 B 往返的光,可以类比于在流速为 u 的河水中一次顺水,一次逆水往返于相距 l 的两地之间(见图 6.13(a))。所需时间为

$$t_1 = \frac{l}{c+u} + \frac{l}{c-u} = \frac{2l}{c\left(1-\dfrac{u^2}{c^2}\right)}$$

从半镀银镜子垂直"以太风"射向反射面 A 往返的光,可以类比于在河中垂直水流方向往返于相距 l 的两地之间(见图 6.13(b))。所需时间为

$$t_2 = \frac{l}{\sqrt{c^2-u^2}} + \frac{l}{\sqrt{c^2-u^2}} = \frac{2l}{c\sqrt{1-\dfrac{u^2}{c^2}}}$$

所以,它们到达观察屏的时间差为

$$\Delta t = t_2 - t_1 = \frac{2l}{c\sqrt{1-\dfrac{u^2}{c^2}}} - \frac{2l}{c\left(1-\dfrac{u^2}{c^2}\right)}$$

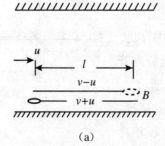

(a)

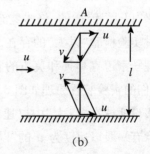

(b)

图 6.13

6 类比在中学物理解题中的应用

说明 迈克耳孙-莫雷实验是物理学史上的一个著名实验,但其物理原理并不深奥.通过与小船运动的类比,就把光的运动转化为一个力学问题,实验原理就显得很明白了.

实验中的这个时间差,对应着这两束光到达观察屏时一定的光程差,因此会发生干涉.如果把整个装置相对于"以太"旋转90度,相应的两束光互换位置,屏上的干涉条纹应该移动.可是,实验并没有得到预期的结果,间接否定了"以太"的假设.

例题 6.10(2019 上海) 如图 6.14 所示,光滑轨道 abc 固定在竖直平面内,c 点与粗糙水平轨道 cd 相切.一质量为 m 的小球 A 从高 H_1 处静止落下,在 b 处与一质量为 m 的滑块 B 相撞,小球 A 静止,其动能全部传递给滑块 B,随后滑块 B 从 c 处运动到 d 处,bd 高 H_2,滑块 B 通过 cd 段所用时间为 t.求:

(1) cd 处的动摩擦因数 μ;

(2) 若将此过程类比为光电效应的过程,则 A 为_____;B 为_____.分析说明:_____类比为极限频率 ν_0.

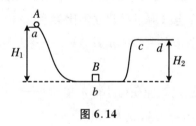

图 6.14

分析与解答 (1)小球 A 从高 H_1 处开始下落,最后运动到高 H_2 的 d 处,这个过程中能的转化过程是:

小球 A 在 a 处的机械能→b 处的动能并传递给滑块 B→滑块 B 在 c 处的势能和动能→滑块 B 在 cd 过程中克服摩擦做功和 d 处的势能

根据这个过程可知:滑块 B 在 c 处的动能和在 cd 段克服摩擦力

做功大小分别为

$$E_{kc} = \frac{1}{2}mv_c^2 = mgH_1 - mgH_2 \qquad ①$$

$$W_f = \mu mg \cdot cd = mgH_1 - mgH_2 \qquad ②$$

由①式得

$$v_c = \sqrt{2g(H_1 - H_2)}$$

由于滑块在 cd 段做匀变速运动,可知 cd 段长度为

$$cd = \bar{v}t = \frac{v_c}{2}t$$

联立①②两式,并代入 v_c 和 cd 的表达式,即得动摩擦因数为

$$\mu = \frac{v_c^2}{2g \cdot cd} = \frac{v_c}{gt} = \frac{\sqrt{2g(H_1 - H_2)}}{gt}$$

(2) 光电效应的实质就是能量的转化过程:入射光子通过与金属表面电子的碰撞,把它的能量全部传递给电子;电子吸收了光子的能量成为光电子,它克服表面层原子的束缚做功(逸出功),消耗了部分能量,其余能量就转化为逸出光电子的动能.因此,根据能的转化,上述过程可以与光电效应过程建立类比关系:

小球在 a 处具有的势能(mgH_1)⟵⟶入射光的光子具有的能量($h\nu$)

滑块在 b 处通过碰撞获得小球的能量⟵⟶金属表面的电子通过碰撞获得光子的能量,成为光电子

滑块在 c 处具有的势能(mgH_2)⟵⟶光电子逸出金属表面做功($W_0 = h\nu_0$)

滑块跳出"陷阱"上升高度(H_2)⟵⟶金属的极限频率(ν_0)

滑块在 c 处的动能$\left(\frac{1}{2}mv_c^2\right)$⟵⟶光电子逸出表面的最大初动能$\left(\frac{1}{2}mv_m^2\right)$

说明 题(1)属于机械能的转换过程,却能与光电效应建立起类比关系.通过对这个例题的研究,不仅可以从能的转化和守恒角度更好地认识光电效应的实质,也可以体会到类比思维的奥妙之处——它可以在不同知识范畴、不同学科领域之间建立起一定的联系.

例题 6.11 为了研究刚体的转动,可以用类似于直线运动的方式,引入相应的物理量来描述转动.例如,用角度取代位置坐标、用角速度取代线速度、用角动量取代动量、用转动惯量取代质量、用力矩取代力等*.

通过这样的类比替代,就可以得到与平动相对应的某些关系.例如,平动动能对应于转动动能表达式,质点的动量守恒定律对应于刚体的动量矩守恒定律(即角动量守恒定律)等:

$$\frac{1}{2}mv^2 \longrightarrow \frac{1}{2}I\omega^2$$

$$\Delta mv = 0 \longrightarrow \Delta L = 0$$

（条件:外力为零）　（条件:外力矩为零）

式中,I 为转动惯量,$L = I\omega$ 为动量矩.请利用上述类比关系研究下面的问题:

一家商店门口的上方竖直悬挂着一块薄而均匀的长条形标志牌,其上端铰接到固定的水平杆上并可无摩擦地转动.标志牌的质量 $M = 2.40\ \text{kg}$,长 $L = 0.50\ \text{m}$,对竖直方向的最大偏角 $\alpha = 25.0°$(见图 6.15).某时刻,当标志牌从最大偏角摆动到竖直位置并将继续向左摆动时,被一个质量为 $m = 0.40\ \text{kg}$,以速度 $v = 1.60\ \text{m/s}$ 水平向右飞来的雪球击中最下端,并黏在标志牌上.

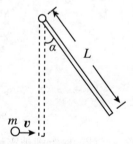

图 6.15

---

* 请参阅表 5.5 平动与转动的对应关系,加深认识.

试问：

(1) 标志牌刚转到竖直位置时的角速度；

(2) 标志牌被雪球击中后刚开始一起摆动时的角速度；

(3) 雪球黏合后，标志牌向右摆动的最大偏角多大？*

(已知质量为 m、长为 l 的均匀直杆对以杆端为轴时的转动惯量为 $I = \dfrac{1}{3}ml^2$，质量为 m、速度为 v 的质点离开转轴为 l 时对轴的动量矩为 mvl。)

分析与解答 (1) 标志牌从最大偏角 α 的位置由静止开始下摆的过程中，只有重力做功，机械能守恒。设标志牌刚转到竖直位置时的角速度为 ω，根据标志牌在最大偏角位置时的重力势能转化为竖直位置转动动能的关系，有

$$Mg \cdot \frac{L}{2}(1-\cos\alpha) = \frac{1}{2}I\omega^2$$

式中 $I = \dfrac{1}{3}ML^2$，代入上式后得角速度

$$\omega = \sqrt{\dfrac{3g(1-\cos\alpha)}{L}}$$

$$= \sqrt{\dfrac{3 \times 10(1-\cos 25°)}{0.5}} \text{ rad/s}$$

$$= 2.35 \text{ rad/s}$$

(2) 标志牌被雪球击中后，两者一起以铰接处为轴向右转动。由于刚开始转动时，标志牌和雪球的重力都通过转轴，对转轴的外力矩为零，因此击中前后瞬间标志牌与雪球的动量矩守恒。

---

* 本题系根据 2013 年加拿大奥林匹克物理竞赛题改编，适当简化了文字的叙述，并补充了转动惯量等已知条件，使它更适合于读者的阅读习惯和便于求解。原题可参阅《物理教学》2014 年第 8 期（黄晶文）。上面题文中有关动量矩的概念及动量矩守恒定律等内容，可参阅本丛书《守恒》一册。

设标志牌被雪球击中后刚开始一起摆动时的角速度为 ω',并以标志牌原来转动的方向为正方向,则

$$I\omega - mvL - I'\omega' = 0$$

式中 $I' = I + mL^2$ 为(标志牌+雪球)对转轴的转动惯量. 于是得

$$\omega' = \frac{I\omega - mvL}{I'} = \frac{\frac{1}{3}ML^2\omega - mvL}{\frac{1}{3}ML^2 + mL^2} = \frac{ML\omega - 3mv}{ML + mL}$$

$$= \frac{2.40 \times 0.50 \times 2.35 - 3 \times 0.40 \times 1.60}{2.40 \times 0.50 + 0.40 \times 0.50} \text{ rad/s} \approx 0.50 \text{ rad/s}$$

(3) 雪球黏合在标志牌上后,设它们的公共重心(质心)离转轴为 x,利用类似于杠杆平衡的道理——合力的力矩与各个分力力矩的关系可知

$$x = \frac{Mg \cdot \frac{L}{2} + mgL}{(M+m)g} = \frac{M \cdot \frac{L}{2} + mL}{M+m}$$

$$= \frac{2.40 \times 0.25 + 0.40 \times 0.50}{2.40 + 0.40} \text{ m} = 0.286 \text{ m}$$

雪球和标志牌黏合后一起绕铰接处摆动的过程中,只有重力做功,机械能守恒. 刚开始摆动时的转动动能完全转化为摆到最大偏角时的势能. 设摆动的最大偏角为 β,则

$$\frac{1}{2}I'\omega'^2 = \frac{1}{2}\left(\frac{1}{3}ML^2 + mL^2\right)\omega'^2$$
$$= (M+m)gx(1-\cos\beta)$$

得

$$\cos\beta = 1 - \frac{\left(\frac{1}{3}M + m\right)L^2\omega'^2}{2(M+m)gx}$$

$$= 1 - \frac{\left(\frac{1}{3} \times 2.40 + 0.40\right) \times 0.50^2 \times 0.50^2}{2(2.40 + 0.40) \times 10 \times 0.286}$$

$$= 0.995\ 3$$

所以

$$\beta = 5.58°$$

说明 本题本来属于刚体动力学范畴,已超越了目前中学物理教材的内容.由于题设条件中提示了类比方法,又给出了有关的转动惯量的值,就可以很顺利地按照中学物理常用的研究思路求解.类比思维方法的威力又一次得到了体现.

上面虽然仅列举了几个例题,但已经可以看出类比的应用是非常灵活的.它既可以用于比较直观的事物之间,又可以用于很隐蔽的事物之间;既可以跨越不均匀变化的障碍,又可以在新旧知识间进行取代;既可以是实验性的,又可以是理论性的……在中学物理学习中类比的应用有着非常广阔的空间,下面还有更精彩的实例.

6.2 建立类比模型 触类旁通

在学习中,根据具体问题中研究对象所处的物理状态和发生的物理过程,建立相关的模型,并通过类比方法,把表面上不同的一些问题归并到同一个类比模型中*.这样,不仅可以触类旁通,更深刻地认识问题的物理内涵,便于找到解题的入口,还可以通过对一些问题的"多题归一",取得"以少胜多"的效果.

下面以中学物理解题中较为常用的一些模型为例,对它们的类比应用做介绍说明.

6.2.1 光的反射、折射模型的类比

光是一种波长很短的波(电磁波),光的传播过程中在两种不同介质的分界面上会发生反射现象和折射现象(透明介质时),并且遵循反射定律和折射定律.声音也是波,那么,声音传播过程中遇到两

---

* 类比也是建立模型的一种重要方法,阅读本节时如果读者能结合着参阅本丛书《模型》一册中有关部分,可以有更深的体会.本节中的模型也含有"归类"的意义.

种不同介质时按照怎样的规律传播呢？根据声音和光都是波的特性，可以将它们做一个类比如图 6.16 所示.

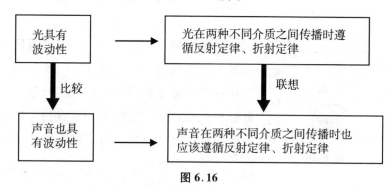

图 6.16

例题 6.12（2006 全国） 天空有近似等高的浓云层．为了测量云层的高度，在水平地面上与观测者的距离为 $d = 3.0$ km 处进行一次爆炸，观测者听到由空气直接传来的爆炸声和由云层反射来的爆炸声时间上相差 $\Delta t = 6.0$ s．试估算云层下表面的高度．已知空气中的声速 $v = \dfrac{1}{3}$ km/s．

分析与解答 类比光的反射画出声波反射示意图（见图 6.17）．设从爆炸处 A 直接传到观测者 O 处的时间为 t_1，经云层反射到达 O 处的时间为 t_2，则

$$d = vt_1$$

$$2\sqrt{\left(\dfrac{d}{2}\right)^2 + h^2} = vt_2$$

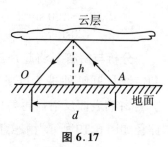

图 6.17

又

$$t_2 - t_1 = \Delta t$$

联立得

$$h = \dfrac{1}{2}\sqrt{(v\Delta t)^2 + 2dv\Delta t}$$

$$= \frac{1}{2}\sqrt{\left(\frac{1}{3} \times 6.0\right)^2 + 2 \times 3.0 \times \frac{1}{3} \times 6.0} \text{ km}$$

$$= 2.0 \times 10^3 \text{ m}$$

图 6.18

例题 6.13（2011 浙江）"B 超"可用于探测人体内脏的病变状况. 图 6.18 是超声波从肝脏表面入射, 经折射与反射, 最后从肝脏表面射出的示意图. 超声波在进入肝脏发生折射时遵循的规律与光的折射规律类似, 可表述为 $\dfrac{\sin\theta_1}{\sin\theta_2} = \dfrac{v_1}{v_2}$（式中 θ_1 是入射角, θ_2 是折射角, v_1、v_2 分别是超声波在肝外和肝内的传播速度）, 超声波在肿瘤表面发生反射时遵循的规律与光的反射规律相同, 已知 $v_2 = 0.9v_1$, 入射点与出射点之间的距离是 d, 入射角为 i, 肿瘤的反射面恰好与肝脏表面平行, 则肿瘤离肝脏表面的深度 h 为（　　）

A. $\dfrac{9d\sin i}{2\sqrt{100-81\sin^2 i}}$ 　　　B. $\dfrac{d\sqrt{81-100\sin^2 i}}{100\sin i}$

C. $\dfrac{d\sqrt{81-100\sin^2 i}}{20\sin i}$ 　　　D. $\dfrac{d\sqrt{100-81\sin^2 i}}{18\sin i}$

分析与解答　将超声波与光类比, 设超声波从肝脏外进入肝脏时的折射角为 γ, 经肿瘤表面反射后再射出肝脏表面, 其路径如图 6.19 所示. 由题意可知

$$\frac{\sin i}{\sin\gamma} = \frac{v_1}{v_2} = \frac{v_1}{0.9v_1} = \frac{10}{9} \qquad ①$$

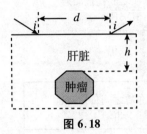

图 6.19

根据折射路径的对称性知

$$h = \frac{d/2}{\tan\gamma} = \frac{d}{2\tan\gamma} \qquad ②$$

利用三角公式变换

$$1 + \tan^2 \gamma = \frac{1}{\cos^2 \gamma} = \frac{1}{1 - \sin^2 \gamma}$$

$$\Rightarrow \tan \gamma = \frac{\sin \gamma}{\sqrt{1 - \sin^2 \gamma}} \qquad ③$$

由式①得 $\sin \gamma = \frac{9}{10} \sin i$，代入式③，联立式②，即得肿瘤离肝脏表面的深度

$$h = \frac{d\sqrt{100 - 81\sin^2 i}}{18 \sin i}$$

故 D 正确.

说明 目前教材中仅研究光从真空射入介质发生折射的情况，如何把它扩展到光在两种介质之间发生折射的一般情况呢？

为此，可设想在两种介质之间有一层空气，光从介质 1（折射率为 n_1）经过空气进入介质 2（折射率为 n_2），其光路如图 6.20 所示．

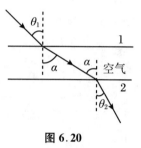

图 6.20

从介质 1—空气，由光路可逆知

$$\frac{\sin \theta_1}{\sin \alpha} = \frac{1}{n_1} \Rightarrow \sin \alpha = n_1 \sin \theta_1$$

从空气—介质 2，由折射定律知

$$\frac{\sin \alpha}{\sin \theta_2} = n_2 \Rightarrow \sin \alpha = n_2 \sin \theta_2$$

联立两式得

$$n_1 \sin \theta_1 = n_2 \sin \theta_2$$

这个关系式中不包含两种介质之间所夹的空气层的厚度，即使空气层厚度为零，光从介质 1 直接进入介质 2，上式同样成立．这样，我们就得到了光在任何两种透明介质之间发生折射的一般规律．上

面这个表达式,称为折射定律的斯涅耳公式.

根据折射率的物理意义

$$n = \frac{c}{v}$$

因此,上式又可表示为

$$\frac{\sin\theta_1}{\sin\theta_2} = \frac{n_2}{n_1} = \frac{c/v_2}{c/v_1} = \frac{v_1}{v_2}$$

这就是本题中作为已知条件所给的公式.

例题 6.14(2003 高考科研题) 一艘潜艇位于海面下深 h 处,由该处至海底,各层海水的温度不同.为了简化,可把海水分成三个温度不同的等温层,每层的厚度均为 $h/3$.因为声音在海水中的传播速度与温度有关,顶层海水中的声速为 v_1,中层海水中的声速为 v_2,底层海水中的声速为 v_3,且 $v_1 < v_2 < v_3$.

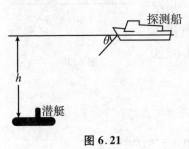

图 6.21

今在海面上有一艘探测船,用位于海面处的声音探测器探测该潜艇的位置,如图 6.21 所示.若探测得来自潜艇的声音是沿着与水平面成 θ 的方向到达探测器的,求探测器与潜艇之间的水平距离.

分析与解答 声音从潜艇到达探测器,要通过三层传声速度不同的海水,相当于通过三种不同的介质,因此声音不可能沿着直线传播,在两层不同声速海水的分界面处必然会发生折射.根据声音与光的类比,在各层之间发生折射时遵循着光的传播同样的规律.光的折射现象如图 6.22 所示.设光在空气(真空)中和介质中的速度分别为 v_1 和 v_2,入射角和折射角分别为 i_1 和 i_2,由折射定律可知

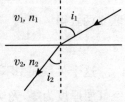

图 6.22 光的折射

$$\sin i_1 = n\sin i_2 = \frac{v_1}{v_2}\sin i_2$$

即
$$v_1\sin i_2 = v_2\sin i_1 \qquad ①$$

设声音从潜艇传到探测器的路径如图 6.23 所示,从下层到上层的入射角和折射角依次为 $i_3, i_3' = i_2, i_2' = i_1, i_1 = \frac{\pi}{2} - \theta$. 根据光的折射定律,由式①可得

$$v_3\sin i_3' = v_3\sin i_2 = v_2\sin i_3 \qquad ②$$
$$v_2\sin i_2' = v_2\sin i_1 = v_1\sin i_2 \qquad ③$$

由式②和式③,并考虑已知条件后分别可得

$$\sin i_3 = \frac{v_3}{v_2}\sin i_2 = \frac{v_3}{v_2} \cdot \frac{v_2}{v_1}\sin i_1 = \frac{v_3}{v_1}\cos\theta \qquad ④$$

$$\sin i_2 = \frac{v_2}{v_1}\sin i_1 = \frac{v_2}{v_1}\cos\theta \qquad ⑤$$

设从潜艇 P 到探测器 Q 的水平距离为 x,则由图 6.23 可知

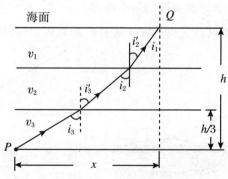

图 6.23 声音的折射

$$x = \frac{h}{3}\tan i_3 + \frac{h}{3}\tan i_2 + \frac{h}{3}\tan i_1 = \frac{h}{3}\left(\frac{\sin i_3}{\cos i_3} + \frac{\sin i_2}{\cos i_2} + \frac{\sin i_1}{\cos i_1}\right) \qquad ⑥$$

式中

$$\cos i_3 = \sqrt{1-\sin^2 i_3} = \sqrt{1-\frac{v_3^2}{v_1^2}\cos^2\theta} \qquad ⑦$$

$$\cos i_2 = \sqrt{1-\sin^2 i_2} = \sqrt{1-\frac{v_2^2}{v_1^2}\cos^2\theta} \qquad ⑧$$

将式⑦和式⑧代入式⑥,即得

$$x = \frac{h\cos\theta}{3}\left(\frac{v_3}{v_1}\cdot\frac{1}{\sqrt{1-\frac{v_3^2}{v_1^2}\cos^2\theta}} + \frac{v_2}{v_1}\cdot\frac{1}{\sqrt{1-\frac{v_2^2}{v_1^2}\cos^2\theta}} + \frac{1}{\sin\theta}\right)$$

6.2.2 拉船模型的类比

如图 6.24 所示,以恒定的速度 v 牵引小船靠岸,当绳子与水平方向夹角为 α 时,求小船靠岸的速度.

这是一个很经典的速度分解问题.收绳时随着船逐渐靠岸,夹角 α 逐渐变大,相当于绳子绕着滑轮在旋转.因此,船沿水面的运动应该由一个沿收绳方向的分运动和一个绕着滑轮旋转的分运动所合成的.表面看来的平动中却有着转动因素,是这个拉船模型所隐含的一个特点,也是初学时常遇到的一个难点.

设此时的旋转线速度为 v' (见图 6.25),则船前进的速度为

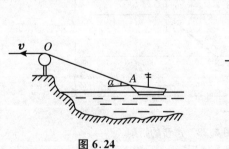

图 6.24　　　　　　　　图 6.25

$$v_A = v\cos\alpha + v'\sin\alpha$$

由于小船不会跳离水面,它在竖直方向上的各个分速度一定互相平衡,即

$$v\sin\alpha = v'\cos\alpha \quad 或 \quad v' = v\frac{\sin\alpha}{\cos\alpha}$$

代入上式得小船靠岸的速度应该为

$$v_A = v\cos\alpha + v\frac{\sin^2\alpha}{\cos\alpha} = \frac{v}{\cos\alpha} > v$$

也就是说,小船靠岸的速度会大于收绳的速度.这个表面看来有些不可思议的结果,却是千真万确的真理.

这个运动模型,在中学物理中可以构成许多类比应用的问题.

例题 6.15 如图 6.26,质量为 m 的物体放在水平光滑的平台上,系在物体上的细绳跨过光滑的定滑轮被小车牵引着.当小车从平台边缘以

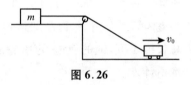

图 6.26

速度 v_0 匀速向右前进到绳子与水平方向间夹角为 $45°$ 的过程中,小车对物体所做的功为( )

A. $\dfrac{1}{2}mv_0^2$ B. $\dfrac{\sqrt{2}}{2}mv_0^2$

C. $\dfrac{1}{4}mv_0^2$ D. mv_0^2

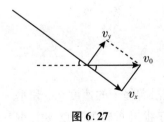

图 6.27

分析与解答 本题相当于对拉船模型的"逆向类比"——小车匀速右行时,斜向细绳一方面增长,另一方面绕着滑轮逆时针转动.因此,需要把车速沿着绳子和垂直绳子两方向分解(见图 6.27).物体的速度等于沿绳子方向的分速度.即

$$v_x = v_0\cos 45°$$

根据动能定理,车的拉力对物体做功等于其动能的增量,即

$$W = \Delta E_k = \frac{1}{2}mv_x^2 = \frac{1}{4}mv_0^2$$

故 C 正确.

说明 本题中的速度分解同样隐含着转动因素,如果简单地把速度 v_0 沿着绳子和垂直地面两方向,就会错选为 D.

下面这个练习题取自当年高考题中关键性的一部分,不妨再体会一下:

练习题 如图 6.28 所示,一辆车通过跨过定滑轮的绳 PQ 提升井中质量为 m 的物体.绳的 P 端拴在车后的挂钩上,Q 端拴在物体上.开始时,车在 A 点,左右两侧绳都已绷紧并且竖直.提升时,车加速向左运动,沿水平方向从 A 经过 B 驶向 C.已知车过 B 点的速度为 v_B,则当车由 A 到 B 的过程中,重物增加的动能是多少?设绳的总长度不变,绳的质量、定滑轮的质量和尺寸以及绳与滑轮间的摩擦都不计.

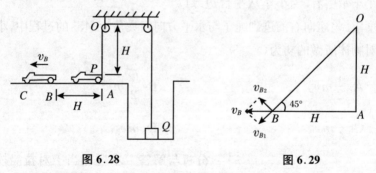

图 6.28   图 6.29

(参考答案: $\frac{1}{4}mv_B^2$)

提示:将车子过 B 点的速度 v_B 分解成沿着绳子的速度 v_{B1} 和垂直绳子的速度 v_{B2}(见图 6.29),v_{B1} 就等于提升重物的速度 v_Q,重物增加的动能为 $\Delta E_k = \frac{1}{2}mv_Q^2$.

例题 6.16 质量分别为 $m = 1$ kg，$M = 5$ kg 的两物块 P、Q 用细绳通过定滑轮相连. P 放在倾角 $\theta = 37°$ 的斜面上，与斜面间的动摩擦因数 $\mu = 0.5$. Q 套在光滑直杆上，杆与滑轮相距 $l = 4$ m. 开始时，系住 Q 的细绳处于水平状态（见图 6.30）. 当 Q 由静止起沿直杆下滑距离 $h = 3$ m 时的速度多大？

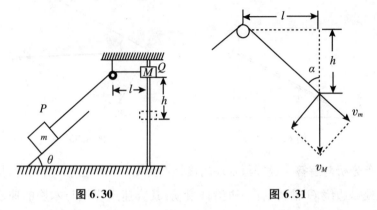

图 6.30 图 6.31

分析与解答 物块 Q 沿直杆下滑时，原来在滑轮与 Q 间的水平绳子一边被拉长、同时又绕滑轮转动，物块 Q 沿杆下落的速度由这两个分速度所合成（见图 6.31）. 将图 6.31 顺时针旋转 90°，根据与拉船模型的类比可知

$$v_m = v_M \cos \alpha = v_M \frac{h}{\sqrt{h^2 + l^2}}$$

对 P、Q 两物块系统用动能定理

$$Mgh - (mg\sin\theta + \mu mg\cos\theta)(\sqrt{h^2 + l^2} - l)$$
$$= \frac{1}{2} M v_M^2 + \frac{1}{2} m v_m^2$$
$$= \frac{1}{2}\left(M + \frac{mh^2}{h^2 + l^2}\right) v_M^2$$

代入数据得

$$v_M = 7.2 \text{ m/s}$$

例题 6.17 如图 6.32 所示，一根轻质细杆 OA 长为 l，一端可绕固定在水平面上的轴 O 转动，另一端固定一个小球，杆斜靠在高为 h 的木块上，此时轻杆与水平面之间的夹角为 θ。当木块沿水平面以速度 v_0 向右滑动时，杆端小球的速度多大？

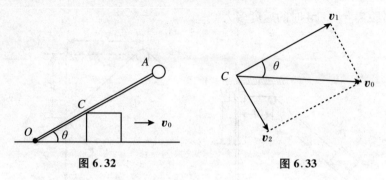

图 6.32　　　　　　　　图 6.33

分析与解答　设杆与木块的接触点为 C。当木块向右滑动时，接触处一边绕 O 轴转动，一边沿杆滑动，其合速度应该与木块的速度相同，方向沿水平向右。将木块的速度 v_0 沿着杆和垂直杆进行分解（见图 6.33），两分速度大小分别为

$$v_1 = v_0 \cos\theta, \quad v_2 = v_0 \sin\theta$$

由于轻杆上各点绕 O 轴转动的角速度相同，由

$$\frac{v_2}{h/\sin\theta} = \frac{v_A}{l}$$

得杆端小球的速度

$$v_A = \frac{l}{h}\sin\theta \cdot v_2 = \frac{l\sin^2\theta}{h}v_0$$

说明　本题的难点是 C 的合速度应该与木块的速度相等，由于它显得比较隐蔽，必须对木块滑行时产生的影响仔细分析后才能看出这个关系。

例题 6.18　某直升机在执行海上搜救任务时，静止在海面上空高 h 处，打开探照灯在海面上进行搜索（见图 6.34）。若探照灯的光

束以角速度 ω 在竖直平面内匀速转动,当转到与竖直方向成 θ 时,光斑在海面上移动的速度为( )

A. $\dfrac{h\omega}{\sin^2\theta}$
B. $\dfrac{h\omega}{\cos^2\theta}$
C. $\dfrac{h\omega\sin\theta}{\theta}$
D. $\dfrac{h\omega\tan\theta}{\theta}$

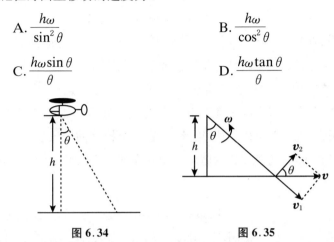

图 6.34   图 6.35

分析与解答 光束从探照灯发出沿直线传播,落在海面上的光斑只能沿海面移动,由于探照灯的旋转,使光斑沿海面移动的速度是由沿着光的传播方向和因转动引起的垂直光的传播方向的两个分速度合成,如图 6.35 所示.因此,这里同样是一个包含着转动成分的速度合成,可以形成同样的类比关系.其中

$$v_2 = \omega \cdot \dfrac{h}{\cos\theta}$$

所以

$$v = \dfrac{v_2}{\cos\theta} = \dfrac{h\omega}{\cos^2\theta}$$

说明 不要以为包含着转动的速度合成仅限于运动学运动,它可以很灵活地有不同的表现.

6.2.3 变力做功与势能变化关系模型的类比

把一个质量为 m 的物体缓缓竖直举高 h,重力势能的增加为

$$\Delta E_p = mgh$$

在这个过程中,由于动能的变化可以忽略不计,则外力需要对物体所做的功为

$$W = \Delta E_p = mgh$$

也就是说,在这个过程中,外力所做的功完全转化为物体势能的增量,并且与这个过程中的外力是恒力或变力无关.

这里的物体通常都看作质点.如果把它推广到具有一定尺寸的实际物体,那么上式中的 h 就应该是物体重心升高的高度.对于某些液体的问题,也同样可以应用.因此,理解这个模型的内涵后,许多表面上不同的问题,通过类比后就可以归并为同样方法的一组问题(或同一类问题)了.

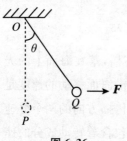

图 6.36

例题 6.19 如图 6.36 所示,一质量为 m 的小球,用长为 l 的轻绳悬挂在 O 点.现用水平力 F 将小球从 P 点很缓慢地移动到 Q 点,则力 F 所做的功为(   )

A. $mgl\cos\theta$

B. $mgl(1-\cos\theta)$

C. $Fl\sin\theta$

D. $Fl\theta$

分析与解答 小球很缓慢地移动时,其动能变化可以不计.移动过程中,绳子的拉力始终与每一小段的移动方向垂直,它对小球不做功.因此,在这个过程中,小球因位置升高引起势能的增大,完全是由于外力 F 做功的结果.即

$$W_F = mgh = mgl(1-\cos\theta)$$

所以 B 正确.

说明 由于题中没有指明 F 是否为恒力,因此不能根据球的水平位移和水平力做出判断,必须按照普遍的情况,将 F 作为变力处理,从球的势能变化与做功关系考虑.

例题 6.20 （1）如图 6.37(a)所示，在水平地面上平卧着一根长为 l、质量为 m 的均质杆 AB，当把它绕一端 B 缓缓转动直到竖直的过程中，需要对它做多少功？

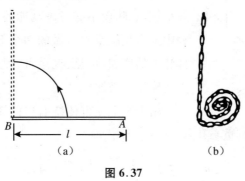

图 6.37

（2）如图 6.37(b)所示，把一条长为 l、质量为 m 的均质链条，从盘在地上的位置缓缓向上拉起，恰好使它全部拉直，需要做多少功？

分析与解答 这两个问题中，显然都是变力做功，无法根据力与位移的关系进行计算。由于直杆和链条的运动很缓慢，不必考虑动能的变化，转动或提起过程中外力做的功完全转化为其势能的增加，因此，可以类比于举高一个质点。

（1）均质杆从水平位置转到竖直的过程中，重心升高 $\Delta h = \dfrac{l}{2}$，外力做功

$$W = \Delta E_\mathrm{p} = mg \cdot \Delta h = \frac{1}{2}mgl$$

（2）均质链从盘在地上到恰好拉直的过程中，重心升高 $\Delta h = \dfrac{l}{2}$，外力做功

$$W = \Delta E_\mathrm{p} = mg \cdot \Delta h = \frac{1}{2}mgl$$

例题 6.21 如图 6.38 所示，把一个边长为 l、质量为 m 的均质

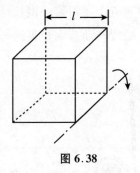

图 6.38

立方体绕一条棱边缓缓推倒,需要做多少功?

分析与解答 要求把这个立方体推倒,实际上只要将它的对角面转到竖直位置.缓缓推倒,意味着不必考虑动能的变化.转动过程中推力克服重力所做的功全部转化为立方体势能的增加.可见,完全可以与上面举高质点的模型相类比.

由于这个立方体绕右边的棱转到对角面竖直位置时,其重心升高

$$\Delta h = \left(\frac{\sqrt{2}}{2}l - \frac{1}{2}l\right) = \frac{1}{2}(\sqrt{2}-1)l$$

所以推力做功

$$W = \Delta E_\text{p} = mg\Delta h = \frac{1}{2}(\sqrt{2}-1)mgl$$

例题 6.22 如图 6.39 所示,一根质量 $m = 0.5$ kg,长 $l = 1.0$ m 的均质米尺,一端伸出水平桌面 $d = 0.2$ m,用手指在尺端缓缓下压,使它在桌面上的另一端抬高 $H = 0.24$ m,那么手指的压力做了多少功? 取 $g = 10$ m/s^2.

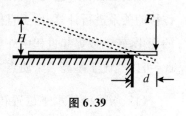

图 6.39

分析与解答 均质米尺的重心位置在尺的中央.一端下压、另一端抬起时,设尺的重心升高 Δh.由相似三角形对应边的比例关系知

$$\frac{l-d}{H} = \frac{l/2-d}{\Delta h}$$

得重心升高的高度

$$\Delta h = \frac{l/2-d}{l-d}H = \frac{0.5-0.2}{1.0-0.2} \times 0.24 \text{ m} = 0.09 \text{ m}$$

所以手指的压力做功

$$W = mg\Delta h = 0.5 \times 10 \times 0.09 \text{ J} = 0.45 \text{ J}$$

例题 6.23 面积很大的水池,水深为 H,水面上浮着一正方体木块,木块边长为 a,密度为水的 $1/2$,质量为 m. 开始时,木块静止,有一半没入水中,如图 6.40 所示. 现用力 F 将木块缓慢地压到池底,不计摩擦. 求:从开始到木块刚好完全没入水的过程中,力 F 所做的功.

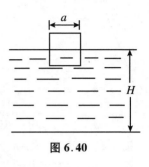

图 6.40

分析与解答 把木块压入水中,由于它所受到的浮力不断变化,显然是一个变力做功的过程.

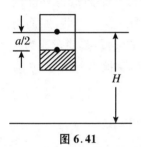

图 6.41

在这过程中,木块的重心下降了 $a/2$,其势能减少

$$\Delta E'_{木块} = \frac{1}{2}mga$$

被木块挤开的水(见图 6.41 中斜线部分),上升后相当于平铺在水面上. 由于水池很大,可以认为水深不变,这些水增加的势能为

$$\Delta E_{水} = mg \cdot \frac{3}{4}a = \frac{3}{4}mga$$

所以,将木块压入水的过程中力 F 需做功

$$W_F = \frac{3}{4}mga - \frac{1}{2}mga = \frac{1}{4}mga$$

说明 本题取用 2000 年广东高考试题的一部分. 由于木块压入水中时受到的浮力与浸入水中的深度成正比,因此力 F 的功也可以从平均的角度出发进行计算,请同学们自行研究.

6.2.4 圆锥摆模型的类比

如图 6.42 所示为常见的圆锥摆. 它由摆线的张力(F_T)和摆球重力(mg)共同提供摆球做匀速圆周运动的向心力. 设摆线长 l,摆线

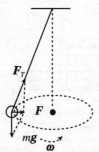

图 6.42 圆锥摆

与竖直方向间的夹角为 θ,则

$$F = mg\tan\theta = m\omega^2 l\sin\theta$$

得

$$\omega = \sqrt{\frac{g}{l\cos\theta}} \quad 或 \quad T = 2\pi\sqrt{\frac{l\cos\theta}{g}}$$

在中学物理中,有各种形形色色的圆锥摆,既可以由重力、弹力、摩擦力等提供向心力,也可以由电场力和磁场力提供向心力.这就是说,以这个常见的圆锥摆为模型,可以在力学范围和电磁学范围内构成许多类比的问题.

例题 6.24(2000 天津) 高速公路的拐弯处,路面造得外高内低,即当车向右拐弯时,司机左侧的路面比右侧的要高一些,路面与水平面间的夹角为 θ.设拐弯路段是半径为 R 的圆弧,要使车速为 v 时车轮与路面之间的横向(即垂直于前进方向)摩擦力等于零,θ 应等于(   )

A. $\arcsin\dfrac{v^2}{Rg}$ B. $\arctan\dfrac{v^2}{Rg}$

C. $\dfrac{1}{2}\arcsin\dfrac{2v^2}{Rg}$ D. $\text{arccot}\dfrac{v^2}{Rg}$

分析与解答 当车轮与路面无横向摩擦力时,转弯处正好由车的重力和路面支持力的合力提供向心力,如图 6.43 所示,仿佛形成一个圆锥摆.由

$$F = mg\tan\theta = m\frac{v^2}{R}$$

得

$$\theta = \arctan\frac{v^2}{Rg}$$

故 B 正确.

图 6.43 汽车转弯

说明 根据题中结果可知,在确定的弯道上(R,θ 一定),无横向

摩擦力时有确定的车速,即

$$v = \sqrt{Rg\tan\theta}$$

这是一种理想的行车情况.实际驾车通过弯道时的车速常常会偏离理论值,因而路面会对车轮产生横向摩擦力.当车速过大或过小时就会使车产生侧滑,因此在一定弯道上汽车转弯的安全车速有一定的范围*,有兴趣的同学请自行推导.

例题 6.25 某矿区铁路转弯处的圆弧半径为 300 m,两轨的水平间距是 1.435 m,如果规定火车通过转弯处的速度大小是 72 km/h,那么内外两轨的高度差为多少?取 $g = 10 \text{ m/s}^2$.

分析与解答 火车按规定速度行驶时,正好由两轨对火车的支持力和火车重力的合力提供转弯所需的向心力(见图 6.44),也相当于构成一个圆锥摆.设内外两轨的高度差为 h,两轨平面对水平面的倾角为 θ,则

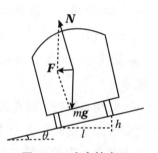

图 6.44 火车转弯

$$\tan\theta = \frac{h}{l}$$

由

$$F = mg\tan\theta = m\frac{v^2}{R}$$

得

$$h = \frac{l}{Rg}v^2 = \frac{1.435}{300 \times 10} \times 20^2 \text{ m} = 0.195 \text{ m}$$

说明 与例 6.23 同理可知,在一定的弯道(R,θ 一定)上火车转弯有确定的速度.由于火车的车轮不像汽车那样,它有个突起的轮

---

* 本例中汽车安全通过弯道的车速范围推导,例题 6.24 中有关火车转弯时的侧压力等问题,请读者参阅本丛书《形象·抽象·直觉》一册的详细解析.

图 6.45 火车的车轮卡在轨道上

缘,使车轮卡在轨道上(见图 6.45). 火车通过弯道时,如果车速大小大于或小于规定的车速,外轨与车轮间或内轨与车轮间会产生侧向的挤压作用,长此以往,将会影响火车的安全运行.

例题 6.26(2008 广东) 有一种叫"飞椅"的娱乐项目,示意图如图 6.46 所示. 长为 L 的钢绳一端系着座椅,另一端固定在半径为 r 的水平转盘边缘,转盘可绕穿过其中心的竖直轴转动. 当转盘以角速度 ω 匀速转动时,钢绳与转轴在同一竖直平面内,且与竖直方向的夹角为 θ,不计钢绳的重力,求转盘转动的角速度 ω 与夹角 θ 的关系.

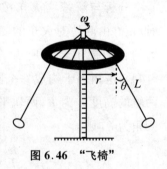

图 6.46 "飞椅"

分析与解答 转盘旋转时,座椅做着类似于圆锥摆的运动. 由转椅重力和钢绳张力的合力提供座椅做圆周运动的向心力,即

$$F = mg\tan\theta = m\omega^2 R$$

由示意图 6.46 可知,座椅的转动半径为

$$R = r + L\sin\theta$$

联立两式,即得转盘转动的角速度 ω 与夹角 θ 的关系为

$$\omega = \sqrt{\frac{g\tan\theta}{r + L\sin\theta}}$$

说明 在这个问题中,把座椅作为质点,无须考虑其大小. 类似的娱乐项目在游乐场里很普遍,关键是找出向心力和确定转动半径. 下面是一个类似的转椅,又稍稍提高了难度,请自行练习.

练习题 图 6.47 是游乐场里的悬挂椅. 它是在一个半径 $R = 10$

m 的圆形架边缘,悬挂着 10 多个椅子.圆形架的转轴与竖直方向间的夹角 $\theta = 15°$.椅子的尺寸与架相比小得多,可以自由摆动.当圆形架匀速转动时,椅子在最低位置时与竖直方向的夹角 $\beta = 30°$.求:

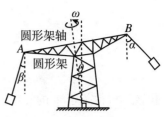

图 6.47 悬挂椅

（1）圆形架转动时的角速度；
（2）悬挂椅摆到最高点时,椅子与竖直方向间的夹角.
(参考答案：(1) 约 8.2 r/min；(2) 45.5°)

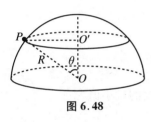

图 6.48

例题 6.27(2008 四川) 如图 6.48 所示,一半径为 R 的光滑绝缘半球面开口向下,固定在水平面上,整个空间存在匀强磁场,方向竖直向下.一电荷量为 q($q>0$)、质量为 m 的小球 P 在球面上做水平面内的匀速圆周运动,圆心为 O'.球心 O 到该圆周上任一点的连线与竖直方向的夹角为 θ($0<\theta<\dfrac{\pi}{2}$).为了使小球能够在该圆周上运动,求磁感应强度大小的最小值及小球 P 相应的速率.（重力加速度为 g）

分析与解答 小球在水平面内仿佛做着倒圆锥摆的运动,受到三个力的作用:竖直向下的重力 mg,沿球面半径指向外的支持力 N,在水平面内沿半径指向 O' 点的洛伦兹力 f(见图 6.49).根据牛顿第二定律有

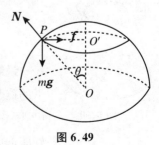

图 6.49

$$N\cos\theta - mg = 0 \qquad ①$$

$$f - N\sin\theta = m\frac{v^2}{R\sin\theta} \qquad ②$$

又有

$$f = qvB \qquad ③$$

联立三式得关于 v 的二次方程

$$v^2 - \frac{qBR\sin\theta}{m}v + \frac{Rg\sin^2\theta}{\cos\theta} = 0 \qquad ④$$

由于 v 是实数,其判别式应该满足条件

$$\Delta = \left(\frac{qBR\sin\theta}{m}\right)^2 - \frac{4Rg\sin^2\theta}{\cos\theta} \geqslant 0$$

解得

$$B \geqslant \frac{2m}{q}\sqrt{\frac{g}{R\cos\theta}} \qquad ⑤$$

因此,小球在球面上做圆周运动时磁感应强度的最小值为

$$B_{\min} = \frac{2m}{q}\sqrt{\frac{g}{R\cos\theta}} \qquad ⑥$$

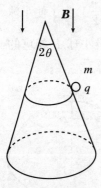

图 6.50

由式④解得 v 的表达式

$$v = \frac{qBR\sin\theta}{2m}$$

代入式⑥的结果,即得小球 P 相应的速率为

$$v = \sqrt{\frac{Rg}{\cos\theta}}\sin\theta \qquad ⑦$$

说明　如果这个带正电荷的小球,在竖直向下的磁场中沿顶角为 2θ 的锥面做匀速圆周运动(见图 6.50),要求运动的最小半径*. 它与本题恰好能形成"正、倒"的两个圆锥摆,不仅都可以采用

---

* 读者可参阅本丛书《数学物理方法》一册,可以获得更多的认识.

二次方程判别式求极值的方法,而且也可以体会到高考命题推陈出新、别具匠心的地方.

例题 6.28 有一点电荷 $e(e>0)$ 和细长磁棒的磁北极处于同一位置 O,在它们所生成的电场、磁场中,有一质量为 m、电荷为 $-e$ 的质点沿水平圆周运动. 从 O 点观察时,圆周直径的视角为 2θ,如图 6.51 所示. 设磁极所产生磁场的磁感应强度大小为 $B=a/r^2$,式中 a 是大于零的常数,r 是磁场中某点到磁极 O 的距离,方向由磁极处出发向外呈辐射状,求该质点做圆周运动的半径. 质点的重力不计.

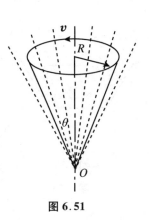

图 6.51

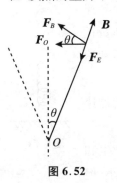

图 6.52

分析与解答 根据题设条件可知,在这个圆锥形区域内的电场线和磁感线都是从 O 点向外呈辐射状的,电场力(库仑力)F_E 指向 O 点,磁场力(洛伦兹力)F_B 垂直于圆锥的母线,它们的合力提供电荷做圆周运动的向心力. 这里的电荷相当于做着倒圆锥摆的运动,如图 6.52 所示.

设质点到 O 点的距离为 r,它所受到的电场力和磁场力的大小分别为

$$F_E = k\frac{e^2}{r^2}, \quad F_B = evB = ev \cdot \frac{a}{r^2}$$

对 F_E、F_B 进行正交分解,有

$$F_B\sin\theta - F_E\cos\theta = 0$$

$$F_B\cos\theta + F_E\sin\theta = m\frac{v^2}{R}$$

式中

联立三式,由

$$R = r\sin\theta$$

$$v = \frac{ke}{a}\cot\theta$$

得

$$R = \frac{a^2\sin^3\theta}{km\cos^2\theta}$$

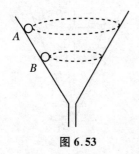

图 6.53

说明 这里电荷的运动,还可以与光滑漏斗中小球的运动做力学类比(见图 6.53).这样一来,原来貌似生疏的情景就变得非常熟悉了,能有助于打开解题的思路.

6.2.5 弹簧—小球模型的类比

如图 6.54 所示,水平桌面上固定竖立着一个轻弹簧,其劲度系数为 k. 一个质量为 m 的小球,从弹簧正上方某高处自由下落到弹簧上. 小球从开始下落至到达最低点的整个过程,可以分为几个阶段:

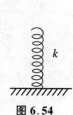

图 6.54

(a) 开始下落时,仅受重力作用,以 $a = g$ 做匀加速运动.

(b) 接触弹簧后,使弹簧压缩,随着弹力的产生和逐渐增大,小球受到的合力变小,向下的加速度变小,但速度不断增大. 小球做的是加速度逐渐变小、速度逐渐增大的变加速运动.

(c) 当弹簧被压缩到其弹力与小球重力平衡时,小球的加速度变为零,速度达到最大.

(d) 由于惯性,小球继续下落,弹簧的弹力变得大于重力,小球所受的合力方向向上,开始做加速度逐渐增大、速度逐渐减小的变减速运动,直至速度减小到零,小球到达最低点. 此后,小球从最低点开始向上运动.

这是中学物理中常见的一个运动模型.这个运动模型,不仅其自身综合着物体的受力和运动变化过程,做功和动能、势能的转换以及冲量和动量等许多知识,而且还可以跟蹦极等有关问题形成很好的类比关系.

例题 6.29(2010 福建) 如图 6.55(a)所示,质量不计的弹簧竖直固定在水平面上,$t = 0$ 时刻,将一金属小球从弹簧上方某一高度处由静止释放,小球落到弹簧上压缩弹簧到最低点,然后又被弹起离开弹簧,上升到一定高度后再次下落,如此反复.通过安装在弹簧下端的压力传感器,测出这一过程弹簧弹力 F 随时间 t 变化的图像如图 6.55(b)所示,则( )

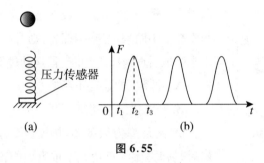

图 6.55

A. t_1 时刻小球动能最大

B. t_2 时刻小球动能最大

C. $t_2 \sim t_3$ 这段时间内,小球的动能先增加后减少

D. $t_2 \sim t_3$ 这段时间内,小球增加的动能等于弹簧减少的弹性势能

分析与解答 从上面的分析可知,小球没有接触弹簧时($F = 0$)做自由落体运动,其速度和动能一直在增大.

t_1 时刻,小球接触弹簧,此后开始受到弹簧向上的弹力,但小球继续向下做加速运动,t_1 时刻的动能并非最大,A 错.

t_2 时刻,弹力达到最大,表示弹簧的压缩量最大,小球达到最低点,其速度为零,B 错.

$t_2 \sim t_3$ 时间内,小球从最低点(加速度最大的位置)开始向上运动,弹簧的形变从开始时的最大—达到静力平衡—恢复原长.小球先做加速度逐渐减小、速度逐渐增大的变加速运动,后做加速度逐渐增大、速度逐渐减小的变减速运动.在这段时间内,小球的动能先增大、后减小,C 正确.

$t_2 \sim t_3$ 时间内,小球动能的增加是合外力做功的结果,即既有弹力做正功,也有重力做负功(对应着重力势能的增加),所以 D 错.

说明 本题侧重于从能的转化角度,进一步认识小球—弹簧模型,许多实际问题往往需要两者结合在一起考虑.

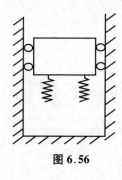

图 6.56

例题 6.30(2001 上海) 一升降机在箱底装有若干个弹簧(见图 6.56),设在某次事故中,升降机吊索在空中断裂,忽略摩擦力,则升降机在从弹簧下端触地后直到最低点的一段运动过程中( )

A. 升降机的速度不断减小

B. 升降机的加速度不断变大

C. 先是弹力做的负功小于重力做的正功,然后是弹力做的负功大于重力做的正功

D. 到最低点时,升降机加速度的值一定大于重力加速度的值

分析与解答 忽略摩擦力后,升降机从下端着地到最低点的过程中,就可以类比于上面的小球—弹簧模型.很容易判断,A、B 均错.

从弹簧下端触地开始,弹簧受压缩产生弹力.在升降机的重力和弹力的合力等于零之前,升降机的速度增大,说明弹力的负功小于重力的正功;在这个合力等于零之后,升降机的速度减小,说明弹力的负功大于重力的正功,C 正确.

由于升降机压缩弹簧前已有一定的动能,所以它在最低点所受的向上合力必定大于重力,因此向上的加速

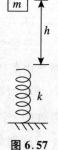

图 6.57

度大于 g. 或者,可把它转化为如图 6.57 所示的模型. 设开始时升降机离开弹簧高 h,弹簧的最大压缩量为 x,由功能关系知

$$mg(h+x) = \overline{F}x = \frac{1}{2}kx^2$$

即

$$x^2 - \frac{2mgx}{k} - \frac{2mgh}{k} = 0$$

得

$$x = \frac{mg}{k} + \sqrt{\left(\frac{mg}{k}\right)^2 + \frac{2mgh}{k}}$$

所以在最低点的加速度为

$$a = \frac{kx - mg}{m} = \sqrt{g^2 + \frac{2ghk}{m}} > g$$

其方向向上,D 正确.

例题 6.31(2001 上海理综) 在一种叫做"蹦极跳"的运动中,质量为 m 的游戏者身系一根长为 L、弹性优良的轻质柔软橡皮绳,从高处由静止开始下落 $1.5L$ 时到达最低点. 若在下落过程中不计空气阻力,则以下说法正确的是(　　)

A. 速度先增大后减小
B. 加速度先减小后增大
C. 动能增加了 mgL
D. 重力势能减少了 mgL

分析与解答 "蹦极跳"可以与弹簧—小球模型建立很好的类比关系:

游戏者 ↔ 小球

橡皮绳 ↔ 弹簧

游戏者下落后仅受重力作用做自由落体运动,$a = g$ 不变,速度增大. 当下落距离等于 L 开始,橡皮绳伸长,开始出现弹力并逐渐增大,相当于接触到弹簧并开始压缩——加速度开始减小,速度继续增大,直到橡皮绳的弹力平衡重力,游戏者的加速度为零,速度达到最

大.此后,弹力大于重力,加速度方向向上并逐渐增大,游戏者向下做减速运动,下落至 $1.5L$ 到达最低点时,速度为零,向上的加速度达到最大.因此,从高处由静止开始下落至 $1.5L$ 的过程中,速度先增大后减小,加速度则不变—减小—增大,所以 A 正确,B 错误.

游戏者从静止开始至下落 $1.5L$ 的过程中,重力势能减少 $1.5mgL$,运动速度从零—零,整个过程中动能的变化 $\Delta E_k = 0$,所以 C、D 都错.

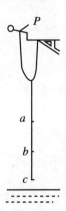

图 6.58

练习题(1997 上海) 某人身系弹性绳自高空 P 点自由下落,图 6.58 中 a 点是弹性绳的原长位置,c 是人所到达的最低点,b 是人静止地悬吊着时的平衡位置.不计空气阻力,则下列说法中正确的是( )

A.从 P 至 c 过程中重力的冲量大于弹性绳弹力的冲量

B.从 P 至 c 过程中重力所做的功等于人克服弹力所做的功

C.从 P 至 b 过程中人的速度不断增大

D.从 a 至 c 过程中加速度方向保持不变

(参考答案:B、C)

例题 6.32 如图 6.59 所示,细绳绕过相距为 $2l$ 的两个定滑轮 A 和 B,两端各挂一个质量为 m 的物体,在 AB 的中点 C 挂一个质量为 M 的大球,$M < 2m$.开始时用手把球托住,轻轻释放后,这个球可能达到的最大下降距离是多少?*

分析 大球释放后,开始时球的重力大于 AC、BC 两绳中张力的合力,球向下做加速运动.随着球的下落,AC、BC 两绳中张力的合力增大,球下落的加速度减小,但速度却不断增大.当大球下落到某

---

* 本题系根据 1994 年上海高考题改编.

位置满足条件
$$Mg = 2mg\cos\theta$$
即到达静力平衡位置时(见图6.60),大球所受的合力为零,加速度为零,速度达到最大值 $v_{\max}$.接着,大球继续下落,AC、BC 两绳中张力的合力大于球的重力,大球向下做减速运动(加速度方向向上),且加速度的大小越来越大,下落速度越来越小,直至速度等于零,大球下降到最低点.此后,大球重又向上做加速运动.

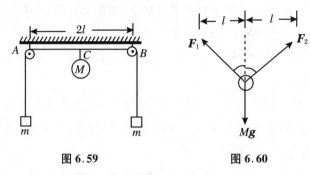

图6.59   图6.60

类比 根据对大球运动过程的分析,可以将它跟图6.54中的小球—弹簧模型相类比,如表6.1所示.

表6.1

大球—滑轮系统	小球—弹簧模型
大球释放后,当重力大于两绳中张力的合力时,球向下做加速运动	小球接触弹簧后,当重力大于弹簧的弹力时,球向下做加速运动
当 $Mg = 2mg\cos\theta$ 时,大球的加速度等于零,速度达到最大	当 $mg = kx_0$ 时,小球的加速度等于零,速度达到最大
大球越过平衡位置后向下做减速运动,至速度为零时达到最低点	小球越过平衡位置后向下做减速运动,至速度为零时达到最低点
大球下降到最低点的过程中,只有球与两物块的重力做功,没有其他外力做功,系统的机械能守恒	小球下降到最低点的过程中,只有球的重力和弹簧的弹力做功,没有其他外力做功,系统的机械能守恒

解答 根据机械能守恒,球重力势能的减少等于两物块重力势能的增加,由

$$Mgh_{\max} = 2mg(\sqrt{h_{\max}^2 + l^2} - l)$$

得大球下降的最大高度

$$h_{\max} = \frac{4Mml}{4m^2 - M^2}$$

说明 有些同学认为大球释放后,在重力 Mg、两根细绳的张力 $F_1 = F_2 = mg$ 共同作用下处于平衡状态,由图 6.60 列出关系式

$$Mg = 2mg\cos\theta \quad \Rightarrow \quad h_{\max} = l\cot\theta$$

这样就错了.正像将球从高处落下和轻轻放在弹簧上,对弹簧的最大压缩量不同一样.

有兴趣的读者请思考一下:大球释放后,下落多少距离时加速度为零?速度的最大值是多少?下面是一个相仿的试题,可以做巩固性的练习.

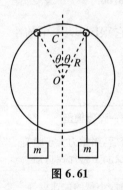

图 6.61

练习题(2004 江苏) 如图 6.61 所示,半径为 R、圆心为 O 的大圆环固定在竖直平面内,两个轻质小圆环套在大圆环上.一根轻质长绳穿过两个小圆环,它的两端都系上质量为 m 的重物.忽略小圆环的大小.

(1) 将两个小圆环固定在大圆环竖直对称轴的两侧 $\theta = 30°$ 的位置上(如图 6.61 所示),在两个小圆环间绳子的中点 C 处,挂上一个质量 $M = \sqrt{2}\,m$ 的重物,使两个小圆环间的绳子呈水平状,然后无初速释放重物.设绳子与大、小圆环的摩擦均可忽略,求重物 M 下降的最大距离.

(2) 若不挂重物 M,小圆环可以在大圆环上自由移动,且绳子与大、小圆环之间的摩擦均可忽略,问两个小圆环分别在哪些位置时,

系统可处于平衡状态?

(参考答案:(1) $h=\sqrt{2}R$;(2) 两小圆环的可能位置:① 同时位于大圆环底端,② 同时位于大圆环顶端,③ 一个位于大圆环顶、一个位于大圆环底,④ 竖直对称轴两侧 $\theta=45°$ 处)

6.2.6 弹簧系统模型的类比

如图 6.62 所示,在光滑水平面上放有质量分别为 M 和 m 的两个均质球,中间嵌入一个用细线缚住并处于压缩状态的轻弹簧,弹簧与两球并不连接.当按住质量为 M 的大球与两球都自由可动的两情况下,烧断缚住弹簧的细线后,质量为 m 的小球弹出的速度大小之比为多少?

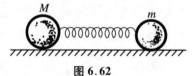

图 6.62

假设处于压缩状态的弹簧所贮有的弹性势能为 E_0,烧断细线后,这些弹性势能就被释放出来.

当质量为 M 的大球固定时,弹簧中贮存的这些弹性势能全部转化为小球 m 的动能.由

$$E_0 = \frac{1}{2}mv_1^2 \qquad ①$$

得小球被弹出的速度为

$$v_1 = \sqrt{\frac{2E_0}{m}} \qquad ②$$

当两球都自由可动时,弹簧中贮存的这些弹性势能转化为两球的动能.由能的转化和守恒及两球系统水平方向动量守恒知

$$E_0 = \frac{1}{2}mv_2^2 + \frac{1}{2}MV^2 \qquad ③$$

$$0 = mv_2 + MV \qquad ④$$

联立③、④两式,得小球被弹出的速度为

$$v_2 = \sqrt{\frac{M}{M+m}} \cdot \sqrt{\frac{2E_0}{m}} \qquad ⑤$$

所以两情况中小球弹出的速度之比为

$$\frac{v_1}{v_2} = \sqrt{\frac{M+m}{M}} > 1 \qquad ⑥$$

显然,大球被固定时,小球弹出的速度较大,而且两情况中小球弹出速度之比仅与两者的质量有关.

这个模型结合着能量守恒和动量守恒,指出了相互作用中能的分配关系.在许多有关结合动量守恒的能量转换问题,都可以与这个模型进行类比.原子核从激发态跃迁到基态,伴随着发射 γ 射线,也有着类似的能量分配*.

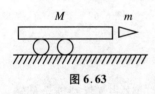

图 6.63

例题 6.33 在光滑水平面上,有一辆质量为 M 的平射炮车,所发射炮弹的质量为 m(见图 6.63).当炮车固定和可以自由反冲的两种情况下,炮弹发射的初速度之比为多少?

分析与解答 通常的火炮是由火药爆炸释放的能量,推动炮弹飞出,同时引起炮身反冲.火药爆炸所提供的总能量相当于上述模型中弹簧中贮存的弹性势能.因此,炮车系统完全可以类比于弹簧系统模型,立即可得炮车固定与可动两情况下,炮弹飞出速度之比为

$$\frac{v_1}{v_2} = \sqrt{\frac{M+m}{M}} > 1$$

说明 本题初看时,似乎条件太少,有些不知所措.仔细分析炮弹发射过程中的能量分配和动量守恒关系后,就可与图 6.62 形成很协调的类比关系,思路一下就打开了.

---

* 请读者参阅本丛书《守恒》一册中有关穆斯堡尔效应的介绍.

例题 6.34 在光滑水平面上有一辆小车,车上有一个支架,小车和支架的总质量为 M,支架上用一根长为 l 的细线悬挂一个质量为 m 的小球. 现把细线拉至水平位置后轻轻释放,如图 6.64 所示,则在小车固定和可以自由滑动的两种情况下,小球摆到最低位置时的速度大小分别为多少?

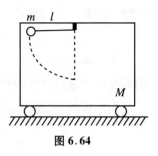

图 6.64

分析与解答 把细线拉至水平位置,给整个系统贮存了一定的能量. 它相当于上述模型中弹簧所贮存的能量,即

$$E = mgl \quad \leftrightarrow \quad E_0$$

小球摆到最低位置时,这些能量全部释放出来,并通过与车的相互作用进行分配. 因此,通过与弹簧系统模型类比后可以知道[*]:

小车固定时,小球摆到最低点的速度为

$$v_1 = \sqrt{\frac{2E_0}{m}} = \sqrt{\frac{2mgl}{m}} = \sqrt{2gl}$$

小车可自由滑动时,小球摆到最低点的速度为

$$v_2 = \sqrt{\frac{M}{M+m} \cdot \sqrt{\frac{2E_0}{m}}} = \sqrt{\frac{M}{M+m}} \cdot \sqrt{2gl}$$

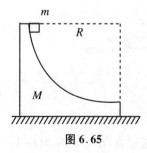

图 6.65

例题 6.35 如图 6.65 所示,在光滑水平面上有一个质量为 M、半径为 R 的 1/4 光滑圆弧槽,一个质量为 m 的小滑块从槽的顶端由静止下滑. 当圆弧槽被固定和可以自由滑动时,小滑块脱离槽口的速度分别为多大?

分析与解答 小滑块在槽的顶端,相对

---

[*] 作为独立问题求解时,明确类比关系后,应该根据能的转换和动量守恒列式计算. 这里仅是为了节省篇幅,本例和例题 6.34 都直接借用了前面的计算结果.

于槽口具有一定的势能.它相当于上述模型中弹簧所贮存的能量,即

$$E = mgR \leftrightarrow E_0$$

小滑块下滑到槽口时,这些能量全部释放出来,并通过与圆弧槽的相互作用进行分配.因此,通过与弹簧系统模型类比后可以知道:

当圆弧槽固定时,小滑块脱离槽口的速度为

$$v_1 = \sqrt{\frac{2E_0}{m}} = \sqrt{\frac{2mgR}{m}} = \sqrt{2gR}$$

当圆弧槽可自由滑动时,小滑块脱离槽口的速度为

$$v_2 = \sqrt{\frac{M}{M+m}} \cdot \sqrt{\frac{2E_0}{m}} = \sqrt{\frac{M}{M+m}} \cdot \sqrt{2gR}$$

例题 6.36 如图 6.66 所示,在水平光滑桌面上放一质量为 M 的玩具小车,在小车的平台(小车的一部分)上有一质量可忽略的弹簧,一端固定在平台上,另一端用质量为 m 的小球将弹簧压缩一定距离后用细线缚住.用手将小车固定在桌面上,然后烧断细线,小球就被弹出,落在车上 A 点,$OA = s$.如果小车不固定而烧断细线,球将落在何处?设小车足够长,球不致落在车外.

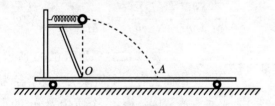

图 6.66

分析与解答 本题与弹簧系统模型的类比很明显.设弹簧中贮存的能量为 E_0,小球对车身的高度为 h,根据题意,小车固定时由平抛运动知

$$v_1 = \frac{s}{t} = s\sqrt{\frac{g}{2h}} \qquad ①$$

因此弹簧中贮存的弹性势能为

$$E_0 = \frac{1}{2}mv_1^2 = \frac{ms^2g}{4h} \qquad ②$$

小车可动时同样有关系式

$$E_0 = \frac{1}{2}mv_2^2 + \frac{1}{2}MV^2 \qquad ③$$

$$mv_2 = MV \qquad ④$$

联立式③和式④得

$$v_2 = \sqrt{\frac{M}{M+m}} \cdot \sqrt{\frac{2E_0}{m}}$$

$$= \sqrt{\frac{M}{M+m}} \cdot s\sqrt{\frac{g}{2h}} \qquad ⑤$$

将式⑤代入式④,得小车的反冲速度大小为

$$V = \frac{m}{M}v_2 \qquad ⑥$$

因此车可动时,小球相对于车的平抛速度大小为

$$u = v_2 + V = \left(1 + \frac{m}{M}\right)v_2$$

$$= \sqrt{\frac{M+m}{M}} \cdot s\sqrt{\frac{g}{2h}} \qquad ⑦$$

则小球落在车上的 A' 点离开 O 点的距离为

$$s' = OA' = ut = u\sqrt{\frac{2h}{g}} = s\sqrt{\frac{M+m}{M}} \qquad ⑧$$

说明 本题对知识的综合程度很高,又包含着相对运动的难点,而且题中仅给出三个参量(M, m, s),表面看来,好像无从下手,当年高考中曾难倒一大片同学.实际上,如果头脑中贮存着弹簧系统模型的话,通过类比关系,可以很顺利地求解出来.

6.2.7 重力场—电场模型的类比

重力加速度也就是重力场的强度.在地面上方不太大的空间范

围内,可以认为加速度的大小和方向都不变,是一个均匀的重力场. 匀强电场与重力场可以有很好的类比. 下面,通过对若干实际问题的类比处理,可以进一步认识它们的类比关系*.

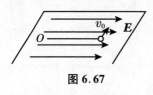

图 6.67

例题 6.37(2004 上海) 如图 6.67 所示,在光滑水平面上的 O 点系一根长为 l 的绝缘细线,线的另一端系一质量为 m、带电量为 q 的小球. 当沿细线方向加上场强为 E 的匀强电场后,小球处于平衡状态. 现给小球一垂直于细线的初速度 v_0,使小球在水平面上开始运动. 若 v_0 很小,求小球第一次回到平衡位置所需时间.

分析与解答 由题设条件,沿细线方向加上匀强电场能使小球处于平衡状态,说明小球带正电. 小球在光滑水平面上运动时,其重力被支持力平衡,仅受恒定的电场力和线的拉力,因此可以将它类比于竖直平面内的单摆. 这里的对应类比量如图 6.68 所示.

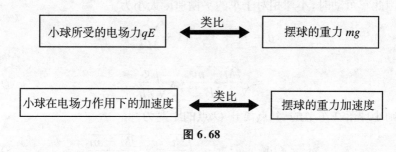

图 6.68

由于初速度 v_0 很小,即小球的初动能很小,它摆至两侧极端位置时电势能很小,细线对平衡位置的偏转角度也很小,因此小球在平衡位置附近的运动是简谐运动. 它第一次回到平衡位置的时间

---

* 从等效的意义上说,静电场中许多问题可以看成在"等效重力场"中发生的,属于同一个物理模型,可以采用同样的方法研究. 这个关系在实际应用中的资源非常丰富,读者可参阅本丛书《等效》一册.

$$t = \frac{T}{2} = \frac{1}{2} \times 2\pi\sqrt{\frac{l}{a}} = \pi\sqrt{\frac{l}{qE/m}} = \pi\sqrt{\frac{ml}{qE}}$$

例题 6.38 一个质量为 m、带有电荷 $-q$ 的小物体,可在水平轨道 Ox 上运动,O 端有一与轨道垂直的固定墙. 轨道处于匀强电场中,场强大小为 E,方向沿 Ox 轴正方向,如图 6.69 所示. 小物体以初速度 v_0 从 x_0 点沿轨道运动,运动时受到大小不变的摩擦力 f 的作用,且 $f < qE$. 设小物体与墙碰撞时不损失机械能,且电量保持不变,求它在停止运动前所通过的总路程.

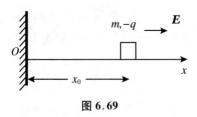

图 6.69

分析与解答 小物体运动时,水平方向受到恒定的电场力 F_E 和摩擦力 f 的作用. 小物体右行时,电场力和摩擦力向左,小物体做匀减速运动. 至速度等于零时,由于 $f < F_E$,重又向左做加速运动. 可见,小物体沿 x 轴运动时交替做着匀减速运动和匀加速运动. 由于小物体在运动过程中需要不断地克服摩擦力做功,能量越来越小,最后停止于 O 处.

这个小物体在电场里水平方向的运动,可以跟小球在重力场里竖直方向的运动相类比(见图 6.70).

小物体初始时具有的总能量完全消耗于克服摩擦力所做的功,即

$$\frac{1}{2}mv_0^2 + qEx_0 = fs$$

所以小物体停止运动前所通过的总路程为

$$s = \frac{mv_0^2 + 2qEx_0}{2f}$$

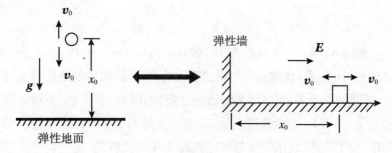

图 6.70

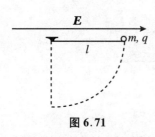

图 6.71

例题 6.39 用长为 l 的细线悬挂一个质量为 m、带正电荷 q 的小球,置于场强为 E、方向水平向右的匀强电场中,如图 6.71 所示.现将小球拉至悬线水平伸直的位置,并从静止开始释放,试确定小球达到最大速度的位置?

分析与解答 设小球受到的电场力与重力的合力为 F,它与竖直方向间的夹角为 α,则

$$F = \sqrt{(mg)^2 + (qE)^2}, \quad \alpha = \arctan\frac{qE}{mg}$$

把重力场和电场合成一个"等效力场",并定义"等效重力加速度"为

$$g' = \frac{F}{m} = \frac{\sqrt{(mg)^2 + (qE)^2}}{m}$$

其方向竖直向下偏右为 α 角(见图 6.72).

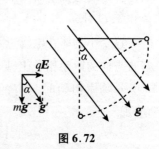

图 6.72

根据与重力场中悬挂小球的类比知道,当小球下落到其悬线与竖直方向间夹角为 α 时,小球位于等效力场中的平衡位置,它的速度达到最大.也就是说,当小球运动到悬线与竖直方向间夹角为

$$\alpha = \arctan\frac{qE}{mg}$$

时,小球的速度最大.

说明 如果不采用类比方法,也可以这样考虑:小球下落过程中当速度达到最大时,意味着它在悬线的切线方向应该受力平衡,即有

$$mg\sin\alpha = qE\cos\alpha$$

由此可得同样的结果.这样求解,虽然过程更简洁,但理解上却比较困难,而且一般不容易想到切线方向处于力平衡这一点,不如上面的解法直观、明白.

有兴趣的读者请继续思考一下:小球运动到这个位置时速度有多大?

例题 6.40(2016 全国卷) 如图 6.73,平行板电容器两极的间距为 d,极板与水平面成 $45°$ 角,上极板带正电.一电荷量为 $q(q>0)$ 的粒子在电容器中靠近下极板处,以初动能 E_{k0} 竖直向上射出.不计重力,极板尺寸足够大,若粒子能打到上极板,则两极板间电场强度的最大值为( )

A. $\dfrac{E_{k0}}{4qd}$ B. $\dfrac{E_{k0}}{2qd}$ C. $\dfrac{\sqrt{2}E_{k0}}{2qd}$ D. $\dfrac{\sqrt{2}E_{k0}}{qd}$

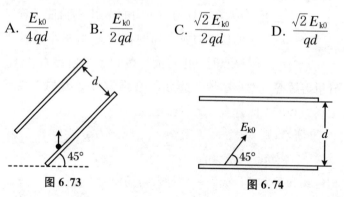

图 6.73   图 6.74

分析与解答 将平行板电容器顺时针转过 $45°$ 成水平状态,如图 6.74 所示.由于粒子的运动过程中仅受电场力作用,因此可以将它类比于重力场中的斜抛运动,即

$$\text{恒定的重力场} \leftrightarrow \text{恒定的电场}$$

恒定的重力产生加速度 g $\leftrightarrow$ 恒定的电场力产生加速度 $a = \dfrac{qE}{m}$

也就是相当于一个等效重力($g' = a$). 当电场强度达到最大值时,粒子恰好能到达上极板,此时粒子的速度平行于板面. 于是,由斜抛运动的射高公式知

$$d = \frac{(v_0 \sin\theta)^2}{2a} = \frac{\dfrac{2E_{k0}}{m} \cdot (\sin 45°)^2}{2 \cdot \dfrac{qE}{m}} = \frac{E_{k0}}{2qE}$$

得

$$E = \frac{E_{k0}}{2qd}$$

所以 B 正确.

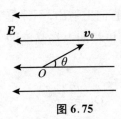

图 6.75

例题 6.41(2005 辽宁理综) 一匀强电场,场强方向水平(见图 6.75). 一个质量为 m 的带正电的小球,从 O 点出发,初速度的大小为 v_0,在电场力与重力的作用下,恰能沿着与场强的反方向成 θ 角的直线运动. 求小球运动到最高点时其电势能与在 O 点的电势能之差.

分析与解答 设小球带电量为 q,场强为 E. 小球做直线运动时所受电场力和重力的合力必定与初速度共线,如图 6.76 所示,则

$$mg = qE\tan\theta$$

把电场和重力场合成为一个等效力场,小球原来的运动,可以类比于在这个等效力场中的上抛运动. 由等效力场强度

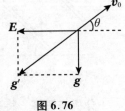

图 6.76

$$g' = \frac{g}{\sin\theta}$$

得小球在等效力场中上抛的最大高度

$$h = \frac{v_0^2}{2g'} = \frac{v_0^2 \sin\theta}{2g}$$

小球在最高点与抛出点的电势之差为

$$U = Eh\cos\theta = E \cdot \frac{v_0^2}{2g}\sin\theta\cos\theta$$

所以小球在最高点与抛出点的电势能之差为

$$\Delta\varepsilon = qU = \frac{1}{2}mv_0^2\cos^2\theta$$

说明 采用这样的"等效—类比"的优势是很明显的.同学们不妨再用常规方法求解进行比较,加深体会.

6.2.8 霍尔效应模型的类比应用

前面第 5 章中对霍尔效应已有介绍,它是洛伦兹力对正负电荷的迁移形成的.下面,先对霍尔效应做进一步的探讨,然后,再介绍其在中学物理中的一些类比应用.

霍尔电势

如图 6.77 所示,一块截面为矩形的导体板两边长分别为 h 和 d,放在垂直于其横截面的磁感应强度为 B 的匀强磁场中,当在纵向通以电流 I 时,在导体板的上、下两侧面 A、A' 之间形成的电势差称为霍尔电势.它的大小为

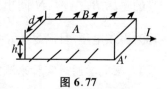

图 6.77

$$U_H = k\frac{IB}{d}$$

式中 k 称为霍尔系数.

有趣的是:霍尔电势差(即霍尔电压)发生在上、下两侧面间(与

B、I 互相垂直），却与上、下两侧的间距 h 无关，而与前、后两侧（即 B 的方向）间距 d 有关．

这个关系式很容易证明：设上下两板间电势差为 U_H 时，由电荷积累形成的静电场强度为 E，当带电为 q 的离子受到的电场力与洛伦兹力平衡时，有

$$q\frac{U_H}{h} = qvB \Rightarrow U_H = vhB$$

因通过导体的电流与电荷定向移动速度之间有关系式

$$I = nqSv = nqv \cdot dh$$

联立两式即得

$$U_H = \frac{1}{nq} \cdot \frac{IB}{d} = k\frac{IB}{d}$$

式中霍尔系数 $k = 1/nq$，这是一个仅由导体中带电粒子（电子或离子）的电量和浓度（每单位体积中带电粒子数）所决定的量，可以用实验测定．

例题 6.42（2013 山东理综） 霍尔效应是电磁基本现象之一，近期我国科学家在该领域的实验研究上取得了突破性进展．如图 6.78 所示，在一矩形半导体薄片的 P、Q 间通入电流 I，同时外加与薄片垂直的磁场 B，在 M、N 间出现电压 U_H，这个现象称为霍尔效应，U_H 称为霍尔电压，且满足 $U_H = k\frac{IB}{d}$，式中 d 为薄片的厚度，k 为霍尔系数．某同学通过实验来测定该半导体薄片的霍尔系数．

(1) 若该半导体材料是空穴（可视为带正电粒子）导电，电流与磁场方向如图 6.78 所示，该同学用电压表测量 U_H 时，应将电压表的"+"接线柱与_____（填"M"或"N"）端通过导线相连．

(2) 已知薄片厚度 $d = 0.40$ mm，该同学保持磁感应强度 $B = 0.10$ T 不变，改变电流 I 的大小，测量相应的 U_H 值，记录数据如表 6.2 所示．

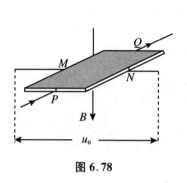

图 6.78

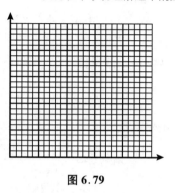

图 6.79

表 6.2

$I/\times 10^{-3}$ A	3.0	6.0	9.0	12.0	15.0	18.0
$U_H/\times 10^{-3}$ V	1.1	1.9	3.4	4.5	6.2	6.8

根据表 6.2 中的数据在给定区域内(见图 6.79)画出 U_H-I 图线,利用图线求出该材料的霍尔系数为 _____ ×10⁻³V·m/(A·T)(保留 2 位有效数字).

分析与解答 (1) 空穴在洛伦兹力作用下会偏向 M 一侧,使 M 一侧的电势比 N 侧高,因此电压表的"+"接线柱应该与 M 端相连.

(2) U_H-I 图线如图 6.80 所示,其斜率为

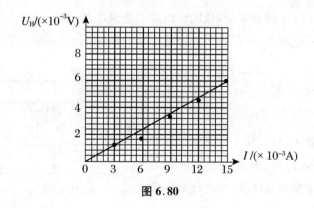

图 6.80

$$k' = \frac{U_H}{I} = \frac{4.5 \times 10^{-3}}{12.0 \times 10^{-3}} = 0.375 \text{ V} \cdot \text{m}/(\text{A} \cdot \text{T})$$

把这个实验测量值,代入霍尔电压表达式后,可得

$$k' = k\frac{B}{d}$$

则霍尔系数

$$k = \frac{d}{B}k' = \frac{0.40 \times 10^{-3}}{0.10 \times 10^{-3}} \times 0.375 \text{ V} \cdot \text{m}/(\text{A} \cdot \text{T})$$
$$= 1.5 \times 10^{-3} \text{ V} \cdot \text{m}/(\text{A} \cdot \text{T})$$

说明 原题还有如下第(3)小题,以霍尔效应为背景,考查有关的电路设计等方面知识,请同学们自行研究.

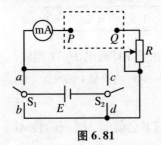

图 6.81

(3) 该同学查阅资料发现,使半导体薄片中的电流反向再次测量,取两个方向测量的平均值,可以减小霍尔系数的测量误差,为此该同学设计了如图 6.81 所示的测量电路,S_1、S_2 均为单刀双掷开关,虚线框内为半导体薄片(图中未画出). 为使电流从 Q 端流入,P 端流出,应将 S_1 掷向 _____(填"a"或"b"),S_2 掷向 _____(填"c"或"d").

为了保证测量安全,该同学改进了测量电路,将一合适的定值电阻串联在电路中. 在保持其他连接不变的情况下,该定值电阻应串联在相邻器件 _____ 和 _____(填器件代号)之间.

参考答案:b,c;S_1,E.

例题 6.43(2014 江苏) 如图 6.82 所示,导电物质为电子的霍尔元件位于两串联线圈之间,线圈中电流为 I,线圈间产生匀强磁场,磁感

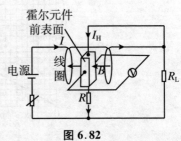

图 6.82

应强度大小 B 与 I 成正比,方向垂直于霍尔元件的两侧面,此时通过霍尔元件的电流为 I_H,与其前后表面相连的电压表测出的霍尔电压 U_H 满足:$U_H = kI_H B/d$,式中 k 为霍尔系数,d 为霍尔元件两侧间的距离.电阻 R 远大于 R_L,霍尔元件的电阻可以忽略,则( )

A. 霍尔元件前表面的电势低于后表面

B. 若电源的正负极对调,电压表将反偏

C. I_H 与 I 成正比

D. 电压表的示数与 R_L 消耗的电功率成正比

分析与解答 为了清楚起见,可以把霍尔元件"隔离"出来,如图 6.83(a)所示.开始时,磁场方向从右向左,元件中的电子在洛伦兹力作用下向后侧偏移,前侧因缺少电子呈现正电,从而使元件前表面的电势高于后表面,A 错.

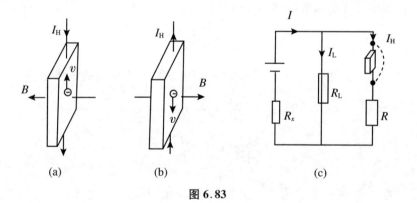

图 6.83

图中的电源,不仅对激磁线圈供电产生磁场,也同时对元件供电,当电源的正负极对调后,磁场方向和通过元件的电流方向同时改变,如图 6.83(b)所示,元件中的电子受洛伦兹力作用产生的偏移方向不变,因此元件前表面的电势依然高于后表面,电压表不会反偏,B 错.

图中装置的直流等效电路如图 6.83(c)所示,外电路由两条并联支路.由于霍尔元件的电阻可忽略,相当于仅有电阻 R 与 R_L 并联,

于是有

$$I_H R = I_L R_L \quad 或 \quad I_L = \frac{R}{R_L} I_H \qquad ①$$

根据题意，$R \gg R_L$，因此有近似关系

$$I \approx I_L = \frac{R}{R_L} I_H \quad 或 \quad I_H = \frac{R_L}{R} I \qquad ②$$

可见，I_H 与 I 成正比，C 正确.

根据题设条件线圈间匀强磁场的磁感应强度大小 B 与 I 成正比，可表示为

$$B = k' I \qquad ③$$

k' 为比例系数. 电阻 R_L 消耗的电功率为

$$P_L = I_L^2 R_L \approx I^2 R_L \qquad ④$$

已知电压表的示数（霍尔电压）可表示为

$$U_H = k \frac{I_H B}{d} \qquad ⑤$$

将式③和式②代入式⑤，并考虑式④的关系，则电压表的示数为

$$U_H = k \frac{I_H B}{d} = \frac{k}{d} \cdot k' I \cdot \frac{R_L}{R} I$$

$$= \frac{kk'}{dR} I^2 R_L = \frac{kk'}{dR} P_L$$

式中 $\dfrac{kk'}{dR}$ 是有确定值的一个数，相当于比例常数，可见 $U_H \propto P_L$，故 D 正确.

说明 本题以霍尔效应为主要载体，综合了直流电路的一些基本规律和磁场及带电粒子的运动等知识，含量相当丰富，值得认真体会.

> 霍尔效应模型的类比应用

霍尔效应的实质就是带电粒子在磁场中的运动. 假设有一股带

电的流体(气体或液体)进入磁场,其中的正负离子在洛伦兹力的作用下就会发生分离.电磁流量计、磁流体发电机、磁流体推进器等仪器、设备都可以作为霍尔效应模型的类比应用.

Ⅰ.电磁流量计

如图6.84所示为一种电磁流量计的测量管道,中空部分的长、宽、高分别为 a、b、c,匀强磁场 B 的方向垂直于前后两面,上下两表面分别与串接了电阻 R 的电流表两端连接,测量电路如图6.85所示.导电流体经过管道时受到洛伦兹力作用,稳定时,由

$$qvB = q\frac{U}{c} \Rightarrow v = \frac{U}{cB}$$

则流量

$$Q = vS = vbc = \frac{b}{B}U$$

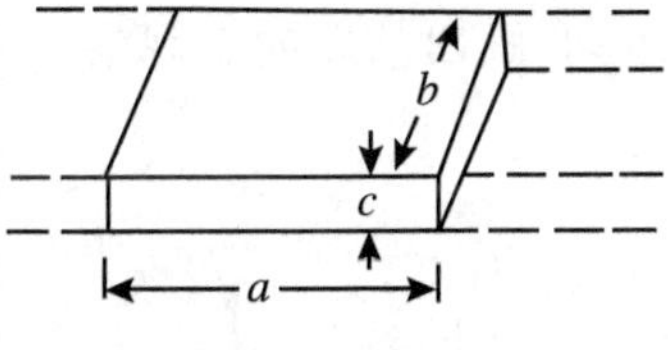

图6.84 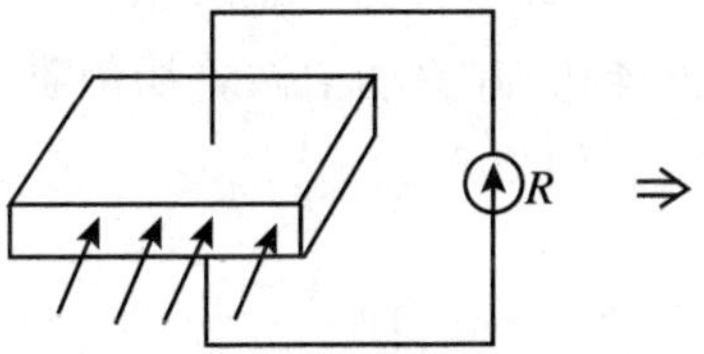 图6.85

若已知流体的电阻率为 ρ,则测量管道内流体的电阻相当于电源的内阻,上式中的霍尔电势差 U 相当于电源电动势,于是,结合闭合电路欧姆定律后,流量又可以表示为

$$Q = \frac{b}{B}I(R+r) = \frac{bI}{B}\left(R + \rho\frac{c}{ab}\right) = \frac{I}{B}\left(bR + \rho\frac{c}{a}\right) *$$

例题6.44(2009宁夏) 医生做某些特殊手术时,利用电磁血流计来监测通过动脉的血流速度.电磁血流计由一对电极 a 和 b 以及磁极 N 和 S 构成,磁极间的磁场是均匀的.使用时,两电极 a、b 均与

---

* 这里介绍的流量计采用了2001年江苏等省高考题的式样和数据.

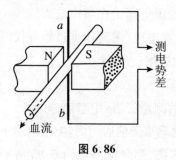

图 6.86

血管壁接触,两触点的连线、磁场方向和血流速度方向两两垂直,如图 6.86 所示.由于血液中的正负离子随血流一起在磁场中运动,电极 a、b 之间会有微小电势差.在达到平衡时,血管内部的电场可看作匀强电场,血液中的离子所受的电场力和磁场力的合力为零.在某次监测中,两触点间的距离为 3.0 mm,血管壁的厚度可忽略,两触点间的电势差为 160 μV,磁感应强度的大小为 0.040 T,则血流速度的近似值和电极 a、b 的正负为(　　)

A.1.3 m/s,a 正、b 负　　　　B.2.7 m/s,a 正、b 负
C.1.3 m/s,a 负、b 正　　　　D.2.7 m/s,a 负、b 正

分析与解答　血液流动时,相当于一根长 $l = ab$(电极间距)的"液体棒"在磁场中做着切割磁感线的运动.画出从左向右观察的侧视图,如图 6.87 所示.

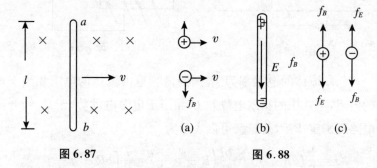

图 6.87　　　　　　　　　图 6.88

"液体棒"中的正、负离子分别受到向上和向下的洛伦兹力(见图 6.88(a)),使血管上下两侧形成电荷的积累,从而建立静电场(见图 6.88(b)),并形成对离子迁移的阻碍作用.平衡时,正、负离子受到的洛伦兹力与电场力恰好等值反向(见图 6.88(c)).由

$$qE = qvB \quad \Rightarrow \quad v = \frac{E}{B}$$

根据静电场中场强与电势差的关系 $E = \dfrac{U}{l}$，代入上式即得血流速度

$$v = \dfrac{U}{lB} = \dfrac{160 \times 10^{-6}}{3.0 \times 10^{-3} \times 0.040} \text{ m/s} = 1.3 \text{ m/s}$$

由左手定则可知，a 端为正，b 端为负，所以正确的是 A.

说明 "液体棒"中感应电压的建立，也可以运用电磁感应方法，直接由

$$U = Blv \quad \Rightarrow \quad v = \dfrac{U}{lB}$$

只是对平衡状态的建立过程，还得从洛伦兹力作用考虑.

例题 6.45（2009 北京） 单位时间内流过管道横截面的液体体积叫作液体的体积流量（以下简称流量）. 由一种利用电磁原理测量非磁性导电液体（如自来水、啤酒等）流量的装置，称为电磁流量计. 它主要由将流量转换为电压信号的传感器和显示仪表两部分组成.

传感器的结构如图 6.89 所示，圆筒形测量管内壁绝缘，其上装有一对电极 a 和 c，ac 间的距离等于测量管内径 D，测量管的轴线与

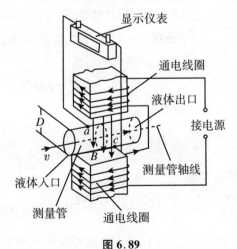

图 6.89

a、c 的连线以及通电线圈产生的磁场方向三者相互垂直. 当导电液体流过测量管时, 在电极 a、c 间出现感应电动势 E, 并通过与电极连接的仪表显示出液体流量 Q. 设磁场均匀恒定, 磁感应强度为 B.

(1) 已知 $D = 0.40$ m, $B = 2.5 \times 10^{-3}$ T, $Q = 0.12$ m³/s, 设液体在测量管内各处流速相同, 试求 E 的大小(π 取 3.0).

(2) 一新建供水站安装了电磁流量计, 在向外供水时流量本应显示为正值, 但实际显示却为负值. 经检查, 原因是误将测量管接反了, 即液体由测量管出水口流入, 从入水口流出. 因为水已加压充满管道, 不便再将测量管拆下重装, 请你提出使显示仪表的流量指示变为正值的简便方法.

(3) 显示仪表相当于传感器的负载电阻, 其阻值记为 R. a、c 间导电液体的电阻 r 随液体电阻率的变化而变化, 从而会影响显示仪表的示数. 试以 E、R、r 为参数, 给出电极 a、c 间输出电压 U 的表达式, 并说明怎样可以降低液体电阻率变化对显示仪表示数的影响.

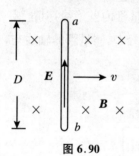

图 6.90

分析与解答 (1) 导电液体在通电线圈的磁场内运动时, 相当于一根长为 $l = D = ac$ (两电极间距)的"液体棒"不断做着切割磁感线的运动. 将题中立体图平面化, 如图 6.90 所示. 感应电动势为

$$E = BDv$$

根据流量表达式

$$Q = \pi \left(\frac{D}{2}\right)^2 v = \frac{\pi}{4} D^2 v \quad \Rightarrow \quad v = \frac{4Q}{\pi D^2}$$

代入上式得感应电动势

$$E = \frac{4BQ}{\pi D} = \frac{4 \times 2.5 \times 10^{-3} \times 0.12}{3.0 \times 0.40} \text{ V} = 1.0 \times 10^{-3} \text{ V}$$

(2) 当流速反向时, 为了保证产生的感应电动势方向不变, 只需使磁场反向, 也就是说, 只需使线圈中的电流方向反向(或者, 也可以

将传感器输出端对调接入显示仪器).

(3) 导电液体流动时,由它作为电源对显示仪器(负载电阻)供电,其等效电路如图 6.91 所示. 由闭合电路欧姆定律得输出电压

$$U = \frac{R}{r+R}E = \frac{E}{1+\dfrac{r}{R}}$$

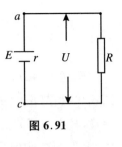

图 6.91

当负载电阻 R 增大时,r/R 的减小;若使 $R \gg r$,则输出电压可近似为

$$U \approx E = BDv$$

即仅由磁场、测量管的尺寸和流速决定,与导电液体电阻率的变化几乎没有关系了.

说明 本题貌似复杂,把它简化后其实很基础. 从实际应用中组编的问题,为了说清楚仪器的使用或事实的来龙去脉,往往题文比较长,提供的大多是实物结构立体图. 解题中,必须仔细读题,通过分析找出其物理内核,同时将原来的立体图形平面化(画出某方向的视图),这样就容易突破困难了.

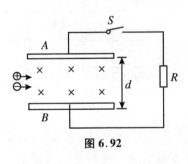

图 6.92

Ⅱ. 磁流体发电机

磁流体发电机的示意图如图 6.92 所示. 以速度 v 高速喷入的等离子束,正负离子在洛伦兹力作用下分别向上下 A、B 两极板偏移,稳定后在两极板间形成的霍尔电势差

$$U = Ed = vBd$$

这就是磁流体发电机的电动势 ε. 合上电键就能对负载供电.

若等离子束的电阻率为 ρ,A、B 两极板的面积为 S,则通过负载电阻 R 的电流为

$$I = \frac{\varepsilon}{r+R} = \frac{vBd}{\rho\dfrac{d}{S}+R} = \frac{vBdS}{\rho d + SR}$$

例题 6.46（2004 天津） 磁流体发电是一种新型发电方式，图 6.93 和图 6.94 是其工作原理示意图.图 6.93 中的长方体是发电导管，其中空部分的长、高、宽分别为 l、a、b，前后两个侧面是绝缘体，上下两个侧面是电阻可略的导体电极，这两个电极与负载电阻 R_L 相连.整个发电导管处于图 6.94 中磁场线圈产生的匀强磁场里，磁感应强度为 B，方向如图所示.发电导管内有电阻率为 ρ 的高温、高速电离气体沿导管向右流动，并通过专用管道导出.由于运动的电离气体受到磁场作用，产生了电动势.发电导管内电离气体流速随磁场有无而不同.设发电导管内电离气体流速处处相同，且不存在磁场时电离气体流速为 v_0，电离气体所受摩擦阻力总与流速成正比，发电导管两端的电离气体压强差 Δp 维持恒定，求：

(1) 不存在磁场时电离气体所受的摩擦阻力 F 多大？

(2) 磁流体发电机的电动势 E 的大小.

(3) 磁流体发电机发电管的输入功率 P.

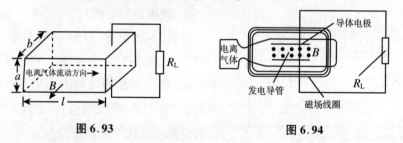

图 6.93　　　　　图 6.94

分析与解答 (1) 不加磁场时，导管内电离气体所受的摩擦阻力与压强差产生的推力相平衡，得摩擦阻力为

$$F = ab\Delta p \qquad ①$$

(2) 加磁场时，设电离气体的流速为 v，摩擦阻力为 F'，则由题意知

$$\frac{F'}{F} = \frac{v}{v_0} \quad \text{或} \quad F' = \frac{v}{v_0} F \qquad ②$$

电离气体在流动过程中受到洛伦兹力的作用,正负离子分别向下和向上偏移,在两电极间建立电场,形成电势差.稳定时,满足条件

$$qvB = q\frac{U}{a}$$

负载电阻开路时两电极间的电势差,就是所产生的电动势,即

$$E = U = Bav \qquad ③$$

接入负载电阻后,整个电路中的电流为

$$I = \frac{E}{R_L + \rho \frac{a}{bl}} = \frac{Bav}{R_L + \frac{\rho a}{bl}} \qquad ④$$

这个电流受到的安培力为

$$F_{安培} = BIa = \frac{B^2 a^2 v}{R_L + \frac{\rho a}{bl}} \qquad ⑤$$

其方向向左.当电离气体匀速流动时,满足条件

$$ab\Delta p = F_{安培} + F' \qquad ⑥$$

将式⑤和式②代入式⑥,并联立式①,可得有磁场时电离气体的流速

$$v = \frac{v_0}{1 + \frac{B^2 alv_0}{\Delta p(blR_L + \rho a)}} = \frac{v_0}{1 + \frac{B^2 av_0}{b\Delta p\left(R_L + \frac{\rho a}{bl}\right)}}$$

把它代入式③,即得磁流体发电机的电动势为

$$E = \frac{Bav_0}{1 + \frac{B^2 av_0}{b\Delta p\left(R_L + \frac{\rho a}{bl}\right)}}$$

(3) 磁流体发电机发电导管的输入功率为

$$P = ab\Delta p \cdot v$$

根据能的转化和守恒,磁流体发电机发电导管的输入功率转化为输出的电功率和克服摩擦所消耗的功率,即

$$P = EI + F'v$$

得

$$P = \frac{abv_0 \Delta p}{1 + \dfrac{B^2 a v_0}{b\Delta p \left(R_L + \dfrac{\rho a}{bl}\right)}}$$

说明 审读本题要认清几点:(1) 不加磁场时,怎样维持电离气体的流动?(2) 加了磁场后,电离气体的流动发生了怎样的变化?它会受到哪些力的作用?(3) 发电管的输入功率是怎样体现出来的?由于题中包含内容较丰富,可针对各个小题逐步分析、列式.

Ⅲ.磁流体推进器

带电的流体相当于一股电流,当它进入磁场区域后,会受到垂直于磁场方向的作用力.根据牛顿第三定律,这股流体同样会对磁场(产生磁场的实体)施以反作用力.利用这个反作用力可以作为推进器的动力,推动船舰前进,这就是磁流体推进器的原理.

例题 6.47(2006 北京) 磁流体推进船的动力来源于电流与磁场间的相互作用.图 6.95(a)是在平静海面上某实验船的示意图.磁流体推进器由磁体、电极和矩形通道(简称通道)组成.如图 6.95(b)所示,通道尺寸 $a = 2.0$ m、$b = 0.15$ m、$c = 0.10$ m.工作时,在通道内沿 z 轴正方向加 $B = 8.0$ T 的匀强磁场;沿 x 轴负方向加匀强电场,使两金属板间的电压 $U = 99.6$ V,海水沿 y 轴方向流过通道.已知海水的电阻率 $\rho = 0.20$ Ω·m.

(1) 船静止时,求电源接通瞬间推进器对海水推力的大小和方向.

(2) 船以 $v_{船} = 5.0$ m/s 的速度匀速前进.若以船为参考系,海水以 5.0 m/s 的速率涌入进水口,由于通道的截面积小于进水口的截面积,在通道内海水速率增加到 $v_{水} = 8.0$ m/s,求此时两金属板间的

感应电动势 $U_感$.

(3) 船行驶时,通道中海水两侧的电压按 $U' = U - U_感$ 计算,海水受到的电磁力的 80% 可以转化为对船的推力.当船以 $v_船 = 5.0 \text{ m/s}$ 的速度匀速运动时,求海水推力的功率.

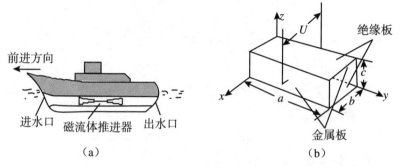

图 6.95

分析与解答 (1) 通道里的海水相当于一段导体,沿 x 轴方向的电阻为

$$R = \rho \frac{b}{ac}$$

电源接通瞬间,沿 x 轴负方向加上电压,形成的电流为

$$I = \frac{U}{R} = \frac{Uac}{\rho b}$$

因此受到的磁场力(安培力)为

$$F = BIb = \frac{BUac}{\rho}$$

$$= \frac{8.0 \times 99.6 \times 2.0 \times 0.10}{0.20} \text{ N} = 796.8 \text{ N}$$

这就是电源接通瞬间推进器对海水的推力,其方向沿着 y 轴的正方向(见图 6.95(a)中向右的方向).

(2) 海水在通道内流动,相当于有一段长为 b 的导体做着切割磁感线的运动,产生的感应电动势为

$$E_感 = Bbv_水 = 8.0 \times 0.15 \times 8.0 \text{ V} = 9.6 \text{ V}$$

其方向沿着负 x 轴(即通道前侧电势低,后侧高).

(3) 船前进时,沿 x 轴方向的电流为

$$I' = \frac{U'}{R} = \frac{U - U_感}{R} = \frac{(U - U_感)ac}{\rho b}$$

$$= \frac{(99.6 - 9.6) \times 2.0 \times 0.10}{0.20 \times 0.15} \text{ A} = 600 \text{ A}$$

受到的安培力为

$$F' = BI'b = 8.0 \times 600 \times 0.15 \text{ N} = 720 \text{ N}$$

对船的推力为

$$F_推 = 80\% F' = 0.8 \times 720 \text{ N} = 576 \text{ N}$$

所以海水推力的功率为

$$P = F_推 v_船 = 576 \times 5.0 \text{ W} = 2880 \text{ W}$$

说明 本题以磁流体为载体,结合着电阻定律、欧姆定律、安培力公式与电磁感应等多个知识点,还包含着对空间想象能力的考查.解答中,对海水电阻的计算,必须注意电流方向.海水流进通道时产生的感应电动势的方向与外加电压方向相反(属于反电动势),题设条件中给出了电压的计算式 $U' = U - U_感$,已经化解了这个难点,请注意体会.

磁流体推进器

磁流体推进器是一种新型的、非螺旋桨式的船舶推进技术. 1992 年日本首先设计了世界上第一艘磁流体船,并于 1999 年开始投入使用. 我国科技工作者于 1996 年开始运用超导磁流体推进技术,研制成功世界上第一艘超导螺旋式电磁流体推进实验船.

磁流体推进器由于无须配备传统推进器的螺旋桨以及一系列传动装置,就可以从根本上消除机械转动产生的振动和噪声,因此是一种安静的推进器,尤其适用于潜艇等特殊船舶的需要. 理论计算速度可以达到 150 海里/时.

在当前技术水平下,磁流体推进器还面临两大主要困难. 一是制

造成本比较大,实际的航行速度还比较小;二是需要配备大型发电机,相当于船舶增加了额外的负重.所以,目前磁流体推进器的应用还处于研究、实验阶段.

6.2.9 数学模型的类比

在前面第 4 章中,已经对数学类比做过介绍.当描述两个过程的函数形式或图像等方面对应相似时,都可以尝试着应用数学类比方法.下面,再通过几个具体问题的应用,希望有助于提升对数学类比的认识.

例题 6.48(2011 天津) 质点做直线运动的位移 x 与时间 t 的关系为 $x = 5t + t^2$(各物理量均采用国际单位制单位),则该质点(   ).

A.第 1 s 内的位移是 5 m

B.前 2 s 内的平均速度是 6 m/s

C.任意相邻的 1 s 内位移差都是 1 m

D.任意 1 s 内的速度增量都是 2 m/s

分析与解答 以 $t = 1$ s 代入位移关系式,得

$$x_1 = 5 \times 1 \text{ m} + 1^2 \text{ m} = 6 \text{ m}$$

故 A 错.

前 2 s 内平均速度为

$$\bar{v} = \frac{x_2}{2} = \frac{5 \times 2 + 2^2}{2} \text{ m/s} = 7 \text{ m/s}$$

故 B 错.

将位移与时间的关系与匀加速直线运动相比较,由

$$x = 5t + t^2 \quad \leftrightarrow \quad s = v_0 t + \frac{1}{2}at^2$$

可得加速度

$$a = 2\text{m/s}^2$$

则任意相邻 1 s 内的位移差和任意 1 s 内的速度增量分别为

$$\Delta x = aT^2 = 2 \times 1^2 \text{ m} = 2 \text{ m}$$
$$\Delta v = a\Delta t = 2 \times 1 \text{ m/s} = 2 \text{ m/s}$$

故 C 错,D 正确.

例题 6.49(2012 北京) 摩天大楼中有一部直通高层的客运电梯,行程超过百米.电梯的简化模型如图 6.96(a)所示.考虑安全、舒适、省时等因素,电梯的加速度 a 是随时间 t 变化的.已知电梯在 $t = 0$ s 时由静止开始上升,a-t 图像如图 6.96(b)所示.电梯总质量 $m = 2.0 \times 10^3$ kg.忽略一切阻力,重力加速度 g 取 10 m/s^2.

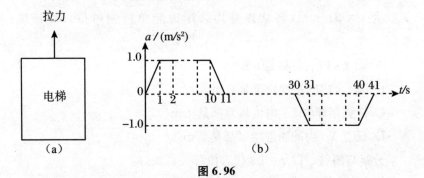

图 6.96

(1) 求电梯在上升过程中受到的最大拉力 F_1 和最小拉力 F_2;

(2) 类比是一种常用的研究方法.对于直线运动,教科书中讲解了由 v-t 图像求位移的方法,请你借鉴此方法,对比加速度和速度的定义,根据图 6.96(b)所示 a-t 图像,求电梯在第 1 s 内的速度改变量 Δv_1 和第 2 s 末的速率 v_2;

(3) 求电梯以最大速率上升时,拉力做功的功率 P;再求在 0~11 s 的时间内拉力和重力对电梯所做的总功 W.

分析与解答 (1) 电梯加速上升过程中,仅受到拉力(F)和重力的作用.根据牛顿第二定律有

$$F - mg = ma$$

则

6 类比在中学物理解题中的应用

$$F = m(g + a)$$

上升过程中的最大的正向加速度和最大负向加速度分别为

$$a_1 = 1.0 \text{ m/s}^2, \quad a_2 = -1.0 \text{ m/s}^2$$

所以最大拉力(F_1)和最小拉力(F_2)分别为

$$F_1 = m(g + a_1) = 2.0 \times 10^3 \times (10 + 1.0) \text{ N} = 2.2 \times 10^4 \text{ N}$$

$$F_2 = m(g + a_2) = 2.0 \times 10^3 \times (10 - 1.0) \text{ N} = 1.8 \times 10^4 \text{ N}$$

(2) 将 a-t 图像与 v-t 图像类比后可知,a-t 图像与 t 轴间的一块面积应该等于相应时间内的速度变化量,所以第 1 s 内的速度改变量

$$\Delta v_1 = \frac{1}{2} \times 1.0 \times 1 \text{ m/s} = 0.50 \text{ m/s}$$

同理可知,第 2 s 末的速率为

$$v_2 = \frac{(1 + 2) \times 1.0}{2} \text{ m/s} = 1.5 \text{ m/s}$$

(3) 由图像可知,电梯在 0~11 s 内始终做加速运动,11~30 s 内做匀速运动,30~41 s 内做减速运动.所以电梯的速率在 11 s 末达到最大,同样可根据类比得知其值等于图像下方的面积,即

$$v_{\max} = \frac{(9 + 11) \times 1.0}{2} \text{ m/s} = 10 \text{ m/s}$$

电梯做匀速运动时,拉力与重力的大小相等,因此拉力的功率为

$$P = Fv_{\max} = mgv_{\max} = 2.0 \times 10^3 \times 10 \times 10 \text{ W} = 2.0 \times 10^5 \text{ W}$$

在 $t = 0$~11 s 时间内,仅有拉力和重力对电梯做功,根据动能定理得拉力和重力对电梯所做的总功为

$$\sum W = \Delta E_k = \frac{1}{2} m v_{\max}^2 - 0$$

$$= \frac{1}{2} \times 2.0 \times 10^3 \times 10^2 \text{ J} = 1.0 \times 10^5 \text{ J}$$

说明 本题以常见的电梯的运动为背景,渗透了类比方法——利用 a-t 图像与 v-t 图像的类比,突破了中学阶段无法直接计算变加速运动瞬时速度的大小这个难点.这是本题最独具匠心的创新之

处,应该予以重视并好好领悟.

例题 6.50 洗衣机脱水桶正常工作时的转速为 2 800 r/min,脱水后切断电源到电动机停止转动时间为 16 s.实际发现在 13 s 左右时,洗衣机震荡最为激烈.若切断电源后转速是随时间均匀减小的,则洗衣机振动的固有频率大约为多少?

分析与解答 洗衣机脱水桶的转动相当于一个驱动源,它会使机身产生受迫振动.当机身震荡最为激烈时,意味着在这个频率下发生了共振.

由于洗衣机切断电源后转速是随时间均匀减小的,可以把它跟匀减速运动类比:

转速 $n_0 = 2\,800$ r/min $= 46.67$ r/s $\Leftrightarrow$ 初速度 v_0

脱水桶转速变化率 β $\Leftrightarrow$ 加速度 a

于是得

$$\beta = \frac{n_0}{t} = \frac{46.67}{16} \text{ r/s}^2 = 2.92 \text{ r/s}^2$$

它表示脱水桶每秒减少的转速是 2.92 r/s.可见,在 $t = 13$ s 时的转速即洗衣机振动的固有频率为

$$n_x = n_0 - \beta t = 46.67 \text{ r/s} - 2.92 \times 13 \text{ r/s} = 8.71 \text{ r/s}$$

说明 转动体的运动是个新问题,目前中学物理教材中没有现成的公式.上面根据电动机转速均匀减小的条件,将它跟熟悉的匀减速运动进行类比,从而找出转速变化的函数关系,这是顺利求解的关键所在,充分显示出类比的力量.

下面这个问题,同样属于运用数学类比方法去认识有关的新知识,与上面有着异曲同工之妙,请继续体会.

例题 6.51 对于因为加热后温差引起的能量流和电势差引起的电荷流,其分析过程很接近.在导电材料中,能量的变化 ΔQ 和电荷变化 Δq 都可以利用自由电子来实现.因此,一个导电性能强的物体

其导热能力一般也很强.假设有一个薄片状导体的厚度为 Δx,面积为 A,电导率为 σ,两端电势差为 ΔU. 如下列两等式所示,请你通过导出电流 $I = \Delta q / \Delta t$,来确定出方程未知量 Y 和 Z 的具体值:

$$\frac{\Delta q}{\Delta t} = YA \left| \frac{\Delta Z}{\Delta x} \right|, \quad \frac{\Delta Q}{\Delta t} = kA \left| \frac{\Delta T}{\Delta x} \right| *$$

分析与解答 上面的能量流公式 $\frac{\Delta Q}{\Delta t} = kA \left| \frac{\Delta T}{\Delta x} \right|$ 指出,单位时间内通过物体传输的能量(热量)与物体的面积及沿着传输方向(Δx 方向)上每单位长度的温度差(ΔT)成正比. 现在要求通过类比方法,确定电流传输中的关系.

根据欧姆定律和电流定义式

$$\Delta U = IR, \quad I = \frac{\Delta q}{\Delta t}$$

联立后可得

$$\frac{\Delta q}{\Delta t} = \frac{\Delta U}{R}$$

设该薄片状导体材料的电阻率为 ρ,其电阻为

$$R = \rho \frac{\Delta x}{A}$$

代入上式,即得

$$\frac{\Delta q}{\Delta t} = \frac{\Delta U}{\rho \frac{\Delta x}{A}} = \frac{A}{\rho} \cdot \frac{\Delta U}{\Delta x} = \sigma A \frac{\Delta U}{\Delta x}$$

对照题中给出的方程,各个物理量的对应关系如下

$$Y \to \sigma = \frac{1}{\rho}, \quad Z \to U$$

---

* 本题是 2012 年加拿大多伦多大学奥林匹克物理竞赛题,原题刊于《物理教学》2013 年第 5 期(黄晶、何冬妹文). 题中电导率就是中学物理教材中电阻率的倒数,即 $\sigma = \frac{1}{\rho}$.

由此可见,导体中的电流与导体的面积及电流传输方向上每单位长度的电势差成正比.温度差引起的能量(内能)是从温度高的地方流向温度低的地方;由电势差引起的电流,则是向着电势降低的方向流动.

6.3 展开类比联想　出奇制胜

下棋、打仗,往往一个妙着、一支奇兵,能使已方化险为夷,反败为胜.解题中也相仿,有时面对难题困扰,百思不得其解之时,从类比思考中闪过的一缕光辉,也许就能使你茅塞顿开或化难为易,同样感受到如下棋、打仗中出奇制胜的莫大喜悦.现列举若干问题,通过讲解式的展开分析,共同体会一下渗透在其中的类比思想.

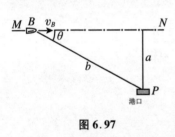

图 6.97

例题 6.52　一艘走私船 B 正以速度 v_B 沿直线 MN 航行,巡航快艇 A 奉命从港口 P 出发进行拦截.已知港口 P 与航线 MN 的垂直距离为 a,快艇 A 起航时,走私船 B 与港口相距为 $b(b>a)$,如图 6.97 所示.如果略去快艇 A 启动的加速过程,认为它始终做匀速运动,试求快艇 A 能拦截到走私船的最小速率.

分析　快艇拦截到走私船,表示两船能相遇.若以走私船 B 为参考系,快艇 A 相对 B 的速度方向只需沿着图 6.98(a)中 PB 方向航行,就可以确保快艇拦截成功.

根据 A 相对 B 的速度

$$v_{AB} = v_A - v_B = v_A + (-v_B)$$

其速度矢量图如图 6.98(a)所示. v_{AB} 恰好与两被加矢量构成一个封闭三角形.

类比　由于图 6.98(a)中矢量 v_B 的大小、方向一定, v_{AB} 与 $(-v_B)$ 之间的方向角(θ)也一定,为了求出完成封闭三角形时 v_A 的最小值,可以把它与悬挂在细线上小球的静力平衡做一类比.

如图 6.98(b)所示,质量为 m 的小球悬挂在细线上,保持悬线与竖直方向间夹角 θ 一定,要求使小球平衡时的最小拉力.

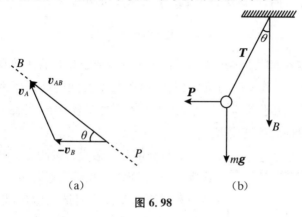

图 6.98

因为小球受到三个共点力作用:重力 mg、细线张力 T、未知拉力 F.平衡时这三个力也构成一个封闭三角形.因此,悬挂小球的受力与快艇的运动速度之间可以形成类比关系,如表 6.3 所示.

表 6.3

悬挂小球	拦截快艇
恒定的重力(mg)	恒定的船速($-v_B$)
悬线与竖直方向间夹角 θ 恒定	相对速度(v_{AB})与船速($-v_B$)间的夹角恒定
平衡时所受三力构成封闭三角形	拦截时三个速度矢量构成封闭三角形

解答 根据上述类比关系可以知道,快艇 A 能拦截走私船 B 的最小速度方向,应该垂直于 PB 连线. 所以最小速率为

$$v_{\min} = v_B \sin\theta = \frac{a}{b} v_B$$

例题 6.53 一条质量为 m、长 l 的均质链条拉直后放在高高的水平桌面上,其一端与桌面相齐,链条与桌面间的动摩擦因数为 μ(图 6.99). 由于受到轻微扰动,链条从桌边逐渐滑下,当整个链条刚好离开桌面时的速度多大?

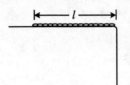

图 6.99

分析与解答 假设链条刚全部滑落时的速度为 v,由于链条在滑落过程中,仅有链条重力和桌面的摩擦力对链条做功,根据动能定理有

$$W_G - W_f = \Delta E_k = \frac{1}{2} mv^2$$

式中 $W_G = mg \cdot \dfrac{l}{2} = \dfrac{1}{2} mgl$,显然只需要算出摩擦力的功,即可求出链条速度 v.

为了计算摩擦力的功,先考察一下链条滑落过程中所受摩擦力的特点. 假设链条单位长度的质量为 m_0,当滑下长度为 x 时,链条受到的滑动摩擦力为

$$f = \mu(l-x)m_0 g = \mu l m_0 g - \mu x m_0 g$$

这个摩擦力由两项组成,即

$$f = f_1 - f_2$$

其中 $f_1 = \mu l m_0 g$ 是常数项,$f_2 = \mu x m_0 g$ 则随着下落长度 x 的增大而成正比例地增加. 这就是说,在链条下落过程中摩擦力的功,可以看成有两部分力做功:一个是恒力 f_1 的功,另一个是变力 f_2 的功,即

$$W_f = W_{f1} - W_{f2}$$

式中

$$W_{f1} = f_1 l = \mu m_0 g l^2$$

为了计算 W_{f2}，根据 f_2 的表达式可令 $k = \mu m_0 g$，则 $f_2 = kx$，它跟弹簧形变时产生的弹力表达式相同. 于是，可以将它与弹力形成类比关系：

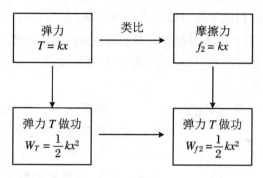

因此可以认为在链条下落的过程中，摩擦力的变化部分做功大小为

$$W_{f2} = \frac{1}{2}kl^2 = \frac{1}{2}\mu m_0 g l^2$$

则链条下落过程中摩擦力总的总功为

$$W_f = W_{f1} - W_{f2} = \mu m_0 g l^2 - \frac{1}{2}\mu m_0 g l^2 = \frac{1}{2}\mu m_0 g l^2$$

根据动能定理可知

$$W_G - W_f = \frac{1}{2}m_0 g l^2 - \frac{1}{2}\mu m_0 g l^2 = \frac{1}{2}m v^2 = \frac{1}{2}m_0 l v^2$$

得链条刚好全部下落时的速度大小为

$$v = \sqrt{gl(1-\mu)}$$

说明 在中学物理有关参考资料中，常见的是桌面光滑的情况，根据机械能守恒（或动能定理）立即可以得到链条刚好脱离桌面时的速度. 当桌面有摩擦时，需要应用微积分方法求解. 上面通过对摩擦力特点的分析，借助类比思维，巧妙地突破了摩擦力变化的难点，把本来属于大学物理内容的问题用中学物理的方法解决了，使读者充分领略了类比的奇妙.

通过这个实例可以看到:作出成功的类比,首先要具备一定的物理知识基础(例如,这里应该知道合力的功与分力的功的关系,弹力的变化规律和弹力做功的计算方法等);其次,要善于分析、富于联想.可以想象,如果不能对摩擦力进行分析,并从力的表达式联想到弹力公式,显然也就不可能在具有不同特征的力之间建立联系.类比也是一种创造性思维,只有不因循守旧,勇于探索,才能灵感突现,形成巧妙的类比关系.

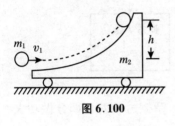

图 6.100

例题 6.54 在光滑水平面上静止着一辆质量为 m_2 的小车,车上装有光滑的弧形轨道.一个质量为 m_1 的铁球以速度 v_1 沿弧形轨道水平部分射入(见图 6.100),并沿弧形轨道上升到高 h 处后再沿轨道下行,然后脱离小车.若 $m_1 = m_2$,则铁球脱离小车时( )

A. 速度大小为 v_1,方向水平向左

B. 速度大小为 $\sqrt{2gh}$,方向水平向左

C. 速度大小为 $\dfrac{\sqrt{2}}{2}v_1$,方向水平向左

D. 速度为零,做自由落体运动

分析 铁球射入弧形槽后与小车发生相互作用.如把(铁球+小车)作为一个系统,由于水平方向无外力作用,水平方向动量守恒.又由于弧形槽光滑,铁球与小车相互作用过程中无机械能损失,作用前后总能量守恒.

类比 根据铁球与小车相互作用过程的特点,可把它类比于两个弹性球的相互碰撞,如表 6.4 所示.

6 类比在中学物理解题中的应用

表 6.4

类比对象	两弹性球相碰	球与车相碰
作用前	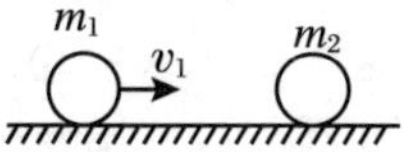	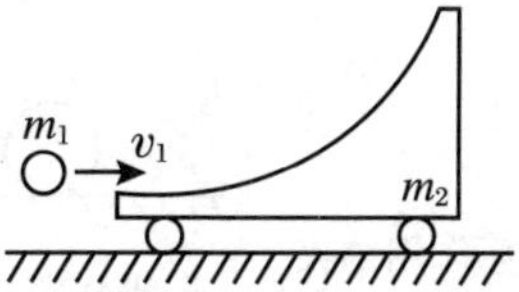
开始发生作用	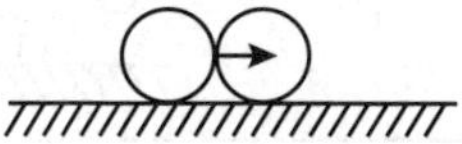 两球开始接触	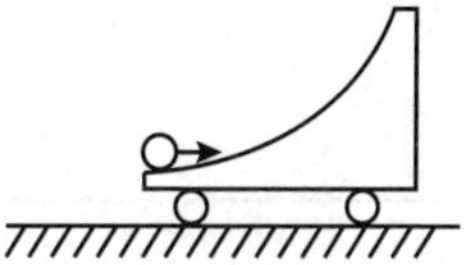 球射进槽面
发生相互作用	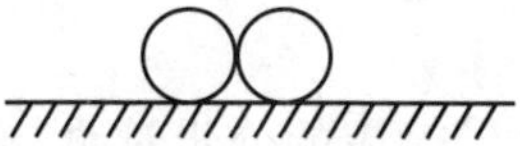 互相挤压,一部分动能转化为弹性势能	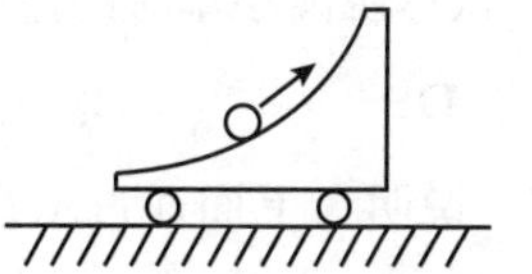 球沿槽上升,一部分动能转化为重力势能
相互作用两者获得共同速度	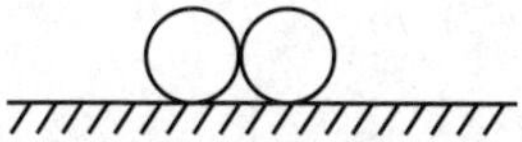 形变达到最大,弹性势能最大	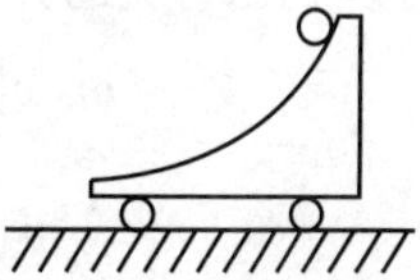 小球升得最高,重力势能最大
两者继续发生相互作用	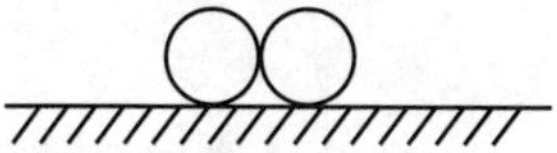 形变恢复阶段	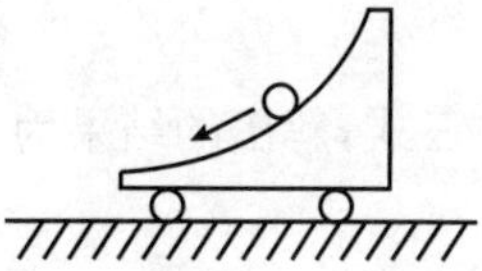 小球沿槽下滑

(续表)

类比对象	两弹性球相碰	球与车相碰
相互作用结束	两球分离,m_2 获得向右速度 v_2	

解答 根据质量相等的两球发生弹性碰撞时互换速度的结果可知,铁球脱离小车时的速度为零,铁球将做自由落体运动.所以,正确的是 D.

说明 上面通过示意图做了对应的分步对照,希望能够更清楚地认识两者的类比关系,从而可以比较轻松地做出正确的选择.如果本题不从类比关系出发,也可以根据球与车相互作用时动量守恒、总动能守恒列出有关的方程

$$m_1 v_1 = m_1 v_1' + m_2 v_2'$$

$$\frac{1}{2} m_1 v_1^2 = \frac{1}{2} m_1 v_1'^2 + \frac{1}{2} m_2 v_2'^2$$

又有

$$m_1 = m_2$$

联立三式,解出的结果为

$$v_1' = 0, \quad v_2' = v_1$$

这就是通过类比直接选择的结果,显然其过程繁复多了.

例题 6.55 在光滑的水平轨道上有两个半径都是 r 的小球 A 和 B,质量分别为 m 和 $2m$.当两球心间的距离大于 l(l 比 $2r$ 大得

多)时,两球之间无相互作用;当两球心间的距离等于或小于 l 时,两球间存在相互作用的恒定斥力 F.设 A 球从远离 B 球处以速度 v_0 沿两球连心线向原来静止的 B 球运动,如图 6.101 所示.欲使两球不发生接触,v_0 必须满足什么条件?

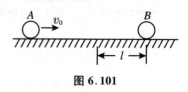

图 6.101

分析 A 球向 B 球运动接近至 A、B 间的距离小于 l 以后,A 球因受恒定的斥力 F 的作用做匀减速运动,速度逐渐减小,B 球受恒定的斥力 F 的作用做匀加速运动,速度逐渐增大,两球的间距逐渐减小.当 A、B 两球的速度相等时,两球间的距离达到最小.若此距离大于 $2r$,两球就不会接触.

类比 本题的情景表面看来比较新颖,如果对两球抓住"无相互作用—发生相互作用—达到共同速度"这个特点,就可以跟"木块滑上小车"或"子弹打木块"这类熟悉的情景建立类比关系了.

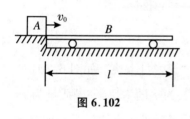

图 6.102

如图 6.102 所示,在光滑水平面上停着一辆质量为 M、长为 l 的小车 B,一块质量为 m 的木块 A 以水平速度 v_0 滑上小车.假设木块与车面间的动摩擦因数恒定为 μ(即摩擦力大小恒为 $f = \mu mg$),两者间的类比关系如表 6.5 所示.

表 6.5

类比对象	木块滑上小车	两球相互作用
相互作用力	木块滑上小车后产生恒定摩擦力 f	两球接近至 l 后产生恒定斥力 F

(续表)

类比对象	木块滑上小车	两球相互作用
物理过程	木块做匀减速运动 小车做匀加速运动	A 球做匀减速运动 B 球做匀加速运动
终态	木块与小车相对静止以共速前进	A 球与 B 球相对静止以共速前进

A、B 两球相互作用中,要求不接触,最后两球间距应大于 $2r$,相当于木块滑上小车后最终离小车右端距离不得小于 $2r$. 两者运动过程的对应示意图如图 6.103 所示.

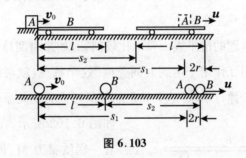

图 6.103

两球相互作用的情况,也可类比于"子弹打木块". 如图 6.104 所示,在光滑水平面上放一块质量为 M、长为 l 的木块,一颗质量为 m 的子弹以水平速度 v_0 飞来击中木块. 若子弹进入木块后受到的阻力

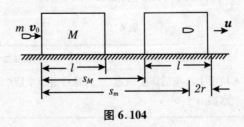

图 6.104

恒定,要求子弹不穿出木块,最终相对静止于离木块另一端 $2r$ 的位置,显然对子弹的初速度 v_0 必须有一定的要求.

通过类比,突破了"情景生疏"的困扰后,接下去的列式求解就通畅了.

解答 设两球距离最小时,A、B 两球的速度分别为 v_1、v_2. 两球间距从 l 变化到最小的过程中,两球通过的路程分别为 s_1、s_2. 根据两球相互作用时动量守恒,并对每球运用动能定理,可以得到关系式

$$mv_0 = mv_1 + 2mv_2 \qquad ①$$

$$-Fs_1 = \frac{1}{2}mv_1^2 - \frac{1}{2}mv_0^2 \qquad ②$$

$$Fs_2 = \frac{1}{2}(2m)v_2^2 - 0 \qquad ③$$

又有两球不相接触的条件

$$v_1 = v_2 \qquad ④$$

$$l + s_2 - s_1 > 2r \qquad ⑤$$

联立式①~式⑤,即可解得速度条件

$$v_0 < \sqrt{\frac{3F(l-2r)}{m}}$$

例题 6.56 在磁感应强度为 B 的匀强磁场中,垂直磁场放置一根长 l 的金属棒 OA,使它绕一端 O 为轴在垂直于磁场的平面内以角速度 ω 顺时针方向匀速转动,试求在洛伦兹力作用下把负电荷从棒端 A 移到转轴 O 做的功(见图 6.105).

分析 棒转动时,棒上各处具有不同的线速度(见图 6.106),棒内对应部分的电子也具有相应的垂直于棒的速度,因此使它们受到一个沿着棒指向转轴的洛伦兹力.由于各处电子随棒转动的速度大小与离开转轴 O 的距离 x 成正比,即

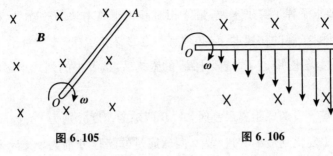

图 6.105　　　　　　图 6.106

$$v_x = \omega x$$

因此,它所受到的洛伦兹力也与离开转轴 O 的距离 x 成正比,即

$$f_B = qv_xB = q\omega xB = kx$$

式中 $k = q\omega B$ 为比例系数.可见,使电子从棒端 A 移到转轴 O 处时属于变力做功的问题.

类比　把棒中电子所受洛伦兹力做功与弹簧形变时的弹力做功相类比,如表 6.6 所示.

表 6.6

类比对象	弹簧的弹力	棒中电子受到的洛伦兹力
力的大小	$f = kx$	$f_B = kx$
做功图示		

解答　根据类比关系可知,把电子从棒端 A 移到转轴 O 时洛伦兹力的功数值上等于 f_B-x 图(见表 6.6)中对应的三角形面积,即

$$W = \frac{1}{2}kl \cdot l = \frac{1}{2}kl^2 = \frac{1}{2}q\omega Bl^2$$

说明 根据法拉第电磁感应定律,棒转动时产生的感应电动势

$$\varepsilon = Bl\bar{v} = \frac{1}{2}Bl^2\omega$$

它在数值上等于非静电力在电源内部迁移单位电荷时所做的功,即

$$\varepsilon = \left| \frac{W_{\text{非静电力}}}{q} \right|$$

因为棒转动时使电荷迁移的非静电力就是洛伦兹力,所以洛伦兹力做功为

$$W = W_{\text{非静电力}} = q\varepsilon = \frac{1}{2}q\omega Bl^2$$

这样也可以得到同样的结果,但不如类比方法容易理解.

例题 6.57 如图 6.107 所示,在一个圆形区域内有一垂直于纸面向里的匀强电场. 当电场强度 E 增大时,电场区域外 P 点的磁场方向为( )

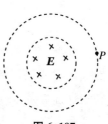

图 6.107

A. 在纸面内向上   B. 在纸面内向下
C. 垂直纸面向里   D. 垂直纸面向外

分析 根据麦克斯韦电磁场理论,变化的电场会产生磁场,所以电场区域外的 P 点会有磁场是肯定的. 但是,它的方向如何确定呢?没有现成的"法则",为此,可求助于类比方法.

类比 把圆形区域内增强的电场类比于平行板电容器的充电过程,而平行板电容器充电过程中所产生的磁场又可类比于通电直导线所产生的磁场. 这里的二次类比如表 6.7 所示.

表 6.7

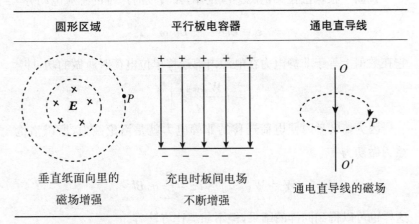

解答 根据最后对通电直导线所产生的磁场相类比,纸面内的导线在 P 点的磁场垂直纸面向上.把沿着 OO' 方向的电流(电场线)转到垂直纸面向内时,即如表 6.7 中的图所示,可见 P 点的磁场方向在纸面内向下.所以正确的是 B.

例题 6.58 在光滑的水平桌面上侧立着两块光滑的长木板 AO、BO,两板间形成的夹角 $\alpha = 1°$. 从 AO 板上与 O 相距 $OP = 10$ m 的 P 点,以初速 $v_0 = 5$ m/s,与板面夹角 $\theta = 60°$ 方向射出一个小球(见图 6.108). 设小球与 OB 板及 OA 板的碰撞都是弹性碰撞,且每次碰撞时间极短.试求:

(1) 经过多少次碰撞后,小球又回到 P 处与 OA 板相撞?

(2) 在这个过程中,小球共经历多少时间?

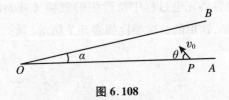

图 6.108

分析 小球从 P 点射至 BO 板时的入射角为

$$\theta_{1B} = 180° - 90° - \theta - \alpha = 29°$$

由于 OB 板光滑,球与板做弹性碰撞,因此小球会保持原速大小反弹,反射角 $\theta'_{1B} = \theta_{1B} = 29°$. 射至 AO 板的入射角

$$\theta_{1A} = 180° - (90° + \alpha) - (90° - \theta_{1B}) = \theta_{1B} - \alpha = 28°$$

并且也以原速大小反弹.

第二次射至 BO 板时的入射角为

$$\theta_{2B} = \theta_{1A} = 28°$$

然后又反弹(见图 6.109). 此后,如此反复继续下去.

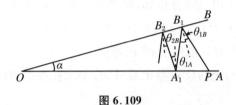

图 6.109

类比 上述小球从 P 点出发后,在 AO、BO 两板间来回反弹的运动,可以与从 P 点发出的一束光在 AO、BO 两平面镜间的来回反射相类比.

如图 6.110 所示,从 BO 板上第一次反射至 AO 板的入射点 A_1,

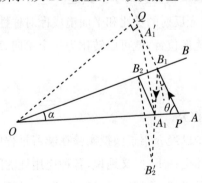

图 6.110

必与以 BO 为镜面对称、与 PB_1 的延长线上的 A_1' 点对称. 从 A_1 上第二次反射至 BO 板的入射点 B_2, 必与以 AO 为镜面对称、与 B_1A_1 的延长线上 B_2' 点对称, 而 B_2' 点同样可看成位于以 BO 为镜面对称的 PB_1 的延长线上. 由于每经一次反射后的入射角减小一些, 当最后的入射角减小至 $0°$ 时, 即沿着镜面的法线入射, 光线将沿原路返回出发点 P.

由此可见, 在镜面上最后的入射点, 必然也在 PB_1 的延长线上. 过 O 点作 PB_1 延长线的垂线 OQ, 则 Q 点就是在镜上最后入射点的对称点, PQ 的长度就等于光线在两镜间所通过的路程.

解答 (1) 由上述分析知, 每经过一次反射角减小 $1°$, 经 29 次反射后入射角减为 $0°$, 小球(光线)将沿原路返回, 即经过了 30 次碰撞, 所以返回 P 点共需经过 60 次碰撞.

(2) 根据与光的反射类比后可知, 小球在往返碰撞过程中经过的路程为

$$s = 2PQ = 2PO\cos\theta$$

所需时间

$$t = \frac{s}{v} = \frac{2PO\cos\theta}{v} = \frac{2 \times 10}{5} \times \frac{1}{2} \text{ s} = 2 \text{ s}$$

说明 本题如果根据运动学公式逐次进行累积计算, 那是非常繁复的. 借助于对光反射的类比和平面镜成像对称性的特点, 依次找出各个反射点的镜像位置, 就可以转化为一个单向直线运动的问题, 就非常容易计算了.

模拟实验探究

前面第 5 章中已经介绍了模拟实验在学习过程中的功能, 下面, 再从解题应用中体会一下. 广义地说, 各种应用性的问题都可以看成是对"实际"的一种模拟. 希望通过对这些问题的探究, 更有助于激发对模拟实验的兴趣, 并且能积极创造条件, 开展模拟实验.

例题 6.59（2014 重庆） 为了研究人们用绳索跨越山谷过程中绳索拉力的变化规律，同学们设计了如图 6.111 所示的实验装置. 他们将不可伸长轻绳的两端通过测力计（不计质量与长度）固定在相距为 D 的两立柱上，固定点分别为 P 和 Q，P 低于 Q,

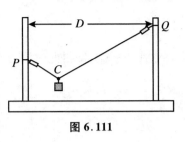

图 6.111

绳长为 $L(L>PQ)$. 他们首先在绳上距离 P 点 10 cm 处（标记为 C）系上质量为 m 的重物（不滑动），由测力计读出 PC、QC 的拉力大小 T_P、T_Q. 随后，改变重物悬挂点 C 的位置，每次将 P 到 C 的距离增加 10 cm，并读出测力计的示数，最后得到 T_P、T_Q 与绳长 PC 的关系曲线如图 6.110 所示. 由实验可知，曲线 Ⅰ、Ⅱ 相交处，可读出绳的拉力为 $T_0 = $ _____ N，它与 L、D、m 和重力加速度的关系为 $T_0 = $ _____.

分析与解答 由图 6.112 中曲线知，曲线 Ⅰ、Ⅱ 相交处，可读出绳的拉力为 4.30 N（4.25～4.35 N 均可）.

在曲线 Ⅰ、Ⅱ 相交处，表示两边绳的拉力大小相等，意味着此时两边绳子与水平面的夹角相等. 对悬挂点 C 所受拉力（大小等于重力 mg）进行分解，画出的力矢量分解图如图 6.113 所示，形成一个菱形. 设此时 C 点离开 P 的水平距离为 x，由图中力三角形和几何三角形的相似关系知

$$\frac{T}{\frac{mg}{2}} = \frac{PC}{\sqrt{PC^2 - x^2}} \quad ①$$

已知绳长为 L，$PQ = D$，则又由相似三角形关系知

$$\frac{D-2x}{L-2PC} = \frac{x}{PC} \quad ②$$

将式②展开后可得

$$x = \frac{D}{L}PC$$

将它代入式①,即得此时拉力 T 与 L、D、m 和重力加速度的关系为

$$T = \frac{mgL}{2\sqrt{L^2 - D^2}}$$

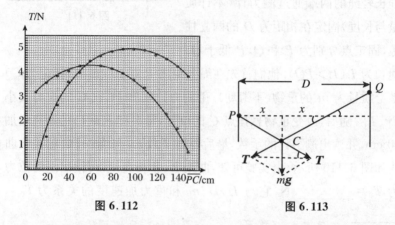

图 6.112   图 6.113

说明 本题很有意义,通过对生活中实际问题的提炼,指导同学们进行模拟探究.题中"潜伏"着一个小的知识点:重物"系"在绳上,表示左右两部分是独立的两根绳子,绳中张力一般不等(如用光滑的挂钩把重物吊在绳上,左右两部分就作为一根绳子,两边绳子张力一定相等).原试题还有比较基础的两小题(填空),上面仅取用该试题的第(3)小题.

解答本题的关键:(1) 认识曲线交点的意义;(2) 由两绳拉力相等认识到它们对水平面的夹角相等;(3) 正确画出受力示意图,由相似三角形找出有关的比例式.

例题 6.60(2012 浙江) 为了研究鱼所受水的阻力与其形状的关系,小明同学用石蜡做成了两条质量均为 m、形状不同的"A 鱼"和"B 鱼",如图 6.114 所示.在高出水面 H 处分别由静止释放"A 鱼"和"B 鱼"."A 鱼"进入水中竖直下滑 h_A 后速度减为零,"B 鱼"

进入水中竖直下滑 h_B 后速度减为零."鱼"在水中运动时,除受重力外还受浮力和水的阻力.已知"鱼"在水中所受浮力是其重力的 $\dfrac{10}{9}$ 倍,重力加速度为 g,"鱼"运动的位移远大于"鱼"的长度.假设"鱼"运动时所受到水的阻力恒定,空气阻力不计.求:

(1) "A 鱼"入水瞬间的速度 v_{A1};

(2) "A 鱼"在水中运动时所受到的阻力 f_A;

(3) "A 鱼"和"B 鱼"在水中运动时所受阻力之比 $f_A : f_B$.

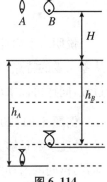

图 6.114

分析与解答 (1) "A 鱼"释放后做自由落体运动,入水瞬间的速度为

$$v_{A1} = \sqrt{2gH}$$

(2) "A 鱼"入水后受到重力、浮力和水的阻力作用(见图 6.115),在水中下滑 h_A 后速度为零,对开始下落至下滑速度为零的全过程运用动能定理

$$mg(H + h_A) - \dfrac{10}{9}mgh_A - f_A h_A = 0$$

图 6.115

得 "A 鱼"在水中运动时所受到的阻力为

$$f_A = mg\left(\dfrac{H}{h_A} - \dfrac{1}{9}\right)$$

(3) 由于"B 鱼"和"A 鱼"的运动情况类似,仅是在水中速度减为零的下滑距离不同,因此"B 鱼"所受的阻力为

$$f_B = mg\left(\dfrac{H}{h_B} - \dfrac{1}{9}\right)$$

所以两条"鱼"在水中所受阻力之比为

$$\frac{f_A}{f_B} = \frac{h_B(9H - h_A)}{h_A(9H - h_B)}$$

说明 上面计算"鱼"入水后受到的阻力时,抓住其速度(动能)从零—零的特点,采用了全过程法.如果把它分为水面上和水中两个过程,同样可以求出阻力,但不如全过程法方便.

例题 6.61(2012 江苏) 某缓冲装置的理想模型如图 6.116 所示.劲度系数足够大的轻质弹簧与轻杆相连.轻杆可在固定的槽内移动,与槽间的滑动摩擦力恒为 f.轻杆向右移动不超过 l 时,装置可安全工作.一质量为 m 的小车若以速度 v_0 撞击弹簧,将导致轻杆向右移动 $l/4$.轻杆与槽间的最大静摩擦力等于滑动摩擦力,且不计小车与地面的摩擦.

(1) 若弹簧的劲度系数为 k,求轻杆开始移动时,弹簧的压缩量 x;

(2) 求为使装置安全工作,允许该小车撞击的最大速度 v_m;

(3) 讨论在装置安全工作时,该小车弹回速度 v' 和撞击速度 v 的关系.

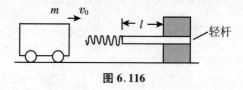

图 6.116

分析与解答 (1) 轻杆开始移动时,弹簧的弹力应等于轻杆与槽之间的摩擦力,即

$$kx = f \qquad ①$$

得

$$x = \frac{f}{k} \qquad ②$$

(2) 小车撞击弹簧使轻杆移动时,需要压缩弹簧和克服轻杆所

受摩擦力做功. 设轻杆移动前小车对弹簧所做的功为 W, 当车以速度 v_0 和允许的最大速度 v_m 撞击时, 分别有关系式

$$\frac{1}{2}mv_0^2 = W + f \cdot \frac{l}{4} \quad ③$$

$$\frac{1}{2}mv_m^2 = W + f \cdot l \quad ④$$

两式相减, 得

$$v_m = \sqrt{v_0^2 + \frac{3fl}{2m}} \quad ⑤$$

(3) 为了确定小车弹回速度 v' 和撞击速度 v 的关系, 先要确定小车撞击轻杆使其恰好移动时的临界速度. 设小车撞击速度为 v_1 时, 轻杆刚好移动, 则有

$$\frac{1}{2}mv_1^2 = W \quad ⑥$$

将式⑥与式③联立, 得

$$v_1 = \sqrt{v_0^2 - \frac{fl}{2m}}$$

当 $v < \sqrt{v_0^2 - \frac{fl}{2m}}$ 时, 小车撞击弹簧时轻杆不会移动, 因此小车以原速大小反弹, 即

$$v' = v$$

当 $\sqrt{v_0^2 - \frac{fl}{2m}} \leqslant v \leqslant \sqrt{v_0^2 + \frac{3fl}{2m}}$ 时, 被压缩后的弹簧其弹性势能释放时, 小车获得的反弹速度即为

$$v' = \sqrt{v_0^2 - \frac{fl}{2m}}$$

说明 对(2)建立方程时, 疏忽对弹簧所做的功, 是一个易犯的错误. 认识到两情况下使轻杆移动时, 克服弹簧所做的功相等, 则是

第一个难点.本题的另一个难点则是(3)中有关反弹速度的讨论,其核心必须先确定轻杆恰好移动时的临界速度,请注意体会.

例题 6.62 一位质量为 60 kg 的同学为了表演"轻功",他用打气筒给 4 只相同的气球充以相等质量的空气(可视为理想气体),然后将这 4 只气球以相同的方式放在水平放置的木板上,在气球上方放置一轻质塑料板,如图 6.117 所示.这位同学慢慢站上轻质塑料板中间位置.为了估算气球内气体的压强,这位同学在气球的外表面涂上颜料,在轻质塑料板面和气球一侧贴上间距为 2.0 cm 的方格纸.表演结束后,留下气球与方格纸接触部分的"印迹"如图 6.118 所示.若表演时大气压为 1.013×10^5 Pa,取 $g=10$ m/s^2,则气球内气体的压强为_____ Pa(取 4 位有效数字).

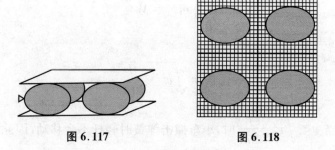

图 6.117   图 6.118

分析与解答 由于不计轻质塑料板重力,人站上后平衡时对气球的压力 $F=mg$.设每个气球的"印迹"面积为 S,则球内气体的压强为

$$p = p_0 + \frac{mg}{4S}$$

为了计算"印迹"的面积,可以采用小方格计数法(大于半格的算 1 格,不足半格的舍去).若数得一个"印迹"的小方格为 88 格,则每个气球的"印迹"面积为

$$S = 88\times2.0\times2.0\times10^{-4} \text{ m}^2 = 352\times10^{-4} \text{ m}^2$$

所以球内气体压强为

$$p = 1.013 \times 10^5 \text{ Pa} + \frac{600}{4 \times 352 \times 10^{-4}} \text{ Pa} = 1.056 \times 10^5 \text{ Pa}$$

说明 本题取自2009年浙江高考物理试题.题中情景就是一种模拟实验.由于各人数的小方格数会有差异,因此得到的只是估算值.如果熟悉椭圆面积公式 $S_{椭圆} = \pi ab$(a、b 分别为椭圆的半长轴和半短轴),也可通过计算得出"印迹"的面积.

例题 6.63(2002 上海) 有一组同学对温度计进行专题研究,他们查阅资料得知17世纪伽利略曾设计过一个温度计,其结构为:一麦秆粗细的玻璃管,一端与一鸡蛋大小的玻璃泡相连,另一端竖直插在水槽中,并使玻璃管内吸入一段水柱.根据管中水柱高度的变化可测出相应的温度.为了研究"伽利略温度计",同学们按照资料中的描述自制了如图 6.119 所示的测温装置,图中 A 为一小塑料瓶,B 为一吸管,通过软木塞与 A 连通,管的下端竖直插在大水槽中,使管内外水面有一高度差 h,然后进行实验研究.(1) 在不同温度下分别测出对应的水柱高度 h,记录的实验数据如表 6.8 所示.

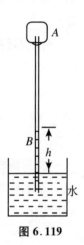

图 6.119

表 6.8

温度/℃	17	19	21	23	25	27
h/cm	30.0	24.9	19.7	14.6	9.4	4.2
$\Delta h = h_{n-1} - h_n$		5.1				

根据表 6.8 中数据计算相邻两次测量水柱的高度差,并填入表内的空格.

① 当温度升高时,管内水柱高度 h 将_____(填:变大,变小,

不变).

② 水柱高度 h 随温度的变化而_____(填:均匀,不均匀)变化;试从理论上分析并证明结论②的正确性(已知管内水柱产生的压强远远小于一个大气压):_____
_____.

(2) 通过实验,同学们发现用"伽利略温度计"来测量温度,还存在一些不足之处,其中主要的不足之处有:①_____;
②_____.

分析与解答 (1)相邻两次水柱的高度差分别为

$$24.9 - 19.7 = 5.2$$
$$19.7 - 14.6 = 5.1$$
$$14.6 - 9.4 = 5.2$$
$$9.4 - 4.2 = 5.2$$

① 当温度升高时,管内水柱高度 h 将变小.

② 水柱高度 h 随温度的变化而均匀变化.由于封闭气体近似做等压变化,由

$$\frac{V}{T} = \frac{\Delta V}{\Delta T} = k \ (k\text{ 为常数}) \Rightarrow \Delta V = k\Delta T = k\Delta t$$

所以

$$\Delta h = \frac{\Delta V}{S} = \frac{k\Delta t}{S}$$

即高度 h 随温度的变化而均匀变化(S 为管的截面积).

(2) "伽利略温度计"的主要不足之处是:① 测量温度的范围小;② 温度示数会因大气压变化而变化.

说明 本题以"伽利略温度计"为素材,引导同学们进行实验探究,很有意义."伽利略温度计"是一种气体温度计.它是利用玻璃泡里空气的热胀冷缩性质来显示温度变化的.当环境温度升高,气体膨胀,管内液柱的高度就降低;反之,当环境温度降低时,管内液柱就会

升高.

如果环境温度不变,而外界大气压增大时,管内液柱也会上升,就会误判为气温降低了;同样,当气温不变而大气压减小时,管内液柱下降,会误判成气温的升高.所以,伽利略温度计仅有历史意义,由于设计上的缺陷,没有得到推广,很快就被更优越的温度计所取代了.

6.5 防止错误类比

由于类比是一种从特殊到特殊的思维方法,它跨越了严密的推理途径,总带有某种猜测的成分,因此从类比推理得到的结果未必都是正确的.德国著名哲学家黑格尔对类比说过很辨证的话:"类比可能很肤浅,也可能很深彻."所以在学习活动中,对类比事物必须从物理原理上认真推敲.对一些表面形式的相似,物理内涵不同的事物,如果太任性地使用类比方法,往往会陷入泥潭.

下面选取几个常常会发生错误类比的问题加以剖析,希望能引以为戒.

例题 6.64 如图 6.120 为在平静的海面上,两艘拖船 A、B 拖着驳船 C 运动的示意图. A、B 两船的速度分别沿着缆绳 CA、CB 方向,其大小分别为 v_1、v_2,A、B、C 不在一条直线上,设 CA 和 CB 的夹角为 θ,则驳船 C 的速度大小为多少?

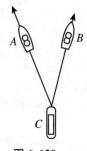

图 6.120

错误类比 驳船 C 的运动是由两艘拖船的运动共同产生的,类比于互成夹角的速度合成的平行四边形(即力的平行四边形)法则,得驳船的运动速度为

$$v = \sqrt{v_1^2 + v_2^2 + 2v_1v_2\cos\theta}$$

分析与解答 上面这种错误类比非常典型,主要在于这些同学没有认识到这里的约束条件.题中驳船的运动与常见小船渡河的运动不同——小船渡河时,它的合运动由独立的河水运动和船动力驱

动的运动所合成. 这里驳船的运动,虽然是由两艘拖船的运动产生的,但由于绳子的约束,驳船并没有同时参与两艘拖船独立的运动. 上面的类比疏忽了运动合成的约束条件,因此是不正确的.

为了确定驳船的速度大小,可以采用微元分析的方法. 假设经过一个极短时间 Δt,两艘拖船分别从原来位置到达 A'、B' 位置,驳船从 C 到达位置 D. 连接 $A'D$、$B'D$ 和 CD,设驳船的速度大小为 v,则

$$AA' = v_1 \Delta t$$
$$BB' = v_2 \Delta t$$
$$CD = v \Delta t$$

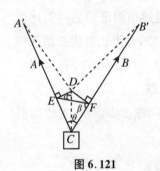

图 6.121

从 D 点作 CA 和 CB 的垂线,分别交 AC、BC 于点 E、F(见图 6.121). 由于 Δt 很小,因此有

$$CE \approx AA' = v_1 \Delta t, \quad CF \approx BB' = v_2 \Delta t$$

设

$$\angle CDE = \alpha, \quad \angle CFE = \beta$$

根据几何知识,$CDEF$ 四点共圆,则 $\alpha = \beta$.
对 $\triangle CEF$ 中运用余弦定理

$$EF = \sqrt{CE^2 + CF^2 - 2CE \cdot CF \cos \theta}$$
$$= \sqrt{(v_1 \Delta t)^2 + (v_2 \Delta t)^2 - 2 v_1 v_2 (\Delta t)^2 \cos \theta}$$

在 $\triangle CDE$ 和 $\triangle CEF$ 中分别得

$$\sin \alpha = \frac{CE}{CD} = \frac{v_1 \Delta t}{v \Delta t} = \frac{v_1}{v}, \quad \frac{EF}{\sin \theta} = \frac{CE}{\sin \beta} = \frac{v_1 \Delta t}{\sin \beta}$$

所以驳船的速度大小为

$$v = \frac{v_1}{\sin \alpha} = \frac{v_1}{\sin \beta} = \frac{EF}{\sin \theta \cdot \Delta t} = \frac{\sqrt{v_1^2 + v_2^2 - 2 v_1 v_2 \cos \theta}}{\sin \theta}$$

说明 这是根据 2013 年上海高考试题改编的,希望读者能够认识到,有一定制约条件时,不能随便生搬硬套速度合成方法. 同样,也

应该认识到,有一定制约条件时,不能把速度分解中得到的某些结论随便"类比"到加速度分解的情况.

例如,图 6.122 中细杆 AB 靠在竖直墙上沿墙滑下,由于杆不可伸长,A、B 两端沿着细杆的速度分量必然相等,即

$$v_B\cos\theta = v_A\sin\theta$$

但是 A、B 两端沿杆长方向的加速度却并不相等.如果简单地"类比"套用速度的结论就错了.

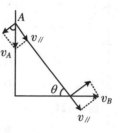

图 6.122

例题 6.65 如图 6.123(a)所示,将一个乒乓球系在盛满水的瓶子底部,当瓶子向右做加速运动时,乒乓球将偏向_____(填左方或右方).

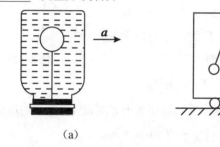

图 6.123

错误类比 把这个乒乓球与一个常见的问题——悬挂在车厢中的单摆进行类比(见图 6.123(b)),当车厢水平向右做加速运动时,摆球一定向左偏,于是得出结论:水中的乒乓球也向左偏.

分析与解答 上面的类比只看到表面的相似,没有深究物理实质,这样的错误也有一定的普遍性.下面,我们从定性分析和定量计算两方面加以讨论.

定性分析:先考虑瓶子里都是水的情况.在原来乒乓球的位置取一个同样大小的"水球",周围的水对它竖直方向上的作用力应该与其重力平衡,对它水平方向上的作用力使其产生加速度(见图

6.124),即

$$f = m_水 g, \quad F = m_水 a$$

现在用一个乒乓球取代这个水球,周围水的状况没有发生变化,因此周围的水对乒乓球的作用力就与刚才对"水球"的作用力一样,即 F 的大小不变.由

图 6.124

$$m_球 < m_水 \Rightarrow a_球 > a_水$$

所以乒乓球相对于水偏向前方(即偏向右方).

定量计算:假设乒乓球偏向前方,悬线与竖直方向间的夹角为 β.乒乓球受到四个力的作用,即重力 mg,浮力 $F_浮$,悬线拉力 T,前后两侧水对球产生的压力差 F'(见图 6.125).这里水的压力差 F' 的产生可以类比于重力场中产生的浮力,即

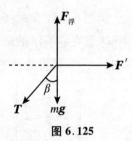

图 6.125

$$F_浮 = \rho g V_排 \quad \leftrightarrow \quad F' = \rho a V_排$$

根据牛顿第二定律,列出乒乓球在水平方向和竖直方向的运动方程

$$\rho a V_排 - T\sin\beta = ma$$

$$\rho g V_排 - T\cos\beta = mg$$

即

$$\rho V_排 - \frac{T}{a}\sin\beta = m$$

$$\rho V_排 - \frac{T}{g}\cos\beta = m$$

联立两式,得

$$\tan\beta = \frac{a}{g}$$

可见,假设是合理的,乒乓球确实偏向前方.悬线与竖直方向间的夹角与加速度 a 的大小有关,加速度越大,前偏越甚,与竖直方向间的

夹角也越大.

说明 把上面水中悬浮的乒乓球和车厢中悬挂的重球结合起来,你能否对这样的问题形成一般的认识(结论)呢?如果在满瓶水中有一个气泡,当水瓶向右做加速运动时(见图6.126),请你判断一下气泡的运动方向?

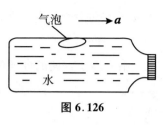

图 6.126

例题 6.66 如图 6.127 所示,是一个用电动玩具车提升重物的装置.设玩具车从 A 端由静止出发沿水平面以加速度 a 向左做匀加速直线运动,到达 B 点的速度为 v,此时斜绳长为 l,与水平方向的夹角为 θ,已知物块的质量为 m,试求此时绳中的拉力.

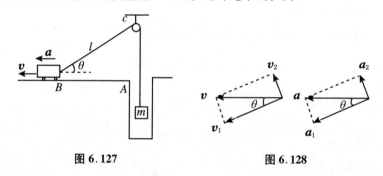

图 6.127　　　　　　图 6.128

错误类比 如图 6.128 所示,将加速度 a 仿照速度的分解方法,得沿绳子方向的加速度

$$a_1 = a\cos\theta$$

由于绳子不可伸长,加速度 a_1 就是物块上升的加速度. 设绳子中的拉力为 T,对物块应用牛顿第二定律

$$T - mg = ma_1 = ma\cos\theta$$

得拉力

$$T = mg + ma\cos\theta$$

分析与解答 玩具车左行时,斜绳增长的同时,也在绕滑轮旋

转.因此,它既有沿绳子方向由分速度的大小变化产生的加速度(设为 $a_{//}$,方向沿着斜绳向下),也有绕滑轮旋转产生的向心加速度(设为 $a_\perp$,方向沿着斜绳向上).上面分解方法所得到的加速度 a_1 实际上是沿着绳子方向的合加速度,也就是这两个加速度的矢量和,即

$$a_1 = a_{//} - a_\perp$$

或

$$a\cos\theta = a_{//} - \frac{(v\sin\theta)^2}{l}$$

提升物块的加速度仅是由于沿绳子方向的位移变化(即速度大小变化)引起的,故 $a_m = a_{//}$.上述错误类比中把 a_1(沿绳子方向的合加速度)跟 $a_{//}$(仅由绳子方向速度大小变化引起的加速度)混淆起来了,因此产生了错误.

由上面的分析可知,提升物块的加速度应该是

$$a_m = a_{//} = a\cos\theta + \frac{(v\sin\theta)^2}{l}$$

因此对物块列出的牛顿第二定律方程为

$$T - mg = ma_{//} = m(a\cos\theta + \frac{v^2\sin^2\theta}{l})$$

所以得绳子拉力

$$T = m(g + a\cos\theta + \frac{v^2\sin^2\theta}{l})$$

说明 由于在中学物理中常见的是拉船模型的速度分解,一些同学形成思维定势,不加仔细分析地就做出了错误类比.这是一个很有代表性的错误类比,值得引起注意.

例题 6.67 如图 6.129 所示,在地面上同一处放有四个摆长相同的单摆.其中,单摆甲放在空气中(空气阻力不计);单摆乙放在以加速度 a 向下运动的电梯中;单摆丙带有正电荷 q,放在水平方向较弱的匀强磁场中,磁感应强度为 B(通过平衡位置的速度为 v);单摆

丁带有正电荷 q,放在匀强电场中,电场强度为 E.则各个摆做小振动的周期分别为:$T_甲 = $ _____,$T_乙 = $ _____,$T_丙 = $ _____,$T_丁 = $ _____.

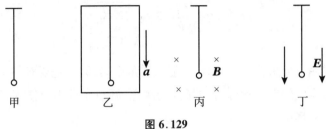

图 6.129

错误类比　在确定单摆丙的周期时,简单地用平衡位置的受力跟单摆丁做了错误类比,认为

$$T_丙 = 2\pi\sqrt{\dfrac{l}{g+\dfrac{qvB}{m}}} \quad 或 \quad T_丙 = 2\pi\sqrt{\dfrac{l}{g-\dfrac{qvB}{m}}}$$

分析与解答　单摆甲的振动周期为

$$T_甲 = 2\pi\sqrt{\dfrac{l}{g}}$$

单摆乙相当于处在强度为 $g' = g - a$、方向竖直向下的重力场中,振动周期为

$$T_乙 = 2\pi\sqrt{\dfrac{l}{g'}} = 2\pi\sqrt{\dfrac{l}{g-a}}$$

单摆丙运动中在各个位置上都会受到洛伦兹力作用,但它的方向始终跟运动方向垂直,振动的回复力依然由重力在振动方向上的分力决定,振动周期为

$$T_丙 = 2\pi\sqrt{\dfrac{l}{g}}$$

单摆丁运动中受到方向竖直向下、大小恒定为 Eq 的电场力作

用,相当于处在强度为 $g' = g + \dfrac{Eq}{m}$、方向向下的重力场中,振动周期为

$$T_{\text{丁}} = 2\pi\sqrt{\dfrac{l}{g'}} = 2\pi\sqrt{\dfrac{l}{g + \dfrac{Eq}{m}}}$$

说明 分析物理问题时,不能只看某个局部,一定要对整个物理过程做全面的考察和分析.同时,请注意:题设条件中单摆丙是处于较弱的磁场中.

为什么要有这样的限制呢?因为当小球从右向左摆动时,洛伦兹力的方向背离悬点,仅使悬线的张力增加,不会影响摆动周期.但当小球从左向右摆动时,洛伦兹力的方向沿悬线指向悬点,磁场足够大时,有可能使小球向悬点移动,破坏正常的振动.因此,必须有这样的限制条件.

有兴趣的读者可以进一步研究一下:为了使小球的振动周期不受磁场的影响,磁感应强度的大小有什么限制?

例题 6.68 如图 6.130 所示,光滑轨道 EF、GH 的高度相等且平行放置,EG 之间的宽度是 FH 间宽度的 3 倍.导轨左侧呈弧形,右侧水平且处于竖直向上的匀强磁场中.ab、cd 是质量均为 m 的金属棒,cd 棒置于水平部分磁场内、与导轨垂直,现使 ab 棒从距离水平部分高 h 处由静止下滑.设导轨足够长,则从 ab 棒开始下滑到最终两棒的运动稳定时的整个过程中,产生的热量是多少?

错误类比 ab 棒下滑进入磁场区域后,切割磁感线产生感应电流,与 cd 棒发生相互作用.类比于图 6.131 中的 a 棒以初速度 v_0 右行与静止在水平轨道的 b 棒发生相互作用,把 ab、cd 两金属棒作为一个系统,在这个过程中不受其他外力,系统的动量守恒.

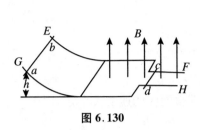
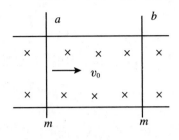

图 6.130　　　　　　图 6.131

设 ab 棒下滑到水平部分的速度为 v_0,由

$$v_0 = \sqrt{2gh}, \quad mv_0 = 2mv$$

得稳定时两金属棒的速度均为

$$v = \frac{\sqrt{2gh}}{2}$$

根据能的转化与守恒,整个过程中产生的热量为

$$Q = mgh - \frac{1}{2}(2m)v^2 = \frac{7}{8}mgh$$

分析与解答　上面的解法貌似条理清晰,实际上解的前提错了. 由于两棒在磁场中的长度不同,同样的感应电流通过两棒时使它们受到的安培力不同,因此把两棒作为一个系统,其合力不等于零,系统的动量不守恒. 正确解法如下:

设 ab 棒下滑进入磁场区域时的速度为 v,由

$$mgh = \frac{1}{2}mv^2 \Rightarrow v = \sqrt{2gh}$$

ab 棒切割磁感线产生感应电流后,在磁场力作用下,ab 棒做变减速运动,cd 棒做变加速运动. 由于两棒产生的感应电动势方向相反,电路中的电流逐渐减小. 当两棒中产生的感应电动势满足条件

$$E_{ab} = E_{cd} \quad 即 \quad Bl_{ab}v_{ab} = Bl_{cd}v_{cd}$$

电流 $I = 0$ 时,两棒的运动达到稳定状态. 两棒以不同的速度做匀速运动,其速度大小关系为

$$v_{ab} = \frac{l_{cd}}{l_{ab}} v_{cd} = \frac{1}{3} v_{cd}$$

对两棒分别应用动量定理

$$-BIl_{ab}\Delta t = m(v_{ab} - v)$$

$$BIl_{cd}\Delta t = mv_{cd}$$

两式相比并代入上面的速度关系,即得两棒的速度大小分别为

$$v_{ab} = \frac{1}{10}v = \frac{1}{10}\sqrt{2gh}, \quad v_{cd} = \frac{3}{10}v = \frac{3}{10}\sqrt{2gh}$$

根据系统能的转化和守恒,得产生的热量为

$$Q = mgh - \frac{1}{2}m(v_{ab}^2 + v_{cd}^2) = \frac{9}{10}mgh$$

说明 解答本题需要注意:(1) 只有当两棒在磁场中的长度相等时,由于相互作用力等值反向,两棒系统的动量才守恒.(2) 发生相互作用后,两棒均做变加速运动,两棒产生的感应电动势反向.(3) 运动稳定的条件是电路中的电流为零,稳定后,两棒以不同速度做匀速运动.

上面我们分几方面对类比在解题中的应用做了介绍,可以体会到,类比是一种很灵活的思维方法.它既可以在同类事物中进行,也可以在不同类事物中进行;既可以从局部性质考虑,也可以从整个体系上考虑;既可以从形式上的相似出发,也可以从本质上的共性出发……在实际应用中,重要的是找到合适的类比对象,建立合理的类比关系,而不在于做这样、那样的划分.

如果我们在学习中,能够经常注意将一些蕴含着相似之处的物理现象或物理过程的有关问题进行类比,突出其物理本质,扬弃其非本质的、次要的枝节,由此及彼,化抽象为具体,把复杂分解为简单,这样将会十分有利于培养自己系统地概括知识、掌握知识、应用知识的能力,也会迅速提高自己的学习能力.

参 考 文 献

[1] 东升.电子显微镜的世界[M].北京:科学出版社,1977.

[2] 李启斌.天体是怎样演化的[M].北京:中国青年出版社,1979.

[3] 潘菽.教育心理学[M].北京:人民教育出版社,1980.

[4] 化学发展简史[M].北京:科学出版社,1980.

[5] 中学物理教师手册[M].上海:上海教育出版社,1982.

[6] 张涛光.物理学方法论[M].济南:山东科学技术出版社,1983.

[7] 关士续.科学技术史简编[M].哈尔滨:黑龙江科技出版社,1984.

[8] 大森实.物理学史话[M].林子元,译.河北人民出版社,1985.

[9] 沃尔夫.十六、十七世纪科学、技术和哲学史[M].商务印书馆,1985.

[10] 陈毓芳.物理学史简明教程[M].北京:北京师范大学出版社,1986.

[11] 查有梁.控制论、信息论、系统论与教育科学[M].四川省社会科学院出版社,1986.

[12] 章士嵘.科学发现的逻辑[M].北京:人民出版社,1986.

[13] 周昌忠.科学思维学[M].上海:上海人民出版社,1987.

[14] 钱时惕.重大科学发现个例研究[M].北京:科学出版社,1987.

[15] 阎康年.牛顿的科学发现与科学思想[M].长沙:湖南教育出版社,1989.

[16] 张永生.思维方法大全[M].南京:江苏科学技术出版社,1990.

[17] 胡波.大气光象研究[M].西安:陕西科学技术出版社,1993.

[18] 王溢然,张耀久.类比[M].郑州:大象出版社,1993.

[19] 龚镇雄,董馨.音乐中的物理[M].长沙:湖南教育出版社,1994.

[20] 赵凯华,罗蔚茵.力学[M].北京:高等教育出版社,1995.

[21] 程守洙,江之永.普通物理学[M].北京:高等教育出版社,1998.

[22] 李良.探索宇宙奥秘[M].郑州:河南科学技术出版社,2003.

[23] 束炳如,何润伟.普通高中课程标准实验教科书——物理(必修1~2)[M].上海:上海科技教育出版社,2007.

[24] 栾玉广.自然科学技术研究方法[M].合肥:中国科学技术大学出版社,2010.

[25] 亨德森.机器人家族[M].管琴,译.上海:上海科技文献出版社,2014.

后　　记

类比是一个历史悠久的思维方法,也显得很奇妙.许多表面上看来"风马牛不相及"的物理现象,却可以建立非常深刻的类比关系——在卢瑟福提出原子的核式结构之前,有谁会想到庞大的太阳系竟然与微小的原子如此相似!在科学史上类比曾做出过许多辉煌的表现,如今依然焕发着独特的光彩——仿生学方兴未艾;机器人正越来越智能化,向着模拟人类思维的方向发展……

在中学物理学习中,类比同样显得十分有用.通过本书的阅读,也许你已经有所惊叹:类比思维常常能使人开窍,对一些问题的处理会显得很轻松、巧妙.

不过,我们也应该清醒地认识到,类比终究是一种带有猜测性的方法,科学上失败的类比也许更多于成功的类比.因此,我们不能苛求类比一定成功,只能是努力提高类比的成功率.

本书为新版,由王溢然撰写,对原《类比》(王溢然、张耀久合著)做了全面的修订与补充.希望新版能更好地彰显时代的风貌,体现新课程的理念,突出对同学们的启发和指导;希望能更有助于提高同学们思维的灵活性和创造性.

学习也是一种攀登,在攀登路上要不断探索和借鉴前辈巨人的各种方法.让类比也作为辅助你开发智能、顺利攀登的一种方法吧!

王溢然
2015年春于苏州庆秀斋